孙子兵法

[春秋]孙武◎著
陈书凯◎编译

江苏凤凰科学技术出版社·南京

图书在版编目（CIP）数据

孙子兵法 /（春秋）孙武著；陈书凯编译 . — 南京：江苏凤凰科学技术出版社，2018.9（2022.5 重印）

ISBN 978-7-5537-7956-0

Ⅰ . ①孙… Ⅱ . ①孙… ②陈… Ⅲ . ①兵法 - 中国 - 春秋时代 Ⅳ . ① E892.25

中国版本图书馆 CIP 数据核字（2017）第 020445 号

孙子兵法

著　　者	【春秋】孙　武
编　　译	陈书凯
责任编辑	祝　萍
责任监制	方　晨
出版发行	江苏凤凰科学技术出版社
出版社地址	南京市湖南路 1 号 A 楼，邮编：210009
出版社网址	http://www.pspress.cn
印　　刷	文畅阁印刷有限公司
开　　本	718 mm × 1 000 mm　1/16
印　　张	15
插　　页	2
字　　数	269 000
版　　次	2018 年 9 月第 1 版
印　　次	2022 年 5 月第 2 次印刷
标准书号	ISBN 978-7-5537-7956-0
定　　价	39.80 元

导言

孙武简介

孙武，亦称孙子，字长卿，春秋时期齐国乐安（今山东惠民）人。他是中国历史上伟大的军事家，著有《孙子兵法》一书。此书是我国现存最早的兵书，也是世界上最早的兵书。

孙武生于公元前535年左右的一个齐国贵族军事世家。这使他有条件阅读古代军事典籍，了解古人的用兵之法。再加上当时战乱和家庭环境的影响，使孙武与军事结下了不解之缘。

由于齐国发生的内乱愈演愈烈，孙武便背井离乡，来到了南方的吴国。在这里，他结识了从楚国来的伍子胥，二人十分投机。伍子胥原是楚国大臣，因父兄受到楚平王杀害而逃到了吴国，他立志要为父兄报仇。公元前515年，在伍子胥的帮助下，吴国公子光发动政变，自立为王，史称吴王阖闾。

阖闾胸怀大志，上台执政后，任用贤才，发展生产，因而深得民心。这时，伍子胥向阖闾推荐了正在隐居的孙武，并称赞孙武是一代奇才。阖闾不信，在伍子胥的极力推荐下，阖闾才答应接见孙武。

周敬王四年（公元前516年），阖闾亲自召见孙武。孙武向阖闾推荐了自己所写的《孙子兵法》十三篇。阖闾每看一篇，都拍案叫绝。可是那毕竟是书面上的东西，因此阖闾决定让孙武拿实例验证一下他的兵法理论。吴王遂召集宫中宫女一百八十人，交与孙武演练。孙武将宫女编成两队，任命阖闾的两个宠姬分别担任两队队长，然后命令她们开始准备训练，并事先耐心为她们讲解了训练规则。可是他三令五申，宫女们不但不认真听从号令，反而大笑不止，尤其是阖闾的那两个宠姬，身为队长却不能以身作则，孙武于是下令斩杀阖闾的那两个宠姬。阖闾在看台上，看到要斩杀他的两个爱姬，连忙传令说，他已经明白了孙武的用兵之法，希望孙武不要斩杀她们。可是孙武却说“将在军，君命有所不受”。孙武毅然斩杀了阖闾的两个宠姬，当他再号令时，全体宫女皆整齐划一。孙武将训练好的“队伍”交与阖闾，并且说即使让这支队伍赴汤蹈火，她们也会在所不辞。此时阖闾才知道，孙武真正善于用兵。

孙武与伍子胥共同辅佐阖闾治理国家，又为他制定进攻楚国的作战计划。二人共同提出疲楚的战略，用这种办法来使楚军疲惫，消耗楚国的实力，同时还想办法拉拢楚国的敌国唐、蔡等小国，从而为其从侧面攻击楚国准备了条件。这些策略的实施，使吴国在后来与楚国争雄的过程中把握了主动权。

公元前506年，吴国攻楚的时机已经成熟，孙武与伍子胥协助吴王阖闾大举攻楚，制定了一条出乎楚国意料的进军路线，顺利地抵到汉水，进抵楚国腹地。经过几次交战，吴军最终占领了楚国国都郢城，楚国从此衰亡。

阖闾攻破楚国之后，阖闾又北伐齐晋，孙武在其中同样起到了不可忽视的作用。后来，孙武隐居，不知去向。

作品简介

《孙子兵法》又称《孙武兵法》，简称《孙子》，是中国古代最伟大的兵书，也是现存最早的一部兵书。它约成书于春秋战国之交，原书十三篇。

今存《孙子兵法》约五千九百字，一共十三篇。全书以谋略为经线，以战争的一般进程为纬线编织而成。十三篇脉络清晰、结构严谨、内容博大精深，它系统而全面地论述了部署作战的理论，其中既有对战争规律的总结，又有对具体军事谋略的阐释。每一篇各有特色，相对独立，而其整体又相互依托，相互联系，形成了一个有机整体。

《孙子兵法》第一篇《计篇》，主要论述战争中谋划和研究的重要性。提出了“五事”“七计”“攻其无备，出其不意”等重要军事原则；第二篇《作战篇》，主要讨论军需物资与战争的关系，提出了“因粮于敌”的思想原则；第三篇《谋攻篇》，主要论述“伐谋”的战略思想，揭示了“知彼知己，百战不殆”的著名作战规律；第四篇《形篇》，主要论述军事实力的重要性；第五篇《势篇》，主要论述军事态势和作战的指挥问题；第六篇《虚实篇》，主要提出“示形”的思想，要求作战中要“避实击虚”；第七篇《军争篇》，主要论述把握战争主动权的问题，提出了“兵以诈立”的军事思想；第八篇《九变篇》，主要论述根据具体情况，灵活运用军事原则的问题；第九篇《行军篇》，论述行军作战，要准确判断敌情的问题；第十篇《地形篇》，主要论述作战中要有效利用有利地形的原则；第十一篇《九地篇》，主要论述在九种不同的作战地形情况下用兵的原则，提出了突袭作战的军事思想；第十二篇《火攻篇》，主要论述实施火攻的条件和方法，提出“五火之变”的应对原则；第十三篇《用间篇》，论述了使用间谍的战略意义及各种间谍的使用方法。

全书脉络清晰、结构严谨，它不仅是一部不朽的军事著作，而且是一部不可多得的文学作品，对后世影响极为深远。

春秋战国时期，《孙子兵法》就已经在中原地区广为流传。事实上，《战国策》《尉缭子》《吕氏春秋》《荀子》《淮南子》等书多处引用了《孙子兵法》里面的话。历代兵家对这部“兵学圣典”也都极为推崇。三国时期的诸葛亮、曹操更是对这部兵书爱不释手。曹操的很多兵法策略都来源于《孙子兵法》，而他本人也曾亲自为《孙子兵法》作注。唐太宗李世民也十分推崇《孙子兵法》，他认为没有任何一本兵书可以与《孙子兵法》相比。宋、明、清的武将，甚至一些统治者，也都十分重视这部兵书。

从国外的流传情况来看，《孙子兵法》在世界上也产生了极其重要的影响。其实《孙子兵法》早在1000多年前的唐朝就被流传到国外，陆续被译成英、日、法、意等多种文字，受到世界的普遍关注。尤其是第二次世界大战后，《孙子兵法》更加阔步走向世界，世界各国的军事家、政治家，甚至一些学者，都对其推崇备至，尤其以美、日最为典型。英国功勋卓著的军事元帅蒙哥马利认为：世界上所有的军事学院都应当把《孙子兵法》列为他们的必修课程。世界各界人士对《孙子兵法》的关注，推动了翻译和出版孙子著作事业的开展。这其中有美国退休准将格里菲斯的《孙子》新译本，日本人佐藤坚司的《孙子思想史的研究》等。仅《孙子兵法》的英译本就有七八种之多。

现在，《孙子兵法》是美国军人的必读书籍之一，它曾被著名的西点军校规定为必修课。据悉，1990年海湾战争爆发期间，美国总统布什的桌上放着两本书，一本是《恺撒传》，另一本就是《孙子兵法》。而且，在此期间，美国还将大量的《孙子兵法》英译本运送到沙特阿拉伯，供前线的海军陆战队官兵阅读。

《孙子兵法》不仅是一部举世公认的最权威的军事著作，而且它所包含的战略思想被广泛地应用在商战上。商场如战场，书中的很多战略思想，被运用到企业管理、市场营销等诸多方面，同样妙不可言。

最早把《孙子兵法》的谋略思想运用于商业竞争的是日本的企业家。日本的“精工社”之所以能够创造奇迹，就是因为它的会长大桥武夫在管理中有效地运用了此书中的战略思想。日本的索尼公司、本田公司、丰田公司，也无一例外地在生产经营中灵活运用了《孙子兵法》中的战略思想。

日本著名的企业家松下幸之助说，他之所以能够从1918年的100日元发展成现在拥有130多家工厂、地跨五大洲的“松下王国”，正是吸收了《孙子兵法》中的精髓，并把它运用到自己的事业当中。为此他还让他的员工人手一册《孙子兵法》，认真学习。

美国哈佛大学商学院和哥伦比亚大学商业学院都把《孙子兵法》融入到MBA的课程中，要求学生熟读《孙子兵法》。可见，由《孙子兵法》所衍生出来的学科不仅仅在于军事，它早就突破了兵书的限制，在当今被广泛地应用在许多领域。《孙子兵法》体现了人类智慧的结晶，它包含了许多深刻的哲理，已成为指导经济、政治、文化、外交乃至人生各个方面的不朽经典。

基于《孙子兵法》具有如此重大的价值和如此广泛的社会意义，我们特地对其思想精髓和现实意义进行了重新发掘。从《孙子兵法》中，精选出百余个有代表性的观点，分别从军事、经济、政治和处世四个角度进行了阐释和论述，并且在每个观点的后面都附以具体的事例进行说明。其中有中国古代著名的军事战例、历史事件、历史典故，也有世界五百强的经典案例、成长故事。当然书中的智慧，单单依靠笔者的阐述，还远远不能挖掘出其全部精髓，因此希望通过与读者的共同探讨，将先人留下的这笔智慧财富发扬光大。

目录

第一章　计　篇

第二章　作战篇

第三章　谋攻篇

第四章　形　篇

第五章　势　篇

第六章　虚实篇

第七章　军争篇

第八章　九变篇

第九章　行军篇

第十章　地形篇

第十一章　九地篇

第十二章　火攻篇

第十三章　用间篇

第一章 计篇

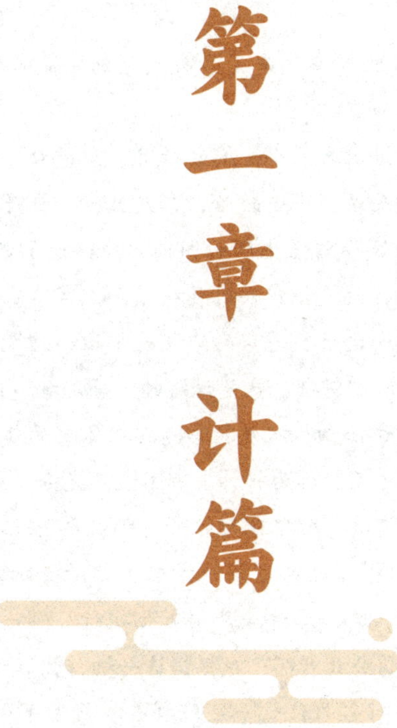

※原文

孙子曰：兵者，国之大事，死生之地，存亡之道，不可不察也。

故经之以五事，校之以计而索其情：一曰道，二曰天，三曰地，四曰将，五曰法。道者，令民与上同意也，故可以与之死，可以与之生，而不畏危。天者，阴阳、寒暑、时制也。地者，远近、险易、广狭、死生也。将者，智、信、仁、勇、严也。法者，曲制、官道、主用也。凡此五者，将莫不闻，知之者胜，不知者不胜。故校之以计而索其情，曰：主孰有道？将孰有能？天地孰得？法令孰行？兵众孰强？士卒孰练？赏罚孰明？吾以此知胜负矣。

将听吾计，用之必胜，留之；将不听吾计，用之必败，去之。

计利以听，乃为之势，以佐其外。势者，因利而制权也。

兵者，诡道也。故能而示之不能，用而示之不用，近而示之远，远而示之近；利而诱之，乱而取之，实而备之，强而避之，怒而挠之，卑而骄之，佚而劳之，亲而离之。攻其无备，出其不意。此兵家之胜，不可先传也。

夫未战而庙算胜者，得算多也；未战而庙算不胜者，得算少也。多算胜，少算不胜，而况于无算乎！吾以此观之，胜负见矣。

※译文

孙子说：军事是国家的大事，是关系人民生死安危的领域，也是国家存亡的根本，是不可以不深入考察研究的。

因此，军事家必须审度敌我五个方面的情况，比较双方的谋划，来取得对敌我双方形势的认识。这五个方面是：一是政治，二是天时，三是地利，四是将领，五是法制。所谓政治，就是要让民众与君主同心同德，使得他们能够为君而死，为君而生，而不害怕危险。所谓天时，就是指用兵时昼夜晴雨、寒冷酷热、四时气候的变化。所谓地利，就是指征战路途的远近、地势的险峻或平坦、作战区域的宽广或狭窄、地形对于攻守的益处或弊端。所谓将领，就是说将帅是否足智多谋，赏罚有信，爱护部属，勇敢果断，治军严明。所谓法制，就是指军队组织体制的建设，各级将吏的管理，军需物资的掌管。以上五个方面，作为将帅，都不能不充分了解。充分了解了这些情况，就能打胜仗。不了解这些情况，就不能打胜仗。所以要通过对双方情况进行充分比较，来求得对战争形势的认识：敌我双方哪一方君主政治更加清明？哪一方将帅更有才能？哪一方拥有天时地利？哪一方法令能够贯彻执行？哪一方武器坚利精良？哪一方士卒训练有素？哪一方赏罚公正严明？我根据这一切，就可以判断谁胜谁负。

若能听从我的计谋，行军打仗就一定胜利，我就留下；假如不能听从我的计谋，行军打仗就必败无疑，我就离去。

君主权衡利害采纳我的方略，于是就会造成一种有利的态势，这是有助于实现军事目的的外部条件。所谓态势，即是依凭有利于自己的原则，灵活机变，掌握战场的主动权。

用兵打仗是一种诡诈之术。所以，能打，却装作不能打；要打，却装作不想打；明明要向近处进攻，却装作要攻打远处；即将进攻远处，却装作要攻打近处；敌人贪利，就用利引诱他；敌人混乱，就乘机攻打他；敌人力量雄厚，就要注意防备他；敌人兵势强盛，就暂时避其锋芒；敌人暴躁易怒，就要挑逗起他的怒气；敌人胆怯，就设法使之骄横；敌人休整得好，就设法使之疲劳；敌人内部团结，就设法离间他们。要在敌人没有防备的地方发起进攻，在敌人意料不到的时候采取行动。所有这些，是军事家指挥艺术的奥妙，是不能事先传授的。

开战之前，在庙堂之上就预计能够取胜的，是因为筹划周密，取得胜利的条件充分；开战之前，就预计不能取胜的，是因为筹划不周，取得胜利的条件缺乏。所以筹划周密、条件具备就能取胜，筹划不周、条件缺乏就不能取胜，更不用说那些战前根本就不进行谋划的了。我根据战争双方的战前谋划来观察，胜负的结果也就很明显了。

※评论与点评

《孙子兵法》的《计篇》，是对《孙子兵法》的全面总结。孙子在这一章中提出了“五事”和“七计”。它从军事谋略全局的高度论述了作战的基本要领。

《计篇》是《孙子兵法》十三篇的总纲，主要论述了战争指导者在开战之前以及在战争中如何筹划全局的问题，阐述了谋划在战争中所具备的重要意义，并探讨决定战争胜败的各项基本条件。

孙武开宗明义地指出：“兵者，国之大事，死生之地，存亡之道，不可不察也。”强调了战争是关系国家存亡、人民生死的大事，对于开战之前的谋划，必须高度重视，并进行认真的探究，这其中蕴含着对关系社稷安危的战争问题，必须谨慎处之，以及没有认真的准备和周密的部署，不能随意兴师开战的慎战思想。古往今来，孙子的这些军事理论一直被人们当作至理名言，世代尊奉。

孙武在本篇中还强调，作战前必须对敌我双方的客观条件进行周密的研究、明智的判断和认真的谋划，以便在此基础上制定正确的作战计划。他指出了决定战争胜负的基本条件，即“五事”——“道”（道义）、“天”（天时）、“地”（地利）、“将”（将帅）、“法”（法制），和“七计”——主孰有道？将孰有能？天地孰得？法令孰行？兵众孰强？士卒孰练？赏罚孰明？只有在对这些条件进行认真研究、考核比较的基础上，分析敌我双方的强弱优劣，才有可能预测和判断战争的胜负。

孙武认为，谋划周密就可能在战争中获胜，谋划不周则难以获胜，根本不进行谋划则注定要失败。他主张充分发挥战争指导者的主观能动性，分析、把握各种条件，根据利害关系和不断变化的形势来进行研究和谋划，创造战略战术上的有利态势，从而确保自己在战争中立于不败之地。为了取得战争的优势与主动，他还提出了“攻其不备，出其不意”的战术，强调以灵活机动、快速多变、欺敌误敌的战法来打击、消灭敌人。

兵者，国之大事

兵者，国之大事，死生之地，存亡之道，不可不察也。

军事谋略的阐释与应用

对于任何一个国家、任何一个国家的统治者来讲，战争都是事关国家命运安危的一件大事，所以一定要对战争予以高度重视。尤其是在开战之前一定要慎重研究整个事态的发展，对战争的全局以及战争胜负给国家带来的影响，做一个全局性的预见。

历史上不重视战争，招致国破家亡的事例屡见不鲜。战国末年，在改革中逐渐崛起的秦国，开始了历史上最为著名的统一战争。秦国大军东进，开始兼并诸侯各国。小国弱国，被它一扫而空。可是，当时位居山东、国力较为强大的齐国为何也未逃脱被兼并的厄运？原来，当时齐国的最后一位国君田建在位时不修战事，荒于朝政。齐王田建年少时，国事取决于齐襄王后。齐襄王后对中原的兼并战争置若罔闻，只知道奉行“谨事秦，与诸侯信”的外交策略，而不做充分的战争准备，她以为这样就可以安国保民。后来齐襄王后去世，齐王田建当政，可是他当政后仍然浑浑噩噩度日，依然奉行先王后的政策。朝中谋臣劝告齐王田建加强军备武装，援助赵国，抵御强秦。可是他并没有采纳，直到秦国陆续吞并各国，扫除入主山东的“门户”赵国时，齐王田建才开始在西部边境设防，断绝与秦国的往来，收编韩、赵、魏、燕、楚等国的流亡部队，企图抗御强秦，可惜为时已晚。公元前 221 年（秦王嬴政二十六年），秦国大军避开齐国的西部防线，从齐国防御最薄弱的北面——燕国南部进攻，直抵齐国都城临淄。齐王田建被擒，齐国灭亡。后来齐王田建饿死在流放地。

齐国的灭亡，虽然是战国末年统一战争大势所趋的必然结果，但它如此不堪一击，则是与齐王田建长期不修战事，安于现状、苟且偷安的政治心理分不开。在秦国不断发动的强大攻势面前，田建竟然把关系到国家生死安危的“国之大事”完全置于脑后，最终落得个“国破，人亡，山河易主”的悲剧。

商战谋略的阐释与应用

商场如战场。当今世界，全球经济日趋一体化，区域经济也日益集团化，所以国家、地区以及企业之间的竞争也会愈演愈烈，这种竞争的残酷性绝不亚于一场战争。对于国家来讲，当然要重视发展经济，而对于企业来讲，一定要重视研究企业的发展战略、经营方式以及管理手段。这些都是决定企业生死存亡的大事。

日本的索尼（SONY）公司几乎无人不晓，很多人都以拥有索尼的电子产品为荣。其实索尼公司最初并不是生产电子产品的，它的发展也曾历经坎坷。索尼公司创始人井深大曾经研制过计算尺，研制过电饭锅等其他日用品，还曾研制过高尔夫球，然而都无一例外地失败了。

井深大意识到了危机，他认识到只有开发出符合市场需求的新产品才能挽救自己的企业。经过一番深思熟虑之后，他决定开发一种全新的产品——把电子技术与机械技术结合起来的磁带录音机。经过全体员工的努力学习和工作，1949 年底他们终于研制出日本第一台G型录音机。由于G型录音机实用性不强，不久他们又研制出较为实用的H型录音机，这种录音机受到了日本中小学校、政府机关以及家庭的欢迎。H型录音机的研制成功为索尼开创事业奠定了基础。1955年，索尼公司又研制出世界上第一台半导体收音机，这种收音机当年的销售额就达到250万美元。之后，索尼公司拥有员工4万多人，年产值达到50多亿美元，其产品也畅销世界100多个国家。

纵观索尼公司的发展历程，其成功的最根本原因就在于索尼的创始人井深大重视研究企业的发展战略，及时地开发适应市场需求的新产品，而且不断推陈出新，才使其保持了旺盛的生命力。

从政谋略的阐释与应用

"兵者，国之大事"，从政治的角度来讲，就是指政治、政务，对于统治者来讲，如果不重视政治、权谋，不理政务就会导致国家的覆亡。

五代时，南唐后主李煜平时纵情诗酒，沉溺声色，疏于政务，对战争及国家大事一窍不通；他既不谙军事，又不识将才，轻易中了宋太祖的反间计，杀害了自己能征善战的大将林仁肇和忠臣潘佑，以致在宋军压境之时，束手无策，最后只好光着身子自缚请降，落得个"流水落花春去也"的悲惨下场。而这一山河易主的千古之恨，至今让人深思，叹息不已。

经之以五事

故经之以五事，校之以计而索其情：一曰道，二曰天，三曰地，四曰将，五曰法。道者，令民与上同意也，故可以与之死，可以与之生，而不畏危。天者，阴阳、寒暑、时制也。地者，远近、险易、广狭、死生也。将者，智、信、仁、勇、严也。法者，曲制、官道、主用也。

军事谋略的阐释与应用

《孙子兵法》第一篇首先强调战争是国家的大事，应当被国家的统治者高度重视，他接着又提出了"五事""七计"作为战争决策中最重要的谋划原则。就"五事"而言，要求用兵之前要从五个方面来分析研究胜负的情况，包括军事政策是否符合人心？气候条件是否适宜？地理环境是否对我军有利？军队将领是否德才兼备？军队的组织编制是否合理？供应赏罚制度是否严明？这五个方面是判断战争胜负的最基本条件，也是战争谋划中必须考虑的基本因素。

重视并占据了这五个方面的因素，就有可能获得战争的胜利，否则就有可能导致失败。尤其是对于军队的将领来讲，“智、信、仁、勇、严”这五种品质是最为重要的。如果他所带领的军队的将领具备了这五个方面的优秀素质，那么军队就会在战争中立于不败之地。

春秋时期的齐国，在齐景公时（公元前 547—前 490 年）曾经受到晋国和燕国的讨伐。一时间，齐国形势危急，齐景公对此深为忧虑。谋臣晏婴就向齐景公推荐了一个不可多得的文武全才——田穰苴，齐景公立刻召见田穰苴，并与他交谈当时的战事，随后任命他为将军，领兵反击晋国和燕国。

田穰苴由于出身低微，无法在军中获得信任，他请求在出兵之前让齐景公为他委派一名宠臣作为监军。齐景公答应了他的请求，并把宠臣庄贾指派给他。田穰苴遂与庄贾约定：次日中午在军营大门相见。

第二天一早，田穰苴早早来到军营，等待庄贾到来。可是庄贾倚仗齐景公的宠信，素来骄横，对田将军的约定不以为然，最后没有如约来到军营。直到傍晚时分，庄贾才姗姗来迟。田穰苴依军中律令对其责罚，依律当斩。齐景公忙为其说情，田穰苴依然砍下了庄贾的人头，并向全军巡行示众。三军将士见国君的宠臣因为违约而被杀头，上下震惊，深感田穰苴的军纪严明。后来齐景公所派使者在军中驰车飞奔，按律亦应被处死，由于国君使者不可轻易被杀，田穰苴就将其仆从和拉车的马匹杀死，同样巡示全军。

田将军不仅军纪严明，而且还十分爱护士卒。在行军路上，士兵的衣食住行，田穰苴亲自一一过问。他还以身作则，将自己的粮食拿出来与全军士兵分享。他的这些行为令全军士气大振，晋国的军队听到这一情况后，连忙退兵。燕国军队也渡过黄河北去。

田穰苴治军严明，言而有信，关心士兵，爱兵如子，赢得了所有士兵的支持，终于击败来犯之敌，收复了失地。

历史上，在战争中重视“五事”的例子不胜枚举。周武王伐纣时，“牧野之战”就是利用了人心的力量，让纣王的军队掉转长矛，敌我合一，攻入朝歌，终于获得胜利，建立了周朝。孙武操练吴国宫女，以严著称；吴起带兵，则以仁爱闻名，他亲自为生疮的士兵吸吮脓血，令全体将士拼死杀敌。

商战谋略的阐释与应用

孙子提出的“五事”，在商业领域也有极其重要的意义。在商业领域，要取得市场竞争的胜利，也要从多个方面来对企业情况进行具体分析。比如对企业经营活动的目标、方针、策略进行决策时，要综合考虑多方面的因素：充分了解消费者的需求、选择适当的市场目标、运用合适的人才，以及根据天时、地利、人和等因素制定科学合理的市场营销策略。只有统观全局做好每一个细节，才能在最后取得全局性的胜利。

康佳集团在我国彩电市场位居前列，它就是在重视这些因素和细节的基础上发展壮大的。康佳集团本身位居华南地区，但是它并不满足于这个局部的市场，而是把目光瞄向了全国。康佳集团非常注重选择有利的市场，深知以康佳的品牌知名度，在全国一定有很大的市场潜力，于是康佳集团把消费市场定位在了全国。1993 年，康佳集团兼并了东北地区的牡丹江电视机厂。1995 年，康佳集团又在西北地区兼并了陕西广播电视设备厂。康佳集团在华南、东北、西北地区成功地安营扎寨后，又把目标转向了经济发达的华东地区，根据市场消费需求，最后选择了安徽滁州电视机厂，成立了安徽康佳电子股份有限公司，从而顺利占领了华东市场。如此一来，康佳集团几乎占领了全国的市场，当然它所占的市场份额也空前增大。

而今，康佳彩电已经家喻户晓，认真回顾一下康佳的发展历程，不难发现，康佳的成功与其重视“五事”是密不可分的。

从政谋略的阐释与应用

“道、天、地、将、法”五事，不仅是军事斗争的保证，而且也是统治者夺取权力，稳固江山的法宝。

乾隆是中国历史上少数有作为的皇帝之一。他在位期间，政治清明、经济发展、国家安定，曾一度出现“盛世”局面。这些成就的取得与他治国有道、赏罚分明、制度严明是分不开的。

他曾经在平叛准噶尔部的战役中，大胆提拔忠心爱国的将领高天喜。而高天喜在回疆之役中战死后，乾隆亲自赋诗哀悼，称其为“绿旗中第一人”，并立祠纪念，爱将之心溢于言表。在他这种破格用将，重封重赏的政策下，乾隆时期涌现出一批作战勇猛、浴血杀敌的将领，这些将领不负众望，立下赫赫战功。

当然，对于无功的败将，乾隆毫不手软，予以重罚。乾隆十三年（公元 1748 年），总督张广泗与讷亲起了冲突，在指挥作战过程中各持己见，结果损兵折将，吃了败仗。乾隆将张广泗、讷亲撤职诛杀，以示军威。

有鉴于此，乾隆还特地增军律三条，如有违犯，皆斩立决。

有了如此严明的赏罚制度，朝臣将士无不尽心尽力，尽职尽责。这为乾隆时期的繁荣奠定了坚实的基础。

主孰有道

主孰有道？将孰有能？天地孰得？法令孰行？兵众孰强？士卒孰练？赏罚孰明？吾以此知胜负矣。

军事谋略的阐释与应用

孙子认为作战之前一定要周密谋划，这样战争取胜的可能性就大，否则就容易导致失败。

孙子提出了用兵之前，决定胜负的五个基本因素是战争取胜的决定性因素，这五个因素是从己方能否取胜的角度来讲的。但是，站在战争全局的角度来判断哪一方能取得胜利，就需要从“七计”中去推断。首先要看国君的政策是否能顺应民意、上下齐心；其二要看双方将帅谁的素质更好、才能更高；其三要看谁占据了有利的气候条件和优越的地理环境；其四要看军队的纪律是否严明；其五要看武器的装备情况；其六要看军队是否训练有素；最后还要看奖惩制度是否公平。综合考察这七个方面的因素，方能知道哪一方能在战争中获胜。

在战争中，利用“七计”取得胜利的例子比比皆是。春秋战国时，晋王听说吴国的宫殿金碧辉煌，吴王纵情酒乐，晋王看到了吴王的荒淫无道、众叛亲离。于是发兵，一举灭吴。吴王无道，自取灭亡，可见，君主的贤明与否关系着一个国家的存亡。

刘邦在夺取政权后，曾洋洋得意地说：“夫运筹帷幄之中，决胜千里之外，吾不如子房；镇国家，抚百姓，给粮饷，不绝粮道，吾不如萧何；连百万之军，战必胜，攻必取，吾不如韩信。此三者皆人杰也，吾能用之，此吾所以取天下也！项羽有范增而不能用，此所以为我所擒也。”刘邦任用张良、萧何、韩信而得天下，项羽有贤臣良将而不能加以重用，所以失去了天下。

天时、地利、严明的纪律、优良的装备、善战的士兵、严明的赏罚制度同样在战争中举足轻重。

东汉大将马援，奉光武帝之命率部攻打五溪。由于路途不熟，又逢酷暑，瘴气蔓延，所以士兵一路疲惫不堪，有些人还中暑死去。但是马援并未就此取消攻打五溪的计划，而是坚守阵地，结果大败而归。他就是犯了不得天时地利的错误，才导致了如此结局。要想取得战争的胜利，不仅要占据天时、地利，而且还要治军严明。三国时的曹操非常注重论功行赏，而且赏罚分明。他把每次作战得来的财物都赏赐给有功的将士，对于没有功劳的人从不滥加奖赏，所以将士作战都争着建功立业。有一次他领兵出征，行军经过麦田时，他下令士兵不得损坏麦苗，违者处斩。可是正好此时，他的坐骑受惊，跃入麦田，踏坏了麦苗。按规定当斩，但他作为军队主帅不能自杀，最后仍然割发代罪，以儆全军。他的这些做法，使士兵和谋臣们深受鼓舞。

商战谋略的阐释与应用

在商战中，正确的经营思想、长远的发展目标、优秀的管理人才、合理的激励机制，以及科学的管理制度等都是企业生死存亡的关键因素。对于企业来讲，要加强领导自身的素质建设，制定科学合理的管理制度，采取适当的激励措施，在此基础上还要充分地利用人才，只有具备了这些，企业才能在激烈的市场竞争中立于不败之地。

韩国的三星企业集团是全球有名的大财团。它创业多年，资产总额达数百亿美元，20 世纪 80 年代进入世界经济 500 强之列。三星企业集团获得了如此引人瞩目的成就，原因何在？关键在于时任三星企业集团董事长的李秉哲始终坚持“人才第一”的管理理念，当然李秉哲本人也是一位不可多得的人才，他自幼酷爱读书，曾获美国波士顿大学商学院荣誉博士学位。他担任集团董事长后，一直把员工的素质看成是关系企业生死成败的大事。基于对员工素质的重视，三星集团自创业以来一直非常重视对人才的选拔和培养。新员工进入公司首先要进行为期一个月的培训，培训结束后，还要从事推销能力训练。不仅如此，李秉哲还非常重视招揽社会各界人才，因此在他的集团内部汇聚了一批商界精英。三星集团不仅重视人才，而且还注重合理地利用人才，公司纪律严格，对待员工赏罚分明。有了优秀的人才，有了合理的制度，公司的员工工作起来当然都是名副其实的“练卒”。

有了高明的将帅，有了优秀的员工，有了合理的制度，即使面对如此激烈的市场竞争，三星集团也能长盛不衰。

从政谋略的阐释与应用

“主孰有道？将孰有能？天地孰得？法令孰行？兵众孰强？士卒孰练？赏罚孰明？吾以此知胜负矣”不仅仅是判断军事胜负的最佳标准，用它来评价政治的成败也再恰当不过了。

刘邦率先入主关中，但并没有被秦宫的豪华陈设所诱惑，他知道夺得人心才是争夺天下的资本。于是，刘邦还军灞上，与关中父老约定：杀人的偿命，伤人和盗窃财物的按情节轻重论罪。秦朝原来的严刑酷律，现全部予以废除，并且保留原有地方官吏，士农工商继续从事旧业。然后在灞上静候各种诸侯军的到来。这就是历史上有名的“约法三章”。

关中是秦朝的发源地，也是兵家必争的战略要地，能否取得关中的民心是成功与否的关键。刘邦入主关中后约法三章，使原本惊恐不安的关中民众放下心来，他也因此获得了关中百姓的全力支持，为他日后夺得天下奠定了坚实的基础。而项羽就不同了，他进军咸阳后，将秦宫中的财宝、美女洗劫一空，然后纵火焚烧阿房宫，大火三月不止。此举使他失去了大部分民心。

经过四年的楚汉战争，刘邦最终夺得了天下。而昔日的“西楚霸王”，只落得个“霸王别姬，乌江自杀”的悲惨下场。认真对比一下，不难发现其中的原因，用“主孰有道？将孰有能？天地孰得？法令孰行？兵众孰强？士卒孰练？赏罚孰明？吾以此知胜负矣”对刘项双方的成败做一个点评，最恰当不过了。

计利以听，乃为之势，以佐其外

计利以听，乃为之势，以佐其外。势者，因利而制权也。

军事谋略的阐释与应用

在战争中，有利的计策得到执行是取胜的关键。然而，计策需要在相应的环境中和适当的条件下才能发生作用。因此，作战要根据战争的实际情况采取灵活多变的对策，以造就一种对我军有利的军事态势，化不利为有利，变被动为主动，才能使计策得以顺利进行，从而获得战争的胜利。

楚汉战争之初，汉高祖刘邦在与项羽的较量中，遭受了一连串的军事挫折。大将韩信在这种形势下，向刘邦提出了他的军事策略：请求刘邦给他一支军队，由他亲自率领，北取燕、赵，东向攻齐，然后再率军转向南方阻断楚军的粮道，最后与刘邦会师荥阳（今河南荥阳）。刘邦采纳了韩信的建议，给韩信调拨 3 万人马，让他与手下张耳去实现这一军事大计。

韩信与张耳率兵以 3 万人马全歼赵国 20 万大军，俘获了赵王及其谋士李左车。在战争之初，赵国谋士李左车曾建议赵国的大将陈余调兵阻断韩信的粮道，但建议没有被采纳。韩信在俘获赵国谋士李左车后，并没有将其杀死，而是以礼相待，将之奉为上座，李左车深受感动，韩信请李左车为其分析当时的军事形势，李左车认真分析了韩信当前所有的优势和劣势。面对复杂多变的战势，针对当时所面临的具体形势，李左车为韩信提出了一系列正确的军事策略，得到了韩信的采纳。当时，由于韩信在消灭赵国之后人困马乏，不宜再兴师燕国，所以李左车奉劝韩信首先应当安抚赵国民心，然后再派出能言善辩的使臣向燕国表明自己的优势，燕国一定不敢不听。燕国服从之后，再派遣使者向东去说服齐国，齐国也一定闻风归降。这样一来，天下便大势可定。韩信认为他言之有理，于是听从了李左车的建议，先派使者到燕国，燕国立刻归顺，后又用同样的办法说服了齐国，最终为刘邦统一天下铺平了道路。

楚汉战争之初，刘邦出师不利，大将韩信勇于献策，刘邦果断地采取了他的计策，最终扭转了战争的局势。这也正应了《孙子兵法》中的“计利以听”，也就使韩信的有利计策在刘邦的军事行动中得到了有效的执行。这是楚汉战争中，刘邦获胜的一个重要原因。韩信在灭掉赵国之后，本来按原计划要出师燕国，东向攻齐，但赵国一个谋士的建议却让他不费一兵一卒，轻而易举就说服了燕齐，使之归顺。韩信听从赵国谋士李左车的建议，同样也验证了“计利以听”。谋士李左车在效命韩信之初并没有对韩信原来的军事计划极力推崇，而是根据当时所处的具体军事形势，灵活多变，制定了一个更为科学合理的军事策略，为楚军营造了一个极为有利的军事态势，从而轻而易举使燕齐归顺。这就是“势者，因利而制权也”。

商战谋略的阐释与应用

孙子在他的兵法思想中指出要想更好地取得战争的胜利，就要为自己创造一种有利的军事态势。在商战中也是同样的道理，需要为自己的产品或服务进行宣传造势。这种“势”在商业竞争中主要表现为广告宣传：要通过别出心裁的广告宣传，为产品制造一种轰动效应，从而树立良好的产品形象，以吸引更多的消费者。

美国联合碳化公司起初并不显眼，后来却因为一群鸽子而声名鹊起。当时碳化公司因业务发展需要曾在华盛顿市区新建了一座总部大楼，大楼落成后还未入驻，一大群鸽子先飞进了大楼，当时公司的领导人员即刻命人关闭所有的门窗，拘禁了所有的鸽子；然后又马上通知动物保护委员会，处理有关保护动物的事情。接着，公司领导人员又及时将这一消息电告各大新闻媒体，说大楼将会出现有趣的捉鸽事件等。在捉鸽的那天，各新闻媒体蜂拥而至，争相记录报道这一有趣的事情。第二天，各种形象生动的消息、报道、特写、评论等充斥了各大报刊以及其他新闻媒体。公司的主要领导人员纷纷在电视上亮相，他们在大谈保护动物的神圣职责的同时，也向公众介绍了他们公司的服务宗旨和服务范围，一时间，公司声誉鹊起。

美国联合碳化公司新建总部大楼，这一消息如果想让众人知道就需要投入一定的广告费用，而且这样做并不一定能收到理想的效果。恰好此时，一群鸽子飞进总部大楼，公司领导决定利用这一契机为公司进行宣传造势，借保护动物这一举动吸引媒体的广泛关注，然后又趁机介绍自己公司的业务。碳化公司在“保护动物”这一活动中可谓出尽了风头，公司领导层的这一举动让碳化公司一夜之间变得家喻户晓，他们这一“因形造势”的举动确实收到了一箭双雕的效果。

从政谋略的阐释与应用

政治活动与军事活动相比，更需要借助外力造势。积极听从采纳有利的建议以谋取政治利益，是历代统治者的惯用法宝。

楚汉战争时，刘邦率军东向讨伐项羽，决心与西楚霸王一争天下，队伍行进至洛阳新城，被一位自称董公的老人拦住。董公为刘邦献策说“顺德者昌，逆德者亡”，行军打仗要师出有名。因此他建议刘邦公开为义帝发丧，兴仁义之师，伐有罪之人，这样天下军民必然群起响应。刘邦一听，恍然大悟，立即传令：大军就地驻扎，搭设灵堂，为义帝发丧。

刘邦还借此机会，列举项羽逼迫义帝的种种罪行，号令天下有识之士群起讨伐项羽。他联合诸侯各王组成反楚联军进抵彭城城下。不久彭城就成了刘邦的囊中之物，这为他打败项羽、统一天下，奠定了基础。

刘邦不愧为一代优秀政治家，他不仅善用人才，而且还善于为自己的政治野心造势。这使得天下英才皆被他笼络怀中。“顺德者昌，逆德者亡”，刘邦有了这身合法的外衣，有了天下人的大力支持，项羽能不败吗？

兵者，诡道也

兵者，诡道也。故能而示之不能，用而示之不用，近而示之远，远而示之近。

军事谋略的阐释与应用

用兵作战是一种诡道之术，这是《孙子兵法》中极为重要的战略思想，它体现着一种辩证思维的方式。这种以“奇袭”为经、以“诡道”为纬，交织而成的战略思想贯穿孙子兵法思想的始终。为了有效地在军事行动中运用这种思想，孙子接着提出了在战争中要向对方做出与自己真实的作战意图相反的假象：能战装作不战；想攻却装作不攻；想攻打近处，却装作攻打远处；想攻打远处，却装作攻打近处。这样一来就能在战争中获得更多的主动权。

历史经验也表明：兵需用诈，兵不厌诈。战争中，敌我双方为了掩盖各自的真实目的和作战意图，想千方设百计，制造各种假象诱骗对方，迷惑敌人，给对方造成错觉，从而创造对自己有利的军事条件，以较小的代价夺取较大的胜利。

清朝的一代明君康熙就曾经在平叛噶尔丹叛乱时巧用“兵行诡道”这一计策来摆脱困境。清康熙三十五年（公元 1696 年），康熙亲率 9 万大军远征昭莫多平定准噶尔部首领噶尔丹叛乱，可是当时清军在经过沙漠地带的长途跋涉之后，人困马乏，粮草将尽，如果此时与噶尔丹决战，恐怕难以胜算，于是康熙准备下令撤退。但此时，噶尔丹的大军也与清军相距不远，如果此时仓促撤兵很容易受到敌军的背后袭击。康熙一筹莫展，他突然想起噶尔丹所派出的使者还在清军营中，于是心生一计，召来使者，大声训斥，命他赶快回去告知噶尔丹速来归降，否则派大军征讨，到那时噶尔丹将死无葬身之地，而且还表示全军要与噶尔丹决一死战，不平叛乱，决不回朝。使者听后速回营中告知噶尔丹，噶尔丹下令大军立即向后撤退。待敌人撤退到一定的距离后，康熙才突然下令班师，摆脱了困境。

康熙的大军在沙漠经过一番长途跋涉之后，肯定会人困马乏，这是一个基本事实，但是噶尔丹部并未准确地了解到这一事实。康熙大军人困马乏，不能迎战，只好撤退，而想要撤退这一事实，更不能让敌方得知。但是仓促撤退又容易引起敌人的怀疑，于是康熙巧妙地利用敌方的使者带给噶尔丹一种假象，促使噶尔丹大军撤退，而自己却趁机脱离了险境。

这正是“兵者，诡道也”这一军事思想的巧妙运用。

曾经雄踞塞外、令汉室大为头疼的匈奴单于也深谙此道。刘邦建立汉王朝之始，曾经分封了一些诸侯王，以巩固汉室天下。可是不久这些封王纷纷起兵反抗中央朝廷。这其中包括被封王的大将韩信，韩信起兵后其他一些同姓诸侯王也起兵与中央对抗，并且还企图勾结匈奴，合力抗击刘邦。刘邦意识到问题的严重性，便派人出使匈奴，目的是想探听一下对方的虚实，以便做好准备，出击匈奴。可是匈奴单于早有准备，他们得知汉使即将来访的消息后马上把精兵强将隐藏起来，只留一些老弱病残之士来障眼，汉使先后到匈奴侦探十多次，都是如此。使者认为匈奴国虚兵弱，不堪一击，建议出兵攻打匈奴。刘邦为了慎重起见，又派谋臣刘敬前往匈奴复探此事。刘敬来到匈奴后所见所闻与前一位汉朝使者所见没有什么差别，但他却没有被这种假象所迷惑，而是提醒刘邦说，匈奴历来兵强马壮，而这次我们却只看到了一些老弱病残之士，这其中必然有诈，还是不要轻易出兵为好。可是刘邦却没有听从刘敬的建议，而是亲自率兵出征，结果被匈奴主力大军围困在平城的白登山（今山西大同县东）七天七夜，险些全军覆没。

孙子认为，战争是一种诡道之术，要“能而示之不能，用而示之不用。”匈奴单于正是运用了这一“诡道”，隐藏了自己的军事实力，能打而装作不能打，想打而装作不想打，才使刘邦做出了错误的决定。虽然刘敬识破了假象，无奈刘邦不听劝告，一意孤行，最终刘氏大军被困白登山，后突围才得以保命。

无独有偶，明成祖朱棣也曾经使用过这种诡道之术。明洪武三十一年（公元1398年），明太祖朱元璋病死，皇太孙朱允炆继位，史称建文帝。建文帝生性懦弱，他称帝后，朝廷与各地诸王之间矛盾迅速激化。当时各地诸侯王都纷纷拥兵自重，一些同姓诸侯王还想趁机篡夺皇位，尤其是朱元璋第四子燕王朱棣声称要诛讨奸臣逆贼，公开与朝廷对抗。明建文二年（公元1400年）九月，建文帝命大将军盛庸率军驻守山东德州、定州、沧州等地，然后出击北平（今北京），平定朱棣叛乱。朱棣得知消息后，欲乘机攻取沧州。但是他担心沧州守军有所防备，于是放出风声说要北上攻打辽东。沧州守将徐凯得知此事，放松戒备，燕王朱棣率军抵达天津做出进攻辽东的姿态，徐凯见朱棣确实要远攻辽东，更加放松戒备，而此时朱棣突然率大军急转南下，直逼沧州，等到沧州守将徐凯得知此事，朱棣的大军已经兵临城下，徐凯此时才急令士兵拼死守城，但为时已晚，燕王大军四面围攻，沧州城迅速陷落。

本来沧州固若金汤，牢不可破，可是燕王朱棣用了《孙子兵法》中“近而示之远，远而示之近”的兵法策略，迷惑了沧州守将。本来是要夺取近在咫尺的沧州，却声称要攻打远在天涯的辽东，使沧州守将失去了警惕，结果徐凯所部被燕王大军打了个措手不及，沧州也随之陷落。这不能不说燕王朱棣用兵如神，同时它也验证了“兵圣”孙子的谋略之高超。

商战谋略的阐释与应用

用兵作战是一种诡诈之术，在战争中这种战术是克敌制胜的常用法宝。在商业领域要想获得全面的成功，离不开这种诡诈之术。企业不仅要为消费者提供优质的产品和优良的服务，而且要善于迷惑竞争对手，让自己的产品能够迅速有效地占领市场，从而为自己的生存和发展开拓更为广阔的空间。

20世纪初，美国汽车工业飞速发展，各大汽车生产商无不推陈出新，生产出各种各样新型实用的产品。当然随着新产品的增多，市场的竞争程度也变得越来越激烈。在各大厂商纷纷求新求变的情况下，福特汽车仍不改初衷，维持着原有的生产模式，因此销路大受影响。基于这种状况，部属都向福特提出了一些更新产品的建议，但是老福特总是回答说：原产车结实耐用，继续生产这种车也不错。众人听了都百思不得其解，其他的汽车生产商听到了这个消息都嘲笑老福特因循守旧。可是谁也不曾想到，此时的老福特已经暗中设计出了一种极为新潮的A款汽车。不仅如此，他还大量收购废旧钢材炼钢，以降低生产成本。1957 年 8 月，福特突然宣布关闭生产 T 型车的工厂，人们都感到纳闷：为什么新款 T 型车刚上市不久就被停止？正当所有人感到迷惑不解之时，同年年底，一款色彩华丽、典雅轻便的 A 型汽车面市了，这款车造型独特，而且价格低廉，因此备受消费者青睐。它的突然出现，迅速成了市场上的一个亮点，因为其他厂商毫无心理准备，所以这款车一下子就抢去了很大的市场份额，这为福特公司带来了不小的收益。

福特公司是美国首屈一指的汽车公司，在世界汽车生产领域也享有盛誉。福特公司能取得如此骄人的成绩，与福特本人的经营理念和管理方式是分不开的。老福特面对激烈的市场竞争表面上不动声色，实则养精蓄锐，暗度陈仓，一旦时机成熟，就反客为主，占尽上风，他不愧为商场上的一名善用“诡道”的将帅。

从政谋略的阐释与应用

政治本身带有一定的欺骗性，从这个意义上说，它其实也是一种“诡诈”之术，尤其是对于中国的封建社会来讲，这种特性表现得更加明显。

唐朝李淳风曾作过一本《推背图》，据说能推算出上下几百年的大事，也能推算出帝王是谁，故《推背图》这在群雄并起的五代十国大动乱时期刮起了兴盛之风。宋太祖赵匡胤平定中原登上帝位之后，开始颁布诏令禁止此类书籍在社会上流行。

但此书留传甚久，根本不可能一下子消除。宰相赵普也主张不能把违犯此诏令的人都抓来严惩。为了有效地降低此书风行带来的危害，宋太祖想出一条妙计。他令赵普取来旧存的刻本，亲加检验后，对于其中没有应验的内容，打乱顺序重写一遍。然后秘密令人把这些伪书投放到民间与原来的《推背图》一起通行。于是传习“推背”之学的人也搞不清楚书中的内容到底先后顺序如何。他们无法辨别书中内容的真伪，由于内容烦琐，他们就丢弃了旧本而不再收藏。宋太祖以假乱真，最终达到了自己的目的。

历代的封建统治者，为了稳固自己的统治，都会施行一些愚民政策。宋太祖赵匡胤也不例外，他利用“谶纬之学”这个工具登上了皇帝宝座之后，又亲手毁掉了它，断绝了别人觊觎皇帝宝座的念想。

利而诱之，乱而取之

利而诱之，乱而取之，实而备之，强而避之，怒而挠之，卑而骄之，佚而劳之，亲而离之。

军事谋略的阐释与应用

《孙子兵法》前面所列四种隐蔽自己的方法，与后面的八种利用敌人的对策，组成孙子著名的“诡道十二法”，也就是前面所说的“兵不厌诈”的方法。诡道，是一种欺骗行为，千变万化，因时因地因敌而异。但它的目的只有一个，那就是：迷惑敌人，利用敌人。这些都是作战中利用诡道的基本原则。敌人贪利就要想办法引诱它；敌人处于混乱状态就要乘虚而入；敌人强大就要加强防备、避其优势；敌人易怒就想办法激怒它，使其丧失理智；敌人谦卑、谨慎就要设法使其骄傲自大；敌人安逸就要使之疲劳；敌人内部团结就要分化离间他们。这样才能变劣势为优势，变被动为主动。

战国时期，大将李牧驻守赵国北部边防，常年驻在代郡、雁门郡一带防御北方强敌——匈奴的入侵。匈奴大军生性多疑，且出兵迅速，常令赵国守将摸不着头脑。为了诱歼匈奴单于，李牧特地向军中兵士下令：凡发现匈奴来犯要立刻回营自保，不得恋战，如有违犯一律处斩。匈奴人得知这一消息后，窃为惊喜，认为李牧怯懦，不堪一击，于是准备大举进攻。公元前233年的一天，李牧故意让边防百姓四处放牧，成群牛羊遍布山野，匈奴单于见机会难得，先是派小股骑兵入侵，李牧假装战力不济，败退而去。匈奴单于见天赐良机，于是亲率大军南下想一举消灭赵国北部重兵，可是李牧事先早已做好充分准备，他采取灵活多变的阵势，出奇兵包抄匈奴大军，一举灭掉十几万匈奴骑兵，匈奴单于只身脱逃，幸免于死。

“人为财死，鸟为食亡。”“财”对人来讲是利，“食”对鸟来讲也是利，所以人和鸟都会为利而置生死于不顾。在战争中，敌我双方也都时时刻刻围绕着利而展开较量。在上面的战例中，匈奴单于无时无刻不想挥师南下、掠夺财物。这是他们的大利。赵国守将李牧的高明之处就是利用了敌人想得到的利益，而没有向敌人暴露自己想要的利益。李牧最终诱使匈奴大军南下，而将其一举歼灭。这正体现了“利而诱之”的战略思想。

战争中不仅要“利而诱之”，还要“乱而取之”。战国后期，燕国政局动荡，将军市被和燕太子平相勾结，准备以武力打击燕相国子之及一些大臣和官吏，全国上下顿时陷入一片混乱。地处燕国东南的北方大国齐国看到燕国内乱不止，于是想趁机出兵，从中牟利。为了更加稳妥地消灭燕国，齐王决定想办法加剧燕国的内乱，于是他派人向燕太子平表示，齐国愿意追随左右，帮助太子整饬朝政。燕太子平信以为真，放松对齐国的戒备，放手发兵围攻燕相国子之，可是未能迅速取胜，而此时将军市被又临阵倒戈，双方伤亡惨重。燕国百姓纷纷逃到他国去避难。齐王见伐燕时机成熟，于是派兵大举攻燕。燕军经过长期战乱，毫无斗志，懈于防备，齐军长驱直入，最后燕王战死，相国被杀，齐军不费吹灰之力就灭掉了燕国。

齐国趁火打劫，“乱而取之”，最终轻而易举地灭掉了燕国，以最小的代价获得了最大的利益。“乱”就会削弱组织内部的力量，瓦解自己的斗志，从而丧失对外的抵御力量。这对敌方来讲是一个不可多得的进攻机会。齐国正是巧妙地运用了这一计谋，才轻易地取得了胜利。

战争中，根据战争形势的变化，有时需要“利而诱之”，有时需要“乱而取之”，面对易怒的敌人还要“怒而挠之”。在太平天国的西征军与曾国藩的湘军激战之时，石达开就曾经对湘军“怒而挠之”，从而获得了战争的胜利。

清咸丰四年（公元1854年）八月，太平军西征军在湖南战场连连受挫后，只好退往江西。可是湘军却穷追不舍，分三路逼向长江下游。太平军将领石达开奉命与胡以晃等人率军逆流而上，西进驰援。当他到达江西湖口时，湘军正派陆营攻九江，水师攻湖口。石达开认真分析了敌我形势，认为湘军乘胜而来，士气旺盛，不可立即与之交战，决定筑垒坚守，对敌人“怒而挠之”，然后再待机出兵。他命令士兵白天进攻，晚上则派一部分人马在江边擂鼓呐喊，不断向江中敌船抛掷火球，扰乱敌军。湘军官兵被搞得寝食不安，疲惫不堪，锐气大挫。这时，石达开认为时机成熟，决定与湘军决一死战。但是湘军水师有一大一小两种船配合作战，威力无比。为了分化瓦解敌人的战斗力，石达开想办法把两种战船隔离开，大小两种战船一分开，战斗力大大减弱。石达开率军乘虚而入，湘军顷刻溃不成军，连曾国藩也险些被俘。

面对锐气十足、实力强大的敌人，如果立即与之交战定会损失惨重。所以石达开决定想办法激怒敌人，首先挫伤其锐气，然后再乘虚进攻。湘军果然被激怒，石达开又想法削弱敌军的优势，迅速出击，最终大获全胜。

商战谋略的阐释与应用

孙子在他的兵法思想中，论述了对待不同的敌人要采取不同的战略战术。而在商场中面对不同的竞争对手，同样也要采取不同的应对策略。在激烈的商业竞争中，企业要立于不败之地，最重要、也是最困难的事情就是要分析自己在市场中所处的地位，对强弱不同的竞争对手，要采取不同的商业策略，以求在市场中赢得一席之地。比如商战中经常采用的“避实就虚”等策略就是孙子兵法思想的运用。

哈勒尔公司与宝洁公司一样，也是生产日用品的一家美国公司，当然它的名气远远低于宝洁公司。不过，这个名不见经传的小公司曾经在一次销售大战中用计打败了它的强硬对手——宝洁公司。这场清洁剂销售大战被称作“猴子与大象”之战。面对强大的宝洁公司，哈勒尔没有与之正面交锋，而是巧妙地采用“避实就虚”的战术击败了对手。当宝洁公司在丹佛试销一种称为“弓新奇”的清洁喷液时，哈勒尔却巧妙地从丹佛市场撤出了该公司名为“配方 409”的同类产品，这使得宝洁公司的新产品在丹佛的试销大获成功。正当宝洁公司的这种新产品全面占领丹佛市场时，哈勒尔却把他的小瓶装“配方 409”大量投入市场，而且以低廉的价格销售，此举大大降低了宝洁公司的销售收入，严重打击了宝洁公司高级主管的信心，最后，宝洁公司不得不从货架上撤回它们的新产品，而哈勒尔在这场销售大战中也获得了最终的胜利。

面对宝洁这种强劲的对手，哈勒尔没有与之死拼硬战，而是巧妙利用了大公司因过分自信而轻视对手的心理，“明修栈道，暗度陈仓”，出其不意地一举击溃了对手。

从政谋略的阐释与应用

“利而诱之，乱而取之。”中国历代通过“宫廷政变”取得政权的统治者，大多都是在“乱”中取之。

武则天死后，唐中宗继位，唐朝的政局一直动荡不安。由于唐中宗软弱愚懦，皇后韦氏趁机拉帮结伙，把持了朝政。为了达到独霸朝政大权的目的，韦氏又设计毒死中宗，临朝称制。从此韦氏一党遍布朝廷，他们为了立威，设立严刑峻法，致使政局更加混乱。而这正好为李隆基提供了一个极好的机会，他身为李氏皇族后裔，拥有众多的支持者。于是他趁机拉拢韦氏的反对者，争取各方面的力量顺利地夺下了皇室大权。

韦氏之乱成就了李隆基，使他的夺权行动顺利完成。这就是“乱而取之”；反之，如果中宗在世，统治稳定、天下太平，那么李隆基有天大的胆子也不敢夺权。

攻其无备，出其不意

攻其无备，出其不意。此兵家之胜，不可先传也。

军事谋略的阐释与应用

俗话说，“不打无准备之仗”，因为无准备之仗几乎没有胜算的把握。反过来讲，在敌人没有做好充分的战争准备前，向其发动进攻，那么胜算就成竹在胸。这就是历代兵家所极力推崇的“攻其无备，出其不意”。在敌人没有准备时，发动突然袭击，就会使敌人手足无措，计划失误，以致仓促迎战，结果兵败连连。这是历史上多少战例曾经证明过的战争制胜的法宝。

西晋末年，各诸侯王之间争权夺利，愈演愈烈，最终爆发了“八王之乱”。赵王司马伦废晋惠帝自立，成都王司马颖借机兴师讨伐。双方军队在黄桥（今河南淇县西）遭遇，司马伦兵力强大，司马颖出师不利，死伤万余人，全军为之震动。司马颖准备退守朝歌（今河南淇县）。军中谋士卢志、王彦进言司马颖说，我军失利之后，敌人必生轻我之心。此时遇难而退，消极防守，势必令全军士气不振。而现在敌人刚刚取胜，一定会对我军疏于防守，不如趁机挑选精兵，趁夜出击，说不定可以反败为胜。司马颖认为他们言之有理，采纳了他们的建议，当时司马伦及其部下正欢喜庆功，陶醉于黄桥大捷，司马颖突然向他们发起进攻，司马伦逃脱，其部下群龙无首，溃不成军。

本来弱军遇到了强敌，几乎没有了胜算的把握，加之消极防守、士气受挫，司马颖几乎要兵败无疑，但谋士们认真分析当时敌我双方的优势和劣势，用“我之优势”出其不意攻“敌之弱势”，竟然迅速地扭转了战争的局势，反败为胜，不得不令人称奇。所以，在战争中对战争双方来讲，每时每刻都要加强军事戒备，以免对方乘虚而入。

古今中外，像这样的战例不胜枚举。东汉末年，群雄纷争，孙策趁机举兵江东。在建安元年（公元 196 年）八月，孙策率兵攻取会稽郡，但遭到会稽郡太守王朗的坚决抗击，孙策多次进攻未果。后来孙静建议孙策放弃正面进攻，而是在夜间布下疑兵，迷惑王朗，然后孙策从侧面率兵突袭，王朗来不及抵抗，落荒而逃，孙策乘胜追击，占据了会稽郡。

“攻其无备，出其不意”这一战术，如果运用得当，几乎战无不胜，难怪被兵家奉为至宝。

商战谋略的阐释与应用

“攻其无备，出其不意”的战术在商战中同样被广泛应用。这种思想的核心是“奇”，也就是要在突破人们常规思维的情况下出奇制胜。当然这种“奇”即指出奇的经营思想、出奇的产品，也包括出奇的销售方式等。总之，在商战中要根据不同的形势采取不同的应对策略，以求达到最佳的商业效果。

可口可乐公司是世界上最大的饮料公司，在全球享有极高的声誉。它的高层领导曾经扬言：如果可口可乐公司所有的工厂在一夜之间化为灰烬，那么第二天我们就可以在它的废墟上建立起新的工厂。由此可见，可口可乐公司在全球拥有多么好的信誉度。可口可乐在全球能获得这么好的信誉，产生这么大的影响，原因是多方面的。但其中一条很重要的原因就是可口可乐公司的董事会主席葛施达善出奇招经营公司。人们评价他：善以“超常识”的想法实施“超常识”的经营手段。1981 年，他一上任，便出人意料地做了两件事：一是把可口可乐的钱袋子抛给了当时拥有 10 亿人口的中国，在北京地区制作和出售可口可乐，这样轻而易举就打开了庞大的中国市场；二是收购了一家与饮料业毫不相干的大公司——哥伦比亚电影公司。人们得知这一消息后都惊愕不已，问他，他却解释说：“一定要使每一位观众在看哥伦比亚影片的时候喝可口可乐。”葛施达的这些措施，为公司打开了更加广阔的市场，使公司的知名度大大提高。

可口可乐成功的原因是多方面的，葛施达“出其不意”的经营思想也许算不上是主要原因，但他的两项措施却毫无疑问地为可口可乐开辟了前所未有的广阔市场，从而为其赚取了空前的商业利润。

从政谋略的阐释与应用

“攻其无备，出其不意”是兵家最常用的策略之一，它的准确性和有效性远远大于其他策略。在政治上，要想击败自己的对手，这种策略同样不容忽视。

清军平定西域时，阿睦尔撒纳也归降清廷。但他的归顺并不是出自真心诚意，他常利用清兵的力量扩大自己的势力。乾隆一方面对阿睦尔撒纳做出十分信任的姿态，但一方面又对他保持了高度的警惕。乾隆还提醒驻守伊犁的萨喇尔一定小心防范阿睦尔撒纳。

为了安抚人心，也为了在一定程度上满足阿睦尔撒纳的权力欲望，在攻克伊犁后，乾隆论功行赏，封阿睦尔撒纳为双亲王，食亲王双俸。但阿睦尔撒纳欲壑难平，一心图谋割据，其野心越来越暴露无遗。

阿睦尔撒纳还献媚于随军的参赞大臣、乾隆的长婿色布腾巴勒珠尔，挑拨色布腾与班第的关系，企图坐收渔翁之利，然后自立为汗。对阿睦尔撒纳的狼子野心，乾隆了如指掌，但一直不动声色。后来等到时机成熟，乾隆命令班第见机行事，于军中将阿睦尔撒纳就地正法，不留后患。后来，阿睦尔撒纳野心败露，亡走俄国，后染病而死。

虽然阿睦尔撒纳最终没有死于乾隆帝之手，但乾隆所做的一系列努力，都是为了避免打草惊蛇，防止狗急跳墙，为后来时机成熟时“攻其无备，出其不意”做准备。阿睦尔撒纳最终病死俄国，没有得到什么好下场。

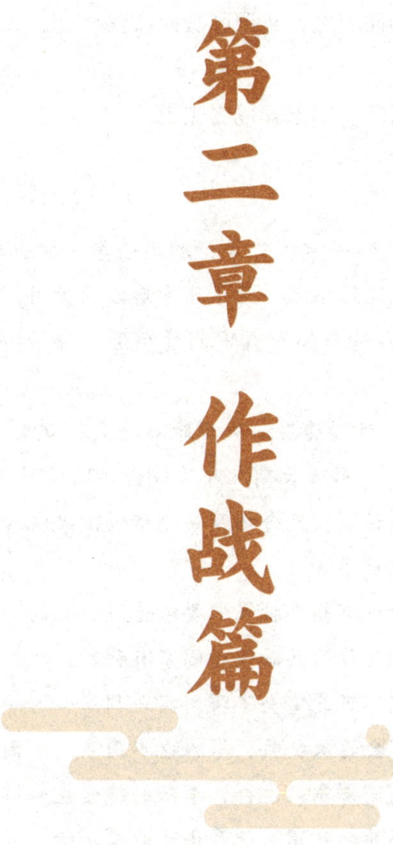

第二章 作战篇

※原文

孙子曰：凡用兵之法，驰车千驷，革车千乘，带甲十万，千里馈粮；则内外之费，宾客之用，胶漆之材，车甲之奉，日费千金，然后十万之师举矣。

其用战也胜，久则钝兵挫锐，攻城则力屈，久暴师则国用不足。夫钝兵挫锐、屈力殚货，则诸侯乘其弊而起，虽有智者，不能善其后矣。故兵闻拙速，未睹巧之久也。夫兵久而国利者，未之有也。故不尽知用兵之害者，则不能尽知用兵之利也。

善用兵者，役不再籍，粮不三载；取用于国，因粮于敌，故军食可足也。

国之贫于师者远输，远输则百姓贫。近于师者贵卖，贵卖则百姓财竭，财竭则急于丘役。力屈、财殚，中原内虚于家。百姓之费，十去其七；公家之费，破车罢马，甲胄矢弩，戟楯蔽橹，丘牛大车，十去其六。

故智将务食于敌。食敌一钟，当吾二十钟；萁秆一石，当吾二十石。

故杀敌者，怒也；取敌之利者，货也。故车战得车十乘以上，赏其先得者，而更其旌旗，车杂而乘之，卒善而养之，是谓胜敌而益强。

故兵贵胜，不贵久。

故知兵之将，生民之司命，国家安危之主也。

※译文

孙子说：大凡用兵作战的通常规律是，动用轻车千辆，辎重车千辆，征召将士十万，同时，还要远道千里运送粮草。至于前方后方的费用，诸如招待来宾使节，补充维修兵器的费用，供给各种车辆和盔甲的费用等，每天得付出千金之巨，然后，十万大军方可出动。

以十万大军出征作战，贵在速胜。战争旷日持久，就会导致士卒疲惫，锐气受挫。攻打城池会使兵力耗尽；军队长期在外作战会使国家财力难以为继。士卒疲惫，锐气挫伤，实力耗尽，财力枯竭，就会招致其他诸侯国乘机入侵。到那时，即使是足智多谋的人，也无法挽回危局了。

所以，在用兵上，只听说有指挥抽笨但要求速战速决的，从未见过指挥灵巧而要求战事旷日持久的。长久地对外用兵而能对国家有利的，从来没有过。所以说，不完全了解用兵之害的人，也就不可能完全了解用兵之利。

善于用兵的人，他们不会再次征兵，军粮也不用多次从国内征收。军用器材物资从本国取用，粮食给养在敌国筹集，这样，军队的粮食就会够用了。

国家之所以因为用兵而导致贫困，就是由于远道运输。远道运输，就会使百姓陷入贫困的处境。在靠近大军集结的地方，物价必定会上涨，物价上涨就会造成国家财力枯竭，国家财力枯竭便会加紧向百姓征收赋役。这样，人力耗尽，财力枯竭，就会使国内十室九空。百姓的收入将要耗去十分之七，国家的财产，也会因为诸如车辆的损坏，马匹的疲惫，盔甲、箭弩、戟盾、大橹的补充，以及大牛大车的征调，而耗去国家财力的十分之六。

所以，明智的将帅总是务求在敌国境内筹集粮草。消耗敌国一钟粮食，相当于从本国运送二十钟；消耗敌国一石草料，相当于从本国运送二十石。

所以，要使将士们英勇杀敌，便要激发他们同仇敌忾的士气；要使士卒勇于夺取敌军的物资，就必须借助于物质奖励。在车战中，凡夺得敌方战车十辆以上的，应奖赏首先夺取战车的人，并且要更换上我军战车上的旗帜，混合编入自己战车的行列。同时，还要善待俘虏，保证他们的生活供给。这就是所说的既战胜敌人，又能增强自己军队的战斗力。

所以，用兵作战贵在速战速决，而不可旷日持久。懂得用兵的将领，是民众生死的掌握者，也是国家安危的主宰者。

※评论与点评

本章从战争对人力、物力、财力等物质条件的依赖关系出发，指出了旷日持久的战争对国家造成的危害，论述速战速胜的重要性。

因为出兵打仗要耗损国家大量的人力、物力、财力，拖久了会使军队疲惫、锐气挫伤、财货枯竭，别的诸侯国更会乘机进攻。从速胜的观点出发，孙武反对以当时简陋的作战武器去攻克坚固的城寨，也反对在国内一再征集兵员和调运军用物资，而主张在敌国就地解决粮草，主张用财货厚赏士兵，主张优待俘虏，主张用缴获的物资来补充壮大自己。他认为只有这样做，才能保持自己的实力，迅速克敌制胜。

其用战也胜，久则钝兵挫锐

其用战也胜，久则钝兵挫锐，攻城则力屈，久暴师则国用不足。夫钝兵挫锐、屈力殚货，则诸侯乘其弊而起，虽有智者，不能善其后矣。故兵闻拙速，未睹巧之久也。夫兵久而国利者，未之有也。故不尽知用兵之害者，则不能尽知用兵之利也。

军事谋略的阐释与应用

在古今战争中，每一位军事家都强调“兵贵神速”“速战速决”的作战道理。特别是进攻性作战，军需消耗巨大，运输任务艰难，久战不下必然造成“国用不足”“屈力殚货”。这样劳民伤财，不久将国库空虚。不仅国家的经济负担加重，而且还会使士气锐减，导致军心涣散，给敌人以可乘之机。一旦到了这种地步，各地诸侯将会乘虚而入，如此一来，腹背受敌，只有灭亡了。

三国时期，蜀汉丞相诸葛亮曾以战无不胜的智慧而著称，但是谁想得到他也曾经吃过败仗。他打败仗的原因不是因为他智谋不够，而是因为他违背了《孙子兵法》中一个基本的军事原则，即“久则钝兵挫锐”。蜀汉建兴六年（公元 228 年），诸葛亮听说吴国军队在石亭（今安徽潜山）大败魏将曹休的部队。镇守关中的魏国大将张郃等人被调往东部地区支援，整个关中一带兵力空虚，于是趁机率军数万人出散关（今陕西宝鸡西南），进入关中西部，围攻战略要地陈仓（今陕西宝鸡东）。陈仓守军不过千余人，但在守将郝昭的率领下，坚持抵抗，誓死不降。诸葛亮认为魏国援军短期内难以到达，便令蜀军用云梯、冲车迅速攻城。可是却久攻不下，诸葛亮并没有率军撤退，而是又极尽其智谋，想尽各种办法攻城，但却收效甚微，而他又不甘于吃败仗。

蜀军有计策，魏军有对策，最后蜀军死伤甚众。相持二十余日，陈仓仍未攻下，而此时蜀军粮草将尽，魏国援军亦将到达，蜀军只好无功而去。

诸葛亮虽然满脑子的智慧，可是却违背了战争的基本原则，所以他吃败仗是必然的。再精干强壮的军队，也承受不了一连串的挫折，锐气自会大减。幸亏诸葛亮撤退得还算及时，否则的话，魏国的援军一到，蜀军就会腹背受敌，就算诸葛亮再聪明，也只有束手就擒的份了。

公元226年，魏文帝死，孟达以为魏国大势已去，准备归顺蜀汉。其意图暴露，被仇敌告发，他恼羞成怒打算举兵反叛。司马懿准备偷偷出兵讨伐，将领们劝其先观察孟达与吴、蜀的动静，而后用兵。司马懿认为应当促使孟达仓促迎战，然后速战速决。在司马懿进攻之前，孟达曾与诸葛亮通信说：司马懿大军一个月内不可能到达，吴蜀不必急于派兵支援。可是司马懿正是抓住了孟达的这一心理，火速派兵到达孟达城下，然后又阻挡了吴蜀援军，顺利攻下城池，杀了孟达。

司马懿不愧老谋深算，他出其不意，趁孟达惊魂未定，火速出击，截断援军，一举平叛。这就是所谓的“兵闻拙速，未睹巧之久也”。

商战谋略的阐释与应用

对于企业来讲，竞争的核心问题就是时间的竞争。时间是一种不可再生的资源，也是一种稀缺的资源。所以在商业活动中一定要争分夺秒，充分利用有限的时间，把握稍纵即逝的商机；否则错过了商机，不仅会造成人力、物力的巨大浪费，而且还有可能使企业陷入危险的境地。

1875年，美国亚默尔肉类加工公司的老板菲力普·亚默尔在报纸上看到一则消息，说是在墨西哥，最近发现了类似瘟疫的病例。他马上想到，墨西哥的瘟疫肯定会从加州或德州边境传到美国，而这两个州是美国的肉类主要供应地。这两个地区一旦发生瘟疫，肉类的供应就会紧张，而肉类的价格也会随之猛涨。消息被证实后，亚默尔立即集结所有资金从这两个州购买了大量的猪肉和牛肉，并迅速运到美国东部。果然不出所料，瘟疫很快就从墨西哥边境蔓延到美国西部的几个州。为了避免瘟疫进一步蔓延，美国政府下令严禁从这几个州外运一切食品，当然也包括肉类。如此一来美国国内肉类奇缺，价格飞速上涨，亚默尔趁机把事先贮存好的肉类逐步脱手，短短几个月，他便获得了高额的利润，发了一笔不大不小的横财。

亚默尔有非常敏锐的市场触角，更重要的是他能够及时、有效地把握市场先机，所以他成功了。反过来讲，如果他发现这个市场先机后犹豫不决，没有及时采取行动，那么这种发财的机会就有可能白白地从他身边溜走。

从政谋略的阐释与应用

在中国古代，仕途不是一条平坦的大道，它充满了荆棘和险恶，因此很少有人能在政治舞台上终其一生。明智者，会审时度势，急流勇退，因此他们得以安度晚年；愚钝者，当退不退，垂死挣扎，或者身败名裂，或者身首异处，下场极其惨烈。

唐朝玄宗时，有一名宰相叫萧嵩，他为人正直，为官清廉，深受唐玄宗赏识。这使他遭到另一名宰相的妒忌，因此处处受到排挤。他势单力薄，无力反击，只好上书皇帝，请求还乡，唐玄宗很纳闷，问他："我并没有厌倦你，你为什么要还乡？"萧嵩说："我蒙受陛下的厚恩，任职宰相，富贵已到了极点，趁陛下还未厌倦我的时候，我尚能平安退下。等到陛下一旦厌倦我了，我的头颅都难以保住，到时恐怕回都回不去了。"唐玄宗觉得他言之有理，于是答应了他的请求。

他回乡后，修园造林、修身养性，得以安度晚年。如果不知及时引退，在险恶的政治环境中，他的性命也难以保全。

取用于国，因粮于敌

善用兵者，役不再籍，粮不三载；取用于国，因粮于敌，故军食可足也。

国之贫于师者远输，远输则百姓贫。近于师者贵卖，贵卖则百姓财竭，财竭则急于丘役。力屈、财殚，中原内虚于家。

军事谋略的阐释与应用

孙子在前面主要论述战略战术问题，而在这里则论述了后勤保障和粮草供应问题，提出了"因粮于敌"的宝贵军事思想。众所周知，在古代战争中，粮草是最主要的军需物资，如果粮草供应不上或者出了问题，那么必定人困马乏、军心大乱。如此一来，战争就几乎没有胜算的把握了。这也是历代兵家一贯主张"兵马未动，粮草先行"的根本原因。既然粮草这么重要，那么粮草的运输也成了一个大问题。对此，孙子还明确提出了运粮和用粮的原则，"国之贫于师者远输，远输则百姓贫"，在当时交通运输条件十分落后的情况下，远道运输不仅劳民伤财，致使兵饥民疲，而且还会加重国家的经济负担，最后使得"中原内虚于家"。因此解决粮草问题的最好办法是要"因粮于敌"。

刘邦攻昌邑而取陈留，正是利用了这一战略原则。公元前 208 年，刘邦率兵西进，准备深入秦军腹地作战，但是孤军深入，粮草后勤补给成了一大难题，这令刘邦一筹莫展。这一天他率军路过高阳，当时的谋士郦食其求见。他一语道破刘邦的苦衷，为刘邦献上了“因粮于敌”的计策。他告诉刘邦附近的陈留县城就是一个现成的大粮仓，他建议刘邦发兵攻取陈留，因为陈留是交通要道，军需物资丰饶，而且“进可战、退可守”，刘邦采纳了他的建议，与郦食其里应外合，一举攻下陈留，解决了粮草等军需物资的供应问题。有了充足的后勤供应，刘邦解除了后顾之忧，迅速攻克了咸阳，子婴请降，秦朝灭亡。

刘邦起家之初，兵力相对较弱，而要灭掉曾经强大一时的秦国，又必须深入其腹地作战，这时粮草的供应和运输便成为当务之急。刘邦正在一筹莫展之际，郦食其劝其“因粮于敌”，攻取陈留，从而使军队有了充实的后勤保障，而且还节省了大量的人力、物力。真可谓一举两得，绝妙至极。这是“因粮于敌”这一兵法思想最生动的战例。

商战谋略的阐释与应用

“因粮于敌”在商战中也是一种重要的战略思想。精明的企业家最善于借助他人的力量“以战养战”“借钱生财”，从而实现自己的目标。特别对于实力较弱的小企业、小公司来说，若能灵活掌握“因粮于敌”的技巧，借助外界之力，实现自己的经营计划，往往能收到事半而功倍的效果。

美国商场上的“混世魔王”丹尼尔·洛维洛就是善于“借钱生财”的大富翁。起初，洛维洛在商场上折腾了几年，以失败而告终。后来他悟出了一个道理：要发财，最好先用别人的钱来赚钱。他遵照这一商业规则，白手起家，后来竟然真成了美国亿万富翁。他先是贷款买了一条普通的旧轮船，然后将它改装为油船，包租出去。后来他又用这条船做抵押，到银行又借得另一笔贷款，买下另一条货船，改装成油轮后出租。如此不断发展，若干年过去了，洛维洛不断地贷款、买船、出租，生意越做越大。他的生意从美国做到了全世界，他本人也由拥有一条船的小商人变成了美国的亿万富翁。

之所以称洛维洛是“混世魔王”，是因为他曾经一无所有，却依靠别人的钱做起了“滚雪球”的生意，而且越做越大，最后竟然成了美国的亿万富翁。说起来这简直就像一个神话，其实洛维洛成功的原因很简单，那就是“因粮于敌”。

从政谋略的阐释与应用

无论是行军打仗还是统治国家，一定要想办法利用当地资源，就地取材，不要“远输”。“远输”不仅会使“百姓财竭”，而且会使国力遭受严重损失。

秦始皇经过多年征战，统一六国后，并没有与民休养生息，而是拒绝丞相李斯的建议，派将军蒙恬率 30 万大军进攻匈奴，夺取漠南的黄河河套地区，然后又接着修筑长城、戍守边塞。戍边将士风餐露宿，苦不堪言，十多年中死伤无数。为保障边塞军民生活，朝廷还征发百姓往边疆运送粮草，由于路途遥远，运送到的粮食所剩无几。全国上下男耕女织、拼命劳作，供给军需，许多百姓因此而倾家荡产，秦王朝的国力也遭到极大削弱。秦始皇病逝后，其子胡亥继位，是为秦二世。秦二世继续征发百姓戍边，终于导致了陈胜、吴广农民大起义的爆发，秦朝统治从此土崩瓦解。

秦始皇劳民伤财是导致秦统治灭亡的主要原因之一。秦始皇攻打匈奴夺取河套后，虽然无力再夺取匈奴的资财来发展秦国，但是他本来可以动员戍边将士在边塞地区发展农业生产，以农养军。可惜他偏偏要从千里之外的关中运送粮草，致使“百姓财竭，中原内虚于家”，不仅没有达到目的，反而葬送了自己的统治。

智将务食于敌

故智将务食于敌。食敌一钟，当吾二十钟；萁秆一石，当吾二十石。

军事谋略的阐释与应用

古代军队的粮草运输，往往耗资巨大，还必须派兵保护粮道，这不仅给国家造成巨大的经济负担，而且还会分散作战精力。因此，历代的兵家都明白“因粮于敌”这个道理，他们经常采取从敌人处获取粮食，以战养战的策略，这样不仅有助于减轻本国沉重的经济负担，减少运输的资源耗损，而且还能在一定程度上削弱敌国的实力，这是一举两得之策。

公元 231 年 2 月，诸葛亮率十万大军四出祁山攻伐魏国，司马懿率将迎战。诸葛亮兵至祁山，见魏军早有防备，便秘密派兵抢割陇上的麦子，而自己则率军攻打另一战略要地。司马懿率军赶往祁山，并不见蜀军出战，心中生疑，后识破诸葛亮的计谋，立刻派兵前往增援。而诸葛亮借此计调开了司马懿的大军，又派精兵 3 万，把陇上的新麦一扫而光。司马懿得知上当后，企图回头抢夺，诸葛亮早有防备，司马懿差点被围。他突围后坚守险要、拒不出战。蜀军无奈，诸葛亮见抢来的粮草将尽，只好下令退兵。

此战虽未取得军事上的胜利，但是诸葛亮“因粮于敌”，抢割了魏国的小麦，不仅避免了断粮的危险，而且还给魏国造成了一定的经济损失，也不失为一次有意义的战事。

商战谋略的阐释与应用

在企业经营发展过程中，很多企业的发展壮大，正是通过“食敌”这一思想来实现的。很多跨国公司扩大海外业务，并不是直接向国外销售产品，而是利用当地的厂房、原料、人力等生产要素生产、加工产品，然后就地销售。如此一来，一方面可以减少关税，另一方面也可以减少运输费用和其他损耗，从而有效地降低了产品成本，使产品以低廉的价格进入市场。

日本吉田兴业社享有“世界拉链王国”的美称，它的发展历程就是很好地利用了“食敌”这种思想。吉田兴业社的创办人和总经理吉田忠雄颇有战略眼光。创业之后，国内的市场有限，吉田忠雄就把目光转向了国外。吉田忠雄不辞辛劳，周游各国去考察，并大胆地在外国投资建厂，这在当时的日本还是比较少见的。经过几年的努力，吉田忠雄先后在印度尼西亚、印度、新西兰等国建立起了分厂，他的海外市场也随之进一步被打开。吉田兴业社在世界各地 45 个国家中建有 50 多个拉链工厂，雇用外籍员工 9000 多人，而其年销售额达到 10 亿美元。

吉田兴业社从一家小公司做到了“世界拉链王国”，其最主要的成功经验，就是“务食于敌”，也就是利用国外市场的人力、物力等因素，直接在国外开设分厂。这样做不仅充分利用了当地廉价的劳动力，而且降低了生产成本，减少了贸易摩擦，还加强了与当地人民的友好关系。吉田忠雄不愧为一位精明的企业家。

从政谋略的阐释与应用

“智将务食于敌”，在政治上，就是指要善于运用对手的力量达到自己的目的。它是一种极为有效的政治手段。

唐代，西川地区是汉族和少数民族杂居的地方，治安混乱、盗贼猖獗，居民常常受到侵扰。前几任地方官员治匪不力，百姓怨声载道。

唐僖宗乾符六年（公元 879 年），崔安潜就任西川节度使。他上任后考察前任的不足之处，制订了一套新的捕盗方案。他拿出 500 两银子让属下分别放置在几处闹市，并张榜公布：有能告发并逮捕一个盗贼者赏 200 两银子，若盗贼告发同伙或逮捕同伙者不仅可赦免其罪，而且还可以和平常人一样领赏。这一招果然灵验，告示贴出不久，便有人捕获了盗贼，送到官府。有一次，同为盗贼的两个人，其中一人首先指认了他的同伙，结果这个人立即得到赏钱，而被捕的那个人则被当众砍头，百姓见后皆拍手称快。此举传出后，诸盗贼与他们的同伙终日互相猜疑，惶恐不安，结果，有的逃出西川，有的自首了事，从此西川的治安有了根本性的好转。

崔安潜可谓是一个机智过人的为官者，他惩治盗贼的高明之处在于他善于“食于敌”，即让盗贼揭发盗贼，利用这种方式解决了前任解决不了的顽疾，真是技高一筹。

杀敌者，怒也

故杀敌者，怒也；取敌之利者，货也。故车战得车十乘已上，赏其先得者，而更其旌旗，车杂而乘之，卒善而养之，是谓胜敌而益强。

军事谋略的阐释与应用

孙子前面提出了军需供应问题，接着又提出了鼓舞士气的方法。即用“怒”和“货”来激发士兵在战斗中英勇作战，缴获敌人物资的手段。这其实是“因粮于敌”这种军事思想的延伸。因为取敌之货，得敌战车，也是用敌人的军需物资来壮大自己、削弱敌人的一种极为有效的军事手段。

高明的将领不仅善于激发部队对敌人的仇恨，使大家同仇敌忾，在战场上勇往直前，而且善于利用敌军物资，奖赏立功者，以激发斗志，提高战斗力。不仅如此，孙子还主张善待俘虏，对他们要“善而养之”，不仅以精神感召来消除他们的敌对心理，有效地瓦解敌方的斗志，还可借此壮大自身的力量，这同样是“因敌而制胜”的思想。

春秋战国时期，田单复国就是很好的一个例子。公元前 284 年（周赧王三十一年），燕王以乐毅为将，命乐毅率领韩、赵、魏、秦、燕五国联军进攻齐国，在击破齐军主力之后，深入齐国腹地，连连攻克七十多座城池，最后集中兵力将齐国仅剩下的莒（今山东莒县）和即墨（今山东平度东南）两座城池包围起来。在随后展开的城邑攻防战中，即墨的守城将领战死，城中官兵百姓宁死不降，纷纷推举颇有军事才能的田单为将军，坚守城池。田单用反间计使燕王召回大将乐毅，转而派出一名无能的将军前来指挥五国联军。接下来田单又故意扬言，齐国士兵最怕割鼻子、挖祖坟。燕国军士中计，便割去被俘齐兵的鼻子，齐国军民见到被俘的同胞受此大辱，个个义愤填膺，纷纷要求与五国联军决一死战，报仇雪耻。田单见时机成熟，用“火牛阵”，借助旺盛的士气挥师出击，大败燕军，收复全部失地。

燕国派大将率五国联军，攻打齐国。以军事实力而言，齐国只有灭亡的命运，更不要说什么收复失地了。可是齐国守将田单在敌国大军兵临城下的危险处境中，能够充分运用《孙子兵法》中“杀敌者，怒也”这一军事思想，积极创造条件，变不利为有利，想办法激励了守城将士的士气，最终扭转了战争的局势，堪称战争中的奇迹。

商战谋略的阐释与应用

孙子关于“怒”和“货”的思想，用在经济管理中就是人力资源的管理问题。人是生产力中最活跃的因素，当然也是经济活动的主要要素。因此，人力资源是企业最重要的资源。对于企业来讲，通过何种激励手段来调动员工的积极性，发挥他们的最大潜力便成为企业必须面对的课题。

台塑企业是台湾民营企业中经营效益最好的企业。它之所以能取得这样的好成绩，是与公司总裁王永庆制定的科学规范的管理制度分不开的。在所有的管理制度中，台塑的激励奖金制度是最让人称道的。台塑的奖金，有年终奖金和改善奖金，即使遇到经济不景气时，台塑企业照样给员工发奖金。除了这些普通的奖金外，对于有特殊贡献的员工，公司还会额外发给“红包”。此外，为鼓励员工积极参与管理，台塑还建立了“改善提案制度”，改善提案若获得通过，还可以根据考核，将预期效益的一部分用于奖励。台塑的这些激励制度，充分调动了员工的工作积极性，从而也为台塑创造了良好的经济效益。

对于企业来讲，要想充分调动员工的工作积极性，采取有效的激励手段，实行公平合理的奖励制度，再重要不过了。台塑的王永庆正是紧紧抓住了这一点，才使得企业赢得了很好的经济效益。

从政谋略的阐释与应用

政治是一种复杂的社会活动，它少不了群体力量的参与。对于这项活动的组织者来说，如何使群体力量协调一致，发挥最大的潜能，是一门学问。这里所说的“杀敌者，怒也”，便是通过“激怒”的方式来激发群体的潜能。

春秋时，卫灵公与赵国结盟，按照规矩，结盟双方均要歃血为盟，可是因为赵国提出一些苛刻条件，卫灵公有些犹豫，赵国使臣涉佗见卫灵公迟疑不决，竟拽过卫灵公的手强行用刀划出血来，滴在酒内，卫灵公当众受到了侮辱，不久便病倒了。众大臣得知这一消息后，十分气愤，纷纷主张攻打赵国，杀掉涉佗。可是有一位大臣却认为，两国刚结盟就彼此发生战争，会失信于全国百姓。

卫灵公听后有些无奈，也很失望。这时有一位大臣王孙商向卫灵公献上一计：

“既然赵国提出了很多无理的要求，那么在这些条件中可以再加上一条，对全国百姓说赵国同我国结盟是有条件的，那就是每家必须出一个人去赵国做人质，这样百姓们必定会怨恨赵国，大王便可以有借口攻打赵国了。”卫灵公听后十分高兴，连声说妙，遂令全国动员出兵攻赵。百姓们当然都希望合家团聚，所以极力支持卫灵公攻赵。赵国听说卫军大举进攻，难以仓促应战，只好斩首涉佗，向卫灵公谢罪。

卫国的大臣王孙商在这场政治斗争中运用的就是“杀敌者，怒也”的兵法策略，他深知作为一名国君要想发动一场战争是很容易的，但是要想让老百姓信服，并积极去杀敌就没那么简单了，因此他向卫灵公提出了激怒老百姓的策略。

兵贵胜，不贵久

故兵贵胜，不贵久。

军事谋略的阐释与应用

“兵贵神速”，历来为兵家所推崇，所以古今中外的军事家都强调“速战速决”的作战思想。在战争中，时间就是胜利的保证，谁抢先占领了战争的先机，谁就最有可能取得战争的胜利。孙子在开篇就详细论述了旷日持久的战争对国家和民众造成的危害，因此提出进攻作战应该速战速决，宁可“拙速”，不可“巧久”。这种速战速决的作战原则，无论在古代战事还是在现代战争中都有广泛的应用。

清朝末年，社会矛盾激化，云南各地农民起义风起云涌。当时，清朝新任云贵总督张凯嵩、新任云南巡抚刘岳昭分别滞留四川、贵州等地，镇压贵州起义军。1868 年初，滇西起义军领袖杜文秀见清军兵力较为分散，趁机领兵 10 万，分路并进，围攻了昆明城。此时起义军与城内清军相比明显地占据优势，但杜文秀等人却做出了错误的决策，列兵城下，挖壕筑堡，准备“坐困”昆明城中的清军。由于杜文秀实行了这种持久作战的方针，给清军以喘息之机，清军借机调整力量，调派援军向滇西起义军反扑过来。3 月，云南布政使岑毓英带着 3 万清军增援昆明，并且以最快的速度为昆明城内清军疏通了粮道。另一路清军则配合抄袭了起义军的后路。5 月，清朝新任云贵总督刘岳昭又率 2 万清军来解昆明之围。城内清军也趁机杀出。起义军四面受敌，陷入重围，在清军的内外夹击下，于 1869 年 9 月，起义军全军败退。

起义军攻城之始，兵力与城内清军相比占有一定的优势，但是他们并没有抓住有利战机，倾力攻城，而是企图以打持久战的方式，将清军困死在城中。而这一点正是违背了“兵贵胜，不贵久”的作战原则。此时城内的清军见起义军并没有马上攻城，便火速请求各地清军支援，结果起义军腹背受敌，陷入重重包围，不但没有困死城内清军，反而差点全军覆没。滇西起义军功败垂成，给后人以深刻的教训。

商战谋略的阐释与应用

“兵贵神速”，在战争中，时间是取胜的关键因素。在商战中，商机稍纵即逝，时间因素十分重要。当今社会是信息化社会，市场行情瞬息万变，如果稍有迟缓，就有可能使自己陷入不利境地，从而造成巨大的损失。因此，在商战中一定要有强烈的时间观念，要能够对市场信息以及市场环境变化迅速反应，制定出应对策略，从而避免损失。

健力宝饮料曾经辉煌一时，想必很多人还记得它。可是，却很少有人知道它的成功来自于速度。1984 年 4 月，健力宝饮料刚刚试制成功，尚未装罐。此时，厂长李经纬获得了一个重要信息：亚洲足球联合会将在广州举行会议。李经纬决心抓住这个契机，把健力宝推向世界。可是距会议召开还剩不到 10 天，时间十分紧迫。但是李经纬深谙“兵贵神速”“时间就是金钱”的道理，他火速从香港买进一批空易拉罐，又请深圳百事可乐的工人利用空闲时间将健力宝迅速装罐，终于抢在亚足联会议召开前把 100 箱装帧精美的易拉罐健力宝送到了会议桌上，健力宝饮料果然受到了与会国际友人的好评。就这样，健力宝轻而易举地就打入了国际市场。

健力宝的成功似乎有些传奇色彩，然而它的成功却并非偶然，它与李经纬厂长迅速捕捉商机，并且善于利用商机的经营思想是分不开的。

从政谋略的阐释与应用

时间因素，无论在军事斗争中还是在政治斗争中，都起着十分重要的作用。很多时候，争取了时间，就等于把握了胜利。

五代时期，后唐军在中都大败后梁军，抓获后梁军统帅王彦章，后梁的主力部队只剩下大将段凝所统率的一支生力军。天平节度使李嗣源建议后唐国君李存勖避开段凝，直取大梁，擒住梁主朱友贞，就能迫使段凝投降。李存勖采纳了李嗣源的建议，并命他率先头部队连夜出发，马不停蹄，直扑大梁。

李嗣源行至曹州，后梁守军以为后唐军自天而降，大开城门，不战而降。这时，部队已十分疲劳，将领们也纷纷要求稍作休息。李嗣源却让将士们继续坚持，拿下大梁后再作休息。

曹州被后唐占领的消息迅速传到大梁，朱友贞急得团团转，只好命段凝回师急救，却杳无音信。李嗣源率后唐军迅速逼近大梁。朱友贞听说后唐军已到，绝望之中，自杀身亡，大梁城不攻自破。后来，段凝接到告急书后，慌忙回师大梁，未及大梁，就已得到朱友贞自杀身亡的消息。段凝国破家亡，只好投降了后唐。

后唐灭掉后梁，时间是取胜的关键因素。试想，如果不是李嗣源力主将士们连夜直逼大梁，后梁还不会这么快就灭亡了呢！

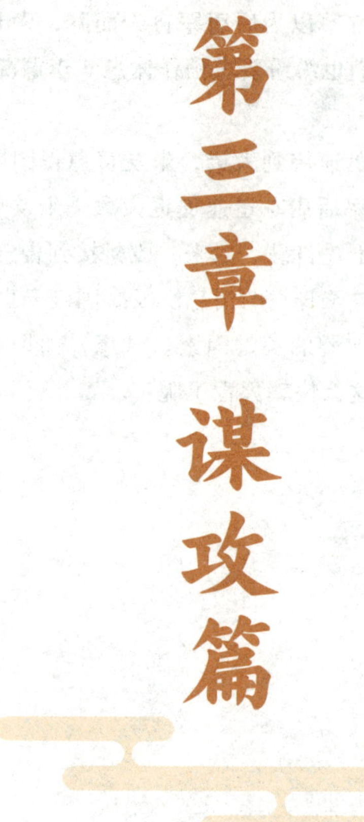

第三章 谋攻篇

※原文

孙子曰：凡用兵之法，全国为上，破国次之；全军为上，破军次之；全旅为上，破旅次之；全卒为上，破卒次之；全伍为上，破伍次之。是故百战百胜，非善之善者也；不战而屈人之兵，善之善者也。

故上兵伐谋，其次伐交，其次伐兵，其下攻城。攻城之法为不得已。修橹轒辒，具器械，三月而后成，距闉，又三月而后已。将不胜其忿而蚁附之，杀士三分之一而城不拔者，此攻之灾也。

故善用兵者，屈人之兵而非战也，拔人之城而非攻也，毁人之国而非久也，必以全争于天下，故兵不顿而利可全，此谋攻之法也。

故用兵之法，十则围之，五则攻之，倍则分之，敌则能战之，少则能逃之，不若则能避之。故小敌之坚，大敌之擒也。

夫将者，国之辅也，辅周则国必强，辅隙则国必弱。

故君之所以患于军者三：不知军之不可以进而谓之进，不知军之不可以退而谓之退，是谓縻军。不知三军之事而同三军之政者，则军士惑矣。不知三军之权而同三军之任，则军士疑矣。三军既惑且疑，则诸侯之难至矣，是谓乱军引胜。

故知胜有五：知可以战与不可以战者胜；识众寡之用者胜；上下同欲者胜；以虞待不虞者胜；将能而君不御者胜。此五者，知胜之道也。

故曰：知彼知己者，百战不殆；不知彼而知己，一胜一负；不知彼，不知己，每战必殆。

※译文

孙子说：大凡用兵作战，以能使敌人举国降服为上策，而击破敌国就略逊一筹；以能使敌人全军完整地降服为上策，而击溃敌人的军队就略逊一筹；以能使敌人全旅完整地降服为上策，而打垮敌人之旅就略逊一筹；以能使敌人全部士卒降服为上策，而用武力打垮他们就略逊一筹；以能使敌人全军降服为上策，而用武力击溃他们就略逊一筹。所以百战百胜，并不就是最高明的，不经交战而能使敌人屈服，这才算是最高明的。

所以，用兵的上策是用谋略战胜敌人；其次，是用外交手段取胜；再次，就是直接与敌人交战，击败敌人的军队取胜；下下策就是攻打敌人的城池。选择攻城的做法应该是迫不得已而为之。因为制造攻城的大盾和四轮大车，准备攻城的器械，需要数个月才能完成，而构筑用于攻城的土山，又要花费几个月才能完工。如果主将难以克制愤怒与焦躁的情绪，像驱使蚂蚁一样驱使士卒一个接一个地爬梯攻城，结果导致士卒损失了三分之一，而城池却未能攻克，这就是攻城带来的灾难啊！

所以，善于用兵的人，使敌人屈服而不依靠交战；攻占敌人的城池而不依靠强攻；毁灭敌人的国家而不依靠和敌人久战。一定要用全胜的战略争胜于天下，所以，自己的军队没有疲惫受挫，而又可以取得圆满而全面的胜利，这就是以谋略胜敌的方法。

因此，用兵的原则是，拥有十倍于敌人的兵力就包围敌人；拥有五倍于敌人的兵力就进攻敌人；拥有两倍于敌人的兵力就设法使敌人分散；兵力与敌人相等就要努力抗击敌人；兵力少于敌人就要撤退；兵力弱于敌人就要避免正面决战。所以，弱小的军队如果一直坚守硬拼，就势必为强大的敌人所俘虏。

将帅是国君的助手，如果辅助周密，国家就一定强盛，辅助有疏漏，国家就一定衰弱。

国君危害军事行动的情况有三种：不了解军队不能前进而强迫军队前进，不了解军队不能后退而强迫军队后退，这就是所说的束缚军队的行为；不了解军队的内部事务，而去干预军队的行政，就会使将士产生迷惑；不懂得作战的灵活与权变，而去干涉军队的指挥，就会使将士产生疑虑。军队既迷惑又心存疑虑，那么，诸侯列国乘机进犯的灾难也就随之降临了。这叫作自乱其军，自取灭亡。

所以，预知胜利的情况有五种：知道什么时候可以打或不可以打的，能够胜利；了解多兵和少兵的不同作战方法的，能够胜利；全军上下同心同德的，能够胜利；对敌来犯早有准备的，能够胜利；将帅有才能而国君不加掣肘的，能够胜利。上面这五种，就是预知胜利的方法。

所以说，既了解敌人，又了解自己，每次作战都不会有危险；不了解敌人的情况，只了解自己的情况，那么，会胜负各半；既不了解敌人的情况，又不了解自己的情况，那么，每次用兵都必定失败。

※评论与点评

本篇论述用计谋征服敌人的问题。孙武认为“不战而屈人之兵”是“善中之善者”，“全国”“全军”“全旅”“全卒”“全伍”地强迫敌人屈服投降是最理想的作战方案，“破国”“破军”“破旅”“破卒”“破伍”地用武力击破敌人则次一等，是“非善之善者”。

怎样才能做到“不战而屈人之兵”呢？孙武认为上策是“伐谋”，其次是“伐交”，再次是“伐兵”，即主张通过政治攻势、外交手段和武装力量来征服敌人。在与敌人作战斗争时，如果敌强我弱，应该集中优势兵力战胜敌人，做到“十则围之，五则攻之，倍则分之，敌则能战之，少则能逃之，不若则能避之”，即有十倍于敌的兵力就包围敌人，有五倍于敌的兵力就进攻敌人，有一倍于敌的兵力就设法分散敌人，和敌人的兵力相等就要善于战胜敌人，比敌人的兵力少就要善于退却，战斗力不如敌人时就要避免与敌人作战，不能强拼硬打。孙武在此篇中提出了“知彼知己，百战不殆”的思想，认为谋略必须建立在了解敌我双方情况的基础上。

不战而屈人之兵，善之善者也

孙子曰：凡用兵之法，全国为上，破国次之；全军为上，破军次之；全旅为上，破旅次之；全卒为上，破卒次之；全伍为上，破伍次之。是故百战百胜，非善之善者也；不战而屈人之兵，善之善者也。

军事谋略的阐释与应用

孙子在这里提出了全胜论的战略思想——“不战而屈人之兵”，这是战争的最高境界。打仗不是最终的目的，发动战争最终的目的是为了安国、保民，当然这是对正义的战争来讲的；对于非正义的战争或者侵略战争来讲，其目的是为了掠夺别国的资财以满足本国的需要；对于统治者与被统治者之间发生的战争来讲，则是为获取某种政治利益或者基本的生存权利。但无论哪一种性质的战争、无论哪一种形式的战争都必然要以牺牲财物与付出生命为代价，即使百战百胜，这些牺牲也终究不可避免。孙子正是深刻体会到了这一点，才提出了“百战百胜，非善之善者也；不战而屈人之兵，善之善者也”的主张。他认为大至敌国、敌军，小至敌之卒、伍，都能不战而使其屈服。历代战争中许多谋臣良将，都是将主要的心力放在战场之外，主张以谋略取胜，将武力威胁与政策攻心相结合，或施之以恩惠，或晓之以大义，或说以利害，或以敌制敌，或大张声威，或大军压境，或断其归路，或绝其粮草，这些都是“不战而屈人之兵”的光辉战例。

东汉建安二十四年（公元219年），曹操统率大军攻击刘备布设在汉水的营寨。刘备手下将领赵云领兵退守汉水西岸，与曹军对峙扎营，两军相距很近，军师诸葛亮见汉水上游有一片土山，可以埋伏千余人，便令赵云带兵到山上埋伏，听令擂鼓放炮，但不许出战。当夜，诸葛亮见曹营灯熄，立即燃放号炮。赵云即令部众在山上擂鼓、放炮。曹军以为敌军前来劫寨，急忙披挂出阵，却不见人马踪迹。曹军回营休息不久，又听炮声连天，鼓角齐鸣，杀声震天，曹兵彻夜不安。一连三夜如此，曹操惊疑不定，只好拔寨退兵30里。诸葛亮面临大敌，不向曹军发一兵一卒，采取扰敌、惑敌、疲敌之计，“不战而屈人之兵”，让曹操退兵30里，真可谓神机妙算。

唐代宗时期，叛臣仆固怀恩联络上蕃、回纥、党项、羌等少数民族率军30万包围泾阳。当时泾阳守将郭子仪只有精兵1万，情况万分危急。其中回纥人的立场事关战争全局。郭子仪临危不惧，利用回纥曾与唐朝一起平叛安史之乱、帮助唐朝收复两京的友谊，决心亲自去回纥营中劝说其守领。郭子仪只带十几个骑兵去见回纥首领，由于郭子仪在回纥人中享有一定威望，再加上郭子仪对回纥首领晓之以大义，回纥首领回心转意，遂令士兵放下武器，双方以礼相待、和睦如初。

叛臣联军30万，而郭子仪只有精兵1万，如果两军交战，无异于以卵击石，必败无疑。但是郭子仪毕竟是驰骋疆场多年的大将，他深知此时只有以“不战而屈人之兵”方能解围，这几乎是唯一的出路。因此他从唐朝与回纥的旧情入手，分化瓦解了叛臣仆固怀恩联军，最终得以解围。

以上是“不战而屈人之兵”的两个较为典型的案例，历史上像这样的例子还有很多，这里不再一一列举。

商战谋略的阐释与应用

商业竞争，从某种意义上说，是智力的竞争、经济实力的竞争，而不是靠拼价格、拼成本取胜的恶性竞争。因此，要想取得竞争的胜利，就要提高企业的管理智慧，增强企业的经济实力，这才是企业最高的战略目标。许多企业还常常利用广告效应，为产品制造一种声势，赋予商品一种商业以外的意义，从而使商品在不知不觉中得到消费者认同，顺利打入市场。

白兰地公司是法国著名的酒业公司，它们生产的白兰地虽然在国内享有盛誉、畅销不衰，但在美国却一直难以打开销路。公司为此曾制定了许多销售计划，可是收效甚微。后来有人献计，提出利用美国总统艾森豪威尔 67 岁生日之际，来个锦上添花——向总统赠送礼品酒。公司决定淡化白兰地的销售色彩，转而透过媒体向美国人宣扬两国的传统友谊，让白兰地以友好使者的身份进入美国。为引起两国国民的注意，公司决定先把礼品白兰地由专机送往美国，再由身着法国传统服饰的法国青年带着礼品进入白宫，然后在白宫的大草坪上举行隆重的赠酒仪式。消息传开，立刻成了热门话题，人们都争相一睹这名贵礼品的风采。艾森豪威尔生日这天，在众人热烈的期待下，两桶窖藏六十七年的白兰地酒终于亮相，人们欢声一片，赞不绝口，几乎把总统的生日宴会变成了白兰地的展示会。通过这一举动，争购法国白兰地的热潮在美国骤然掀起，法国的白兰地终于昂首阔步进入美国市场。

白兰地轻轻松松进入美国市场，而且获得了空前的成功。回过头来分析一下，白兰地公司既没有耗费巨资在美国投入大量的广告宣传，也没有压低白兰地的身价降价销售，而是巧妙地利用美国总统艾森豪威尔生日之际，向其赠送饱含情谊的白兰地礼品酒，从而借机一举打开了美国市场。这真是商战中“不战而屈人之兵”的典范。

从政谋略的阐释与应用

政治斗争的残酷性似乎一点也不亚于刀光剑影的军事战争，但是有时它也会表现得比较缓和。真正的权谋高手面对政治对手，不是通过激烈的政治争斗来达到自己的目的，而是在举手投足的不经意间就降服了对手。

武则天当政时，徐敬业勾结朝廷势力发动叛乱，武则天全力镇压。平叛胜利后，她在宫中宴请功臣。三天后，她在洛阳宫乾元殿又召集了一次群臣集会。不过这次没有歌舞、酒宴，只有紧张得令人窒息的气氛。

武则天先是对自己粉饰一番，然后对群臣厉声说道：“众卿，你们中间有的是先朝老臣，有的是将门之后，还有的是握有兵权的宿将。可是你们有超过裴炎的吗？有超过徐敬业的吗？有超过程务挺的吗？这三人，都是颇有声望的，但他们不利于朕，与朕为敌，朕都能杀掉他们。如果你们有异图，比他们更厉害，就请早点动手，不然的话，就应该洗心革面，安分守己，免得身败名裂，贻笑天下！”

这番话字字千钧，铿锵有力，众臣们听后个个浑身颤抖，冷汗淋漓。一起跪地叩首，表示愿意拼死效忠于她。集会完毕，武则天又让大臣们排着队前往朝堂。朝堂上正悬挂着徐敬业、裴炎、程务挺三人的首级。

武则天用不着对她的那些大臣们施以严刑酷法，那三颗首级就足够令他们服服帖帖了。

上兵伐谋，其次伐交

故上兵伐谋，其次伐交，其次伐兵，其下攻城。攻城之法为不得已。

军事谋略的阐释与应用

两军交战不仅仅是双方士兵战斗力的较量，更重要的还是两军首领智谋的较量。智慧高明的一方常常会出奇制胜，令敌人措手不及。孙子在这里提出的“上兵伐谋”的思想便很好地说明了这一点。通过战争让敌人屈服有“智胜”和“力胜”两种方式。“智胜”对方，我方付出的代价不大，有助于保存实力；“力胜”，会使我方付出较大的代价，而且还有可能两败俱伤、损失惨重。所以能智取对方为上策，力胜对方只能勉强为其次。

中国历史上历代明智的军事家、政治家都主张先“伐谋”、次“伐交”，最后才主张“伐兵”。鲁僖公三十三年（公元前 627 年）春，秦国派军队偷袭郑国。恰逢一位名叫弦高的郑国商人前往东周去贩牛，走到滑邑（今河南偃师东南）时遇到了秦军。弦高虽是商人，但很爱国，他断定秦军这次是要袭击郑国，于是当机立断，一面悄悄派人星夜赶回郑国报信，一面准备牛皮牛肉，冒充郑国使者去慰劳秦军。弦高对秦将孟明视说，郑国国君听说秦军光临郑国，愿意为秦军效劳，特派他们前来慰问。秦军见到郑国送来了牛皮、牛肉慰问他们，心中以为郑国得知了他们的偷袭意图，没敢轻举妄动。而此时，郑穆公已经得到了秦国入侵的消息，做好了迎战准备。秦将孟明视得知郑国的情况后，料定此次孤军攻打郑国，势难取胜，于是，秦军取消了攻打郑国的计划，顺便消灭了附近的一个小国，回国交差。

例子中的商人弦高，既不是一名大将，也不是一位谋臣，但是他有勇有谋，颇具军事家和政治家的眼光。如果不是凭借他的这点谋略，那么秦、郑之间肯定会发生一场激战。到那时，双方损失惨重不说，郑国仓促迎战，还可能会有亡国的危险。由此可见，谋略在战争中所起的作用非同一般。

虽然“伐谋”重要，但是在“伐谋”不能的情况下，也可以运用“伐交”解围。公元 219 年 10 月，陆浑（今河南嵩县东北）之地的人孙狼造反作乱，杀死了县主簿，南下投奔关羽，关羽接纳了孙狼并授予其官印，让其在许都一带与自己遥相呼应。这样一来，他们各自都扩大了自己的势力。他们势力的扩大让曹操深感不安，于是准备迁移许都，抗击关羽。司马懿等人劝曹操不宜轻举妄动。他们为曹操献计说，刘备和孙权从表面看关系密切，实际上并不融洽，关羽的势力大了，孙权必不情愿。所以可派人劝孙权威胁关羽的后方，然后答应把江南封给他。曹操听后认为此计可行，于是派人说服了孙权，最后解除了自己的心头之患。

曹操在自己的势力受到威胁后，准备付之军事行动，但司马懿等人却利用孙刘之间的微妙关系钻了空子，劝说曹操以外交手段解除自己的心头大患。这是“伐交”的胜利。

商战谋略的阐释与应用

商场就是战场，商战既是经济实力的对抗，更是智慧的较量。因此，孙子的伐谋思想在市场竞争中同样十分重要。通过“伐谋”而获得成功，以计谋而战胜对手，既保存了实力，又能占领市场，这才是上策。

西方国家企业之间的竞争异常激烈，简直就是“你死我活”的拼杀，尤其对于商业同行来讲，更是如冤家一般，经常剑拔弩张。针对这一情况，美国纽约的梅瑞公司为协调自己与同行的关系，曾别出心裁地开设了一间“咨询服务亭”。它的宗旨是：顾客如果在本公司买不到称心如意的商品，咨询服务亭负责指引顾客到有此类商品的公司去购买。表面上看起来，这简直就是把自己的顾客推向了竞争对手一边，实际上“咨询服务亭”开设后，不仅没有把顾客“赶走”，反而吸引了更多的人前来。还有些人是专程到梅瑞公司来咨询相关商品信息的，他们虽然没有马上购买公司的商品，但却成了公司的潜在客户。同行们都对梅瑞公司的这一做法表示敬意，并且都乐于同梅瑞公司交换“情报”。如此一来，梅瑞公司的名气也就越来越大，当然生意也出奇地好。

梅瑞公司面对众多的竞争对手，并没有大打价格战，与对手拼个“你死我活”，而是采取“伐交”的方式，把顾客巧妙地“推”到竞争对手一边。这样“反弹琵琶”反而赢得了更多的生意。

从政谋略的阐释与应用

国家要想发展、富强、获得威望，不是靠武力来获得的，而是靠富国强兵的政策和开明的外交策略所换取的。

明洪武初年，朱元璋依据当时国家的实际情况，对周边国家制定了睦邻友好的外交政策。他主张：敌不扰我，我不侵敌。不仅如此，他还积极主动地着手恢复同周边诸国的友好关系，往周边各国派出外交使节，甚至还想办法与地中海沿岸的国家取得联系。

由于朱元璋积极主动地开展了睦邻友好的外交政策，当时明朝的对外关系取得了很大的成就。不少国家前来通好，贡献宝物，而在这一系列外交活动中，大明王朝始终以“宗主国”自居，视邻国为附属国，其中一些国家还向明朝称臣朝贡。同时，不少国家也派子弟到明朝求学，他们对于中外文化交流，起到了重要作用。而大明王朝在这些对外交往中也获得了实实在在的利益。

朱元璋是中国历史上著名的开国皇帝之一，他出身低微，但却懂得“马上打天下，下马治天下”的道理。他在建立了统一的大明王朝之后，没有像秦始皇那样不知满足地穷兵黩武，而是运用一些外交策略使周边国家臣服，收到了实实在在的效果。

善用兵者，屈人之兵而非战也

故善用兵者，屈人之兵而非战也，拔人之城而非攻也，毁人之国而非久也，必以全争于天下，故兵不顿而利可全，此谋攻之法也。

军事谋略的阐释与应用

俗话说：“杀敌三千，自伤八百。”所以，战争双方如果进行正面交锋，就不可避免会有不同程度的伤亡。军队的指挥者应当站在求全胜的高度，充分发挥军事谋略的作用，创造和利用有利的战机、合理地部署兵力、巧妙地运用战术，以智慧取胜而非以武力与敌人硬拼。这才是最佳的作战方式。

东晋十六国时期，后赵皇帝石勒为了拓展疆土，派大将郭敬率军南下，进占樊城（今湖北襄樊市），与驻守襄阳的东晋军队周抚所部对峙。不久，石勒又派人给郭敬送信，指示他要约束队伍，不要大张声势，先给东晋造成后赵进占樊城，兵力薄弱的错觉。石勒还说，如果东晋派人来刺探情报，可以告诉对方，驻守樊城的只是赵军的先头部队，再过七八天大军将至，到那时晋军连逃跑的机会都没有了。郭敬对石勒的意图心领神会，但是却没有遵照石勒的意图执行命令，而是更加技高一筹。他每天都派士卒把战马赶到汉水边洗浴，夜以继日，周而复始，让襄阳城中的东晋士卒看得清清楚楚。东晋士卒看到这一情况，连忙报告给襄阳守将周抚，周抚以为后赵大军已经赶到，慌忙撤离襄阳，退守武昌。

郭敬兵不血刃，顺利地进驻了襄阳城。其实他本可以遵照石勒的命令，等后赵大军一到，再与东晋守将周抚决一死战，这样当然能取得战争的胜利。但是大将郭敬却巧用计谋，在后赵大军未到之前，就令襄阳守将周抚弃城而逃。他能战而未战，做到了“屈人之兵”，未攻破城池之前，先攻破了敌人的心理防线，不愧为兵家所谓的“善用兵者”。

商战谋略的阐释与应用

“不战而屈人之兵”不仅是兵法中的重要谋略，也是商战中的重要信条。商业的竞争既可以凭借雄厚的经济实力占领市场，击败对手，也可以利用对手的弱点，巧施计谋，以智取胜。

希尔顿是世界著名的大饭店，他的创始人希尔顿先生曾是一名军人，参加过第一次世界大战。大战结束后，退伍回家的希尔顿在得克萨斯州寻求发财的机会，最后买下了莫希利旅店，从此翻开了希尔顿王国辉煌的第一页。创业之初，资金匮乏、举步维艰。特别是在修建达拉斯希尔顿饭店时，建筑费竟然需要 100 万美元，希尔顿一筹莫展，急得像热锅上的蚂蚁，最后他灵机一动找到了卖地皮给他的房地产商人杜德，告诉他说：“如果饭店停工，附近的地价将大大下跌，假如我告诉别人饭店停工是因为位置不好而将另选新址，那你的地皮就卖不了好价钱了。”杜德仔细一想，果然如此，他当然不会让自己陷入这般困境，于是同意帮助希尔顿将他的饭店盖好，然后再由他分期付款买下。

希尔顿在进退两难之际，巧妙地运用商战谋略，最终说服了地产商杜德乖乖地接受他的要求，帮助他建好了饭店。希尔顿此举并未花费太大的代价，而是稍费口舌，“不战而屈人之兵”，就如愿地达到了自己的目的。

从政谋略的阐释与应用

政治与军事总是密切联系在一起的，所以一些优秀的军事理论用在政治上同样也是适合的。政治上善于降服对手的政客，同样也能“屈人之兵而非战”。

“安史之乱”时期，唐朝大将李光弼驻军河阳，叛将史思明驻军河清。两军对峙，相持很久。

史思明一心想要截断李光弼的粮道，李光弼率军前去防备。有一天傍晚，李光弼要回河阳，只给部将雍希颢 1000 名士兵守卫野水渡粮道。临行前吩咐雍希颢诸将领说：“史思明知我回河阳，一定会派李日越等人来袭击我。你们要坚守阵地，但不要与之交战，如果他投降，就和他一同来见我。”

诸将领听了李光弼这一番话，都暗暗发笑，认为李日越不会这么轻易就投降。

而史思明听说了李光弼出城的消息，高兴而又坚决地对李日越说：“机不可失，时不再来。李光弼擅长依靠城池作战，现在却出城而去，优势尽去，你速率五百铁骑连夜攻取野水渡，如捉不到李光弼，就不要回来见我！”

李日越听命连忙率兵赶往野水渡，却从一个当地人口中得知李光弼有事连夜回河阳了。他十分失望，耳边响起了史思明斩钉截铁的那些话，捉不到李光弼就别想活着回去！

他越想越感到恐惧，认为自己只有死路一条了。可是转念一想，与其回去领死，不如自寻生路，于是他向雍希颢请求投降，雍希颢高兴地带他一同去见李光弼，李光弼非常高兴地对他委以重任。高廷晖听说李日越投降了，跟着他也归顺了朝廷。

李光弼是一个地地道道的善用兵者。他十分了解对手的心理，又顺势利用了对方的弱点，结果不费一兵一卒，就收服了史思明手下的两员大将。

用兵之法，十则围之

故用兵之法，十则围之，五则攻之，倍则分之，敌则能战之，少则能逃之，不若则能避之。故小敌之坚，大敌之擒也。

军事谋略的阐释与应用

战争中，要根据敌我双方力量的强弱而采取不同的战术，认真审视、分析敌人的强弱，量力用兵，以争取最大的胜利从而避免自己遭受损失，这样无论战与不战都会使战争形势的发展有利于我方。孙子一方面主张在具有优势兵力的条件下，应该采用进攻策略，集中优势兵力，以众击寡，并依靠灵活的指挥和巧妙的兵力部署来达到目的。另一方面，他反对以弱小的军队迎战实力强大的敌人，而要避其锋芒，保存实力。总之，无论对待敌人还是自己，都要审时度势，根据不同的情况采取不同的战术，不要盲目迎战，否则将会给军队造成不必要的损失。

公元356年，燕慕容恪率军追龛至广固城下，龛闭门固守，慕容恪见状并没有急于攻城，而是整日按兵不动，诸将都感到莫名其妙，纷纷请求速攻，慕容恪却对诸将说：用兵打仗不要执着于一种打法，有时要缓行，有时要急攻。如果敌我双方势均力敌，且敌人有强大的外援，这时就要速战速决，避免腹背受敌；如果我方兵力强大，敌人兵力虚弱且没有外援，就不如坐守围困敌人，使其坐以待毙，这就是兵法上所说的“十则围之，五则攻之”。如果按照通常的作战方法，急于围攻，料想用不了一个月时间就可以攻破城池，但是那样势必要发生一场恶战，我方士卒也将难免伤亡。所以围困敌人能取胜时，就不要急于去攻打它。向诸将说明了这个道理，慕容恪命全军固垒屯田，不久广固城内粮草断绝，毚出城投降，慕容恪不费一兵一卒，拿下了广固城。

这是自己的兵力远远胜过敌人的兵力时，要围而不攻。如果自己的兵力远不如敌人，仍然坚持迎战，就难免会成为敌人的俘虏。

清咸丰八年（公元 1858 年）九月，湘军大将李续宾率部进攻三河镇，然后再准备夺取太平军占领的庐州城。三河镇为庐州西南的重要屏障，如果失去了它，庐州城将难以自保。所以太平军在得知湘军进犯的消息后，命将领陈玉成、李秀成相继率部驰援三河镇。当时，太平军以十倍的兵力进攻李续宾，因为战争之始，李续宾取得了几次小的胜利，所以变得骄横起来，面对十倍于己的太平军主力，李续宾拒绝了部下提出退守桐城的建议，反而率 6000 精兵分三路进攻三河镇，企图侥幸取胜。鉴于李续宾部孤军深入太平军腹地作战，陈玉成决定以少数兵力正面迎敌，而率主力从湘军左翼包抄。第二天，太平军主力击溃了左路湘军，然后乘胜切断湘军中路和右路部队的退路，这时，李秀成部太平军、三河镇太平军守军也相继前来围攻湘军。李续宾陷入重重包围，慌乱之中被太平军击毙，其部下也被太平军全歼。

李续宾可谓是“湘军”的一名悍将，他在战场上凭着那股“悍”劲儿，也曾打过几次胜仗。可是面对十倍于己的太平军，他竟然拼死抵抗，这正犯了“小敌之坚，大敌之擒”的兵法大忌，其覆亡是必然的。

商战谋略的阐释与应用

在商战中，任何一家企业都会遇到不同的竞争对手，而对于不同的竞争对手要采取不同的竞争策略。对于实力强大的企业可以利用雄厚的资金、技术、人才、信誉等多方面优势，不断开拓市场；而对于规模较小、实力较弱的公司则要寻找市场的空隙，扬长避短，集中优势，避免与大企业进行正面交锋。

1983 年，菲弗尔出任康柏公司副总裁，由于工作成绩突出，1991 年，他又荣升为康柏公司总裁。但是，此时康柏却出现了亏损的迹象，菲弗尔认为应当使个人电脑普及化，借此打开更多的销路，占领更大的市场。可是个人电脑的消费太高了，没有多少人能买得起。菲弗尔决定在压低生产成本的基础上，降低康柏个人电脑的售价。对此，菲弗尔曾经解释说：“营销的关键问题在于打开市场，而要打开市场主要取决于两个要素：首先是品牌形象要好，其次是价格便宜。康柏在具备了品牌优势后，要获得大发展，就必须要降价。许多生产名牌个人电脑的公司认为康柏是权宜之计，没想到这是康柏的长期发展战略。于是他们也纷纷开始降价，不久，名牌个人电脑的售价全都降了下来。然而并非所有的公司都能经受得住价格的考验。在菲弗尔挑起的价格大战面前，不少公司因财力不支而倒闭，而康柏电脑在降价后不仅没有赔本，反而从 1992 年起连年盈利。

康柏公司是美国电脑业中首屈一指的大公司，可是它在大大小小的竞争对手的冲击下，也曾面临亏损的难题。不过它毕竟具有一定的经济实力和品牌实力，因此他采取了降价的策略，打击了自己的竞争对手，占领了更为广阔的市场。其实康柏的这种做法与“十则围之，五则分之”的兵法理论是相符的。

从政谋略的阐释与应用

在政治争斗中，会遇到势力强弱不同的对手，面对不同的对手要灵活地采取不同的策略，这样才能有效地保存自己的实力。

晋明帝太宁年间，大将军王敦阴谋策划叛乱，晋明帝得知消息后，决定亲自深入王敦军营内部探其虚实。

晋明帝独自骑马微服来到王敦的军营，仔细察看一遍，又骑着马走了出来。此举引起了一个士兵的警觉，遂将此事告诉了王敦，王敦疑是晋明帝来过，于是命人急速追赶。

晋明帝此时正疾驰往回赶路，迎面遇见一位卖甘蔗的老太婆，晋明帝怕王敦的骑兵追上自己，顾不得许多，便跳下马来对老人说：“我是一个商人，因得罪了王敦那些人，所以遭到了他们的追杀。如果一会儿有骑兵追到，您就把这根鞭子拿给他们看，说我已走远了。”

老人答应了他的请求，接过晋明帝的七宝鞭，继续往前走。

不一会儿，骑兵追了上来，问老太婆是否看到一位商人骑着高头大马急速驰过。老太婆按晋明帝的吩咐说：“他早已骑马走过多时了，已经很远了。”然后她把晋明帝留下的七宝鞭递给追兵们看。追兵们认为追赶不及，几个人一块把弄起七宝鞭来，晋明帝就趁这段时间急速逃脱了。

王敦看到明帝的鞭子，知道事情已经暴露，于是立即起兵谋反。但由于准备不充分，不久就被晋明帝剿灭。

我们常说，“君子报仇十年不晚”。晋明帝虽然贵为一国之君，可是在当时的情况下，即使他拿出传国玉玺，那些追杀他的人也不会放过他，于是他想到了“金蝉脱壳”，借七宝鞭逃过了一场劫难，不仅保全了自己的性命，而且也保住了自己的江山。

夫将者，国之辅也

夫将者，国之辅也，辅周则国必强，辅隙则国必弱。

军事谋略的阐释与应用

将才是国家的重要辅佐力量，从某种意义上讲，兵法就是为将、用将之法。将帅作为军事谋略的制定者和执行者，不仅关系到战争的胜负，而且还维系着国家的安危。因此，将帅的选择一定要慎重，如果选择的将帅具备“智、信、仁、勇、严”五德，那么军队将会战无不胜，国家将会安定团结。

公元前 204 年，韩信和张耳率大军攻打赵国。赵王歇和成安君陈余把重兵驻守在井陉关隘口，准备正面阻击韩张大军。而广武君李左车通晓兵法，劝赵王先不要急于出兵与敌人交战，要以智取胜。而成安君陈余不过是个不通兵法的儒者，他对赵王说，只要是正义之师与敌交战，就用不着什么计谋。赵王没有采纳李左车的建议，而轻信了陈余，并任命他为将，抵御韩信的进攻。结果陈余兵败，赵王也被活捉，赵国随之灭亡。

赵王歇有良将李左车不用，而重用一个不知变通的儒生为将，结果导致了赵国的灭亡，实在令人惋惜。这就是国君选择将帅不当而带来的严重后果：小则吃败仗，大则亡国。

商战谋略的阐释与应用

企业拥有了优秀的管理人才，还要为他们营造一个良好的工作环境，从而让他们充分地发挥作用。他们管理的好坏直接关系着企业的兴衰成败，如果管理得好，企业自然兴旺；如果管理不善，企业就会衰败。

三星集团是韩国最大的电子集团，它的迅速成长以及取得的举世瞩目的成就自然与时任集团总裁的李健熙领导有方有着密切的关系，然而这主要还不是李健熙的功劳，而是各个集团长和总裁秘书室主任等七人组成的集团经营委员会。原来李健熙是个很懂得向下属授权的大老板。1994 年，他把总裁秘书室规模缩小，分设了电子、机械、化学及金融保险四个集团，然后把权力下放，由他的七个亲信组成的集团经营委员会负责集团的最高层决策。这七个人跟随李健熙多年，对集团的经营方式了如指掌，再加上这些人忠心耿耿，认真辅佐经营，果然令三星集团焕发出了勃勃的生机。

李健熙权力下放，为下属营造了一个良好的工作环境，而下属跟随李健熙多年，不仅忠心耿耿而且工作认真努力。孙子说“辅周则国必强”，在他们的认真辅佐下，三星集团果然成就了辉煌。

从政谋略的阐释与应用

自古以来，明君总有忠臣来辅佐。而历史上的每一次“盛世”也都离不开忠臣的鞠躬尽瘁。他们是帝王的手脚，是统治者的执行工具。他们的尽职与否，直接关系着国家的兴亡、百姓的命运。

唐肃宗时，丞相李泌见张良娣受宠，宦官李辅国权力日益膨胀，二人经常向皇上进献谗言，迫害自己，为了明哲保身，他决定退隐山林。在退隐之前，他决定做最后一次努力，保全自己爱护的皇太子。他向唐肃宗借口种种原因请求恩准归隐，可是唐肃宗不忍其离去，极力挽留。李泌以唐肃宗赐死建宁王一事为例，劝谏唐肃宗不要听信小人谗言错杀太子；又以唐朝章怀太子李贤所做的《黄台瓜》一词作比，谏言唐肃宗保护好现任太子。谈完这些，李泌即入衡山，归隐泉林。

由于他的及时提醒，唐肃宗提高了警惕，张良娣、李辅国中伤太子的阴谋未能得逞，太子最终顺利继承了皇位。

李泌不愧为一代忠臣，他身处险境仍然不忘为国效忠，在退隐山林之前，仍然冒着遭受陷害或被追杀的危险，向唐肃宗进谏力保太子。作为臣属，为了国家早就将自身的生死置之度外。“辅周则国必强”，有了这样的忠臣，国家能不昌盛吗？

君之所以患于军者三

故君之所以患于军者三：不知军之不可以进而谓之进，不知军之不可以退而谓之退，是谓縻军。不知三军之事而同三军之政者，则军士惑矣。不知三军之权而同三军之任，则军士疑矣。三军既惑且疑，则诸侯之难至矣，是谓乱军引胜。

军事谋略的阐释与应用

将帅是专门的军事人才，在军事谋划、领兵作战方面，具有不可替代的优势，这是一般的国君所不及的地方。所以，对于国君来讲，一旦选好了将领，就应该授权于他，对军队内部的事务不能再任意干预。而对于将帅来讲，虽然受命于君主，负责安国保民的重任，但在受命之后，也不必处处固守君命，而应当结合战争的实际情况，随机应变，只要行动符合国家和人民的根本利益，就要果断行事。只有这样才可能取得战争的胜利，否则就会指挥错乱，令士兵无所适从，从而自乱其军，自取灭亡。

公元前 61 年，汉宣帝命令大将赵充国出兵远征西羌人，开始收效甚微。汉宣帝仍然采取大军压境的办法与羌人对峙，但赵充国认为大军远征，每天耗费粮草无数，长此以往，将钝兵挫锐、国用不足，所以征服西羌，要用恩德，不宜用兵。他还愿意亲自率领步兵屯田防守，但是汉宣帝并没有顾及前线的具体情况，而是强令赵充国马上进攻，结果不但没有征服羌人，还损失惨重。

将帅对前线的战事，亲眼看见，亲身体验，可谓了如指掌。只有将帅才能根据战争所面临的具体形势，制定出相应的军事策略，但汉宣帝并不明白这一点，硬是要在千里之外插手军务，结果损兵折将，实在可惜。

无独有偶，唐肃宗也曾犯过这样的错误，他不明战事，乱下军令，导致军心不稳、怀州复陷。

公元 760 年，唐朝大将李光弼率兵收复了“安史之乱”丢失的怀州，史思明领兵前来救援，李光弼再次将其逐往北方，准备退守怀州。但唐肃宗听信临军鱼朝恩的上书，速下诏要求李光弼继续追讨史思明叛军。当时，史思明的兵力相对强盛，不宜再连续进攻，但唐肃宗却派使者去督战，李光弼被迫进军，在北邙附近遭遇史思明伏兵，顿时军中大乱，抵挡不住，只好返奔怀州城，史思明乘势进攻，怀州城复陷。这是“乱军引胜”的又一深刻教训。

商战谋略的阐释与应用

俗话说：“用人不疑，疑人不用。”在企业管理中，企业的所有者一旦把企业交给下属管理之后，就不能再干涉企业的具体运营，要让管理者有充分的权利指挥企业的运作，发挥自己的才能。

时代华纳（AOL）在成立之初的雇员只有 150 人，后来它的雇员却达到了 9 万人。时代华纳面对急剧变化的市场，最主要的成功之道就是延揽人才。公司的最高领导总是为下属管理者指明一个大方向，然后放手让他们发挥，从不任意干涉。2000 年，年仅 43 岁的史蒂夫·凯斯成了时代华纳的董事长。一年后他却退居了幕后，即便在公司总部迁到纽约之后，他仍留在弗吉尼亚美国在线原来的办公室里，遥控公司的长远战略。在记者问他为什么要这样做时，他回答说，这样做不仅能使他的决策更理智，而且也不会影响他对公司战略的调整。他还说，他这样做的主要目的是对公司“引领”而不是“运营”。

让下属管理者自由充分地发挥自己的管理才能，是时代华纳成功的最主要原因。

时代华纳不仅注重用人，而且“用人不疑”，这给管理者提供了一个良好的工作环境，从而也为华纳提供了不竭的发展动力。

从政谋略的阐释与应用

“三军既惑且疑，则诸侯之难至矣。”对于统治者来讲，如果民众之心被封建迷信或一些邪教蛊惑，就会引起民心动乱，甚至会严重影响政治统治。

唐末著名宰相李德裕入朝之前曾在浙西为官。当时浙西亳州地区佛教之风泛滥，一些佛教徒趁机招摇撞骗，利用百姓牟取暴利，甚至有一些佛教徒还声称有可以医治百病的“圣水”。在这些教徒的大肆吹捧下，“圣水”在亳州几乎无人不知。有了“圣水”，那些得了重病的人便不再求医问药。因此，这些有病得不到及时治疗的人相继死去，甚至还有些人未来得及尝尝“圣水”的味道，就已经撒手人寰。不仅如此，“圣水”价格昂贵，致使许多人不得不沿街乞讨。李德裕意识到问题的严重性，于是上书朝廷，要求严惩这帮僧人。得到朝廷诏令后，他聚集上百名百姓，又让僧徒们拿着“圣水”站在一旁。然后对僧徒们说：“听说‘圣水’是烧不熟肉的，可有此事?”僧徒们不知是计，连声称是。李德裕遂命人用“圣水”现场煮肉，不到一会儿工夫，肉便被煮熟了。李德裕当众宣布：“这不是什么‘圣水’，只是普通的水而已。”百姓们这才恍然大悟。

如果李德裕任凭这股歪风邪气横行，最终将会造成当地社会治安的混乱，也会给当地的经济发展带来一定的危害。所以，统治者一定要避免民心遭受蛊惑。

此五者，知胜之道也

故知胜有五：知可以战与不可以战者胜；识众寡之用者胜；上下同欲者胜；以虞待不虞者胜；将能而君不御者胜。此五者，知胜之道也。

军事谋略的阐释与应用

孙子列举了五种取得胜利的方法。这五种取胜方法的根本在于要“知已”，在自身具备胜利条件的情况下出兵，才能有胜利的把握。这充分反映了孙子的“慎战”思想。孙子认为要对战争形势准确把握、根据战势采取相应的用兵之法、让军队上下齐心协力、充分作好战前准备、让将帅独立发挥军事才能。只有做到了这五点，才能预知战争的胜利。

东汉初，刘秀部将马武被敌军苏茂、周建击败，于是向王霸求救。王霸深知苏茂、周建刚刚战败马武，士气正旺，如果他马上出兵支援，必定难以胜算。于是他故意闭营不出。将士们很不理解，王霸就对他们说："敌人兵精力强，人多势众，不坚守就不能避其锋芒，而我军故意拒不支援，敌人必乘胜轻举妄动，贸然进攻；马武没人救援，必拼死一战。待敌人疲困时，我军再乘机进攻，敌人必败。"苏茂、周建见王霸按兵不动，果然出兵攻打马武。激战良久，王霸待苏、周军队疲惫之际，立即开营出战，苏、周联军腹背受敌，仓皇败退。

王霸深谙兵法，乃知兵之将。他分别对敌、我、友三方做出准确的预测和分析，"知可以战与不可以战"，最大限度地发挥自己和马武军队的能动性，最大限度造成和扩大敌军的错误，从而趋利避害，稳操胜券，真可谓一箭双雕。

东汉永平十七年（公元 74 年），汉王朝重新设立西域都护和戊己校尉，任命耿恭为戊己校尉，屯兵金蒲城（今新疆乌鲁木齐）。虽然汉廷重新在西域设官建制，但这时西汉的势力已过鼎盛，西域各国也不再纷纷向汉朝臣服，而当时匈奴在西域的势力却日渐强大，西域各国纷纷依附到匈奴的旗帜之下。第二年北匈奴就联合西域小国大举进攻金蒲城和疏勒（今新疆吉木萨尔）。在敌我力量极其悬殊的情况下，校尉耿恭与部下坦诚相待、同生共死。在他的带领下，汉军士卒上下一心、同仇敌忾，虽然叛军日益增兵围攻，却久攻不下。公元 76 年，汉朝酒泉太守段彭等率军增援耿恭，耿恭最后终于大败敌军，北匈奴被迫退走。

俗话说，"人心齐，泰山移"。齐心协力，可以最大限度地发挥军队的战斗力。耿恭在敌我力量悬殊的情况下，没有死拼硬战，而是与士兵同甘共苦，鼓舞了士气，激发了士兵们的斗志，使他们绝地逢生，而且最终等来了援军，解除了金蒲城之围。

商战谋略的阐释与应用

在激烈的市场竞争中，同样要熟知这五项制胜之法。准确把握市场动向，采用正确的战术，激发员工的团队精神，以及经营者良好的经营素质等都是取得竞争胜利不可缺少的条件。

在准确把握市场动向这方面，格力就是一个很好的例子。格力集团在中国家电企业中，始终坚持自己的经营特色，坚持专业化的经营方针，成为家电企业的成功典范。该公司从成立之日起，就将空调作为主营业务，而且仅限于生产家用空调。格力集团坚持专业化经营战略的主要原因是空调市场具有广泛的发展前景。在我国，电视机、电冰箱、洗衣机等家电产品在 20 世纪 80 年代已经进入中国普通家庭，但由于受各种因素制约，空调市场发育相对滞后。20 世纪 90 年代，空调市场需求迅猛增长，格力集团及时抓住这一机遇，走上了专业化经营的发展道路。格力集团的专业化经营战略主要通过内部发展的方式来加强企业的专业化发展；格力集团还建立了以专卖店和机电安装公司为主的销售渠道，形成了以销售安装、维修于一体的服务体系。

格力空调的专业化道路是一个成功的典范，它“知可以战与不可以战”，准确把握市场发展动向，紧紧抓住“专业化”的发展主题，最终在空调行业后来居上，迅速成为与春兰、海尔、科龙等品牌相抗衡的著名企业。

从政谋略的阐释与应用

历史上，每一个朝代的兴盛，都离不开统治者的悉心治理，离不开他们开明的统治政策，更离不开百姓们的辛勤劳作。

东汉的光武中兴就是这样的一个政治局面。刘秀上台后，为了稳定社会秩序、恢复和发展经济，采取了一系列节约财政开支、减轻人民负担的举措。

他精简行政机构，减免农业税收，大大调动了农民的生产积极性。刘秀还命令地方官员鼓励农民开荒，兴修水利，发展农业生产，提高粮食产量。为更好地服务于农业生产，刘秀还放宽了冶铁政策，这使得农业生产力有了进一步的提高。在这些政策的推动下，东汉的土地和人口都有所增加，政府的财政收入也随之增多。

刘秀本人也十分注重节俭，这使得东汉初期，自上而下形成了一股朴素的民风。

刘秀继承了汉高祖刘邦的血统，也继承了他“休养生息，无为而治”的政策，使得东汉初一度出现了经济繁荣的局面。刘秀的成功之处，在于他开明的统治政策获得了百姓的支持，而这也正是“光武中兴”的根本原因。

第四章 形篇

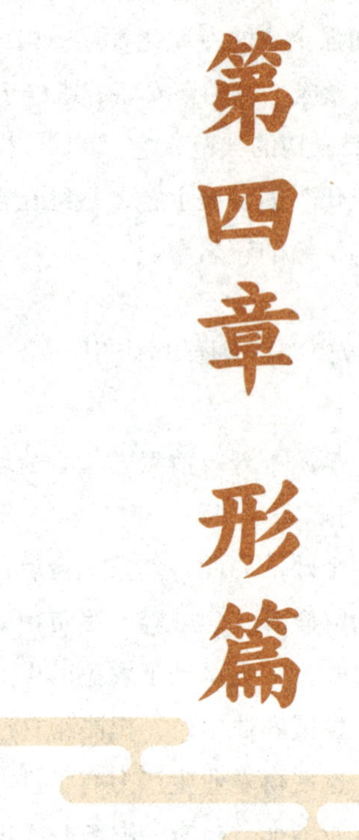

※原文

孙子曰：昔之善战者，先为不可胜，以待敌之可胜。不可胜在己，可胜在敌。故善战者，能为不可胜，不能使敌之可胜。故曰：胜可知而不可为。

不可胜者，守也；可胜者，攻也。守则不足，攻则有余。善守者，藏于九地之下；善攻者，动于九天之上，故能自保而全胜也。

见胜不过众人之所知，非善之善者也；战胜而天下曰善，非善之善者也。故举秋毫不为多力，见日月不为明目，闻雷霆不为聪耳。古之所谓善战者，胜于易胜者也。故善战者之胜也，无智名，无勇功。故其战胜不忒，不忒者，其所措必胜，胜已败者也。故善战者，立于不败之地，而不失敌之败也。是故胜兵先胜而后求战，败兵先战而后求胜。善用兵者，修道而保法，故能为胜败之政。

兵法：一曰度，二曰量，三曰数，四曰称，五曰胜。地生度，度生量，量生数，数生称，称生胜。故胜兵若以镒称铢，败兵若以铢称镒。胜者之战民也，若决积水于千仞之谿者，形也。

※译文

孙子说：从前，善于用兵打仗的人，先要做到不会被敌方战胜，然后，等待可以战胜敌人的时机。不会被敌人战胜决定于自己，战胜敌人则取决于敌人的有机可乘。所以，善于打仗的人，能创造不被敌人战胜的条件，但却不可能做到使敌人一定被我军战胜。所以说：胜利可以预知，但是不可强求。

想要不被敌人战胜，在于防守；想要战胜敌人，在于进攻。实行防御，是由于兵力不足；实施进攻，则是因为兵力有余。善于防守的军队，隐蔽自己的兵力如同深藏于地下；善于进攻的军队，展开自己的兵力就像从九霄而降，所以，既能够保全自己，又能取得胜利。

预见胜利不超越一般人的见识，这算不上是最高明的。通过激战而取得胜利，即使是天下人都说好，也不算是最高明的。因为能举起秋天鸟兽新长的毫毛称不上力气大，能看见日月的光辉算不得眼睛亮，能听到雷霆算不上耳朵灵。古时候所说的善于打仗的人取得胜利，都是战胜那些容易战胜的敌人。因此，善于打仗的人打了胜仗，既不显露出智慧的名声，也不表现为勇武的战功。但他们取得胜利，却是不会有差错的。他们之所以不会有差错，是由于他们采取了必胜措施，战胜那些已经处于失败地位的敌人。所以，善于打仗的人，总是确保自己立于不败之地，同时，又不放过任何击败敌人的机会。所以，胜利的军队总是先创造获胜的条件，而后才寻求同敌人决战的机会。而失败的军队，却总是先盲目地同敌人交战，而后企求侥幸取胜。善于打仗的人，注意修明政治，严肃法制，从而能成为决定战争胜负的主宰者。

用兵的基本原则有五条：一是“度”，二是“量”，三是“数”，四是“称”，五是“胜”。敌我所处地域的不同，产生双方土地幅员大小不同的“度”；敌我土地幅员大小的不同，产生了双方物质资源丰瘠不同的“量”；敌我物质资源丰瘠的不同，产生了双方兵员多寡不同的“数”；敌我兵员多寡的不同，产生军事实力强弱不同的“称”；军事实力强弱的不同，最终决定了战争由何方取胜。失败的军队较之于胜利的军队，有如“铢”和“镒”的区别一样，处于绝对的劣势。胜利者指挥军队与敌作战，就像从万丈高的山顶决开积水一样，势不可挡，这就是“形”——军事实力强大的表现。

※评论与点评

本篇论述用兵作战要先为自己创造不被敌人战胜的条件，以等待敌人可以被我战胜的时机，使自己“立于不败之地”。孙武认为：战争的胜负决定于敌我双方力量的大小，要想战胜敌人，就必须在力量的对比上使自己处于绝对优势，造成一种迅猛不可抵挡之势。除此之外，还要等待敌人可以被我战胜的有利时机，善于抓住敌人的弱点，这样，就能轻而易举地战胜敌人。孙武认为，要在作战中取胜，必须善于对待攻与守的问题。兵力不足就防守，兵力有余就进攻。防守时要十分严密地隐蔽自己，进攻时要杀得敌人措手不及。这样，就能达到“自保而全胜”的目的了。

善战者，先为不可胜

孙子曰：昔之善战者，先为不可胜，以待敌之可胜。不可胜在己，可胜在敌。故善战者，能为不可胜，不能使敌之可胜。故曰：胜可知而不可为。

军事谋略的阐释与应用

孙子从“军形”的角度论述了“先为不可胜”的战略思想。两军交战，从根本上来讲其实是双方综合实力的较量。因此孙子强调两军交战时，要使自己立于不败之地，必须首先加强自身的实力。具体说，就是要重视国内的经济发展，增强国家的经济实力，从而为发动战争做好充足的物质准备；还要重视军队的训练与素养，拥有精良的装备、训练有素的士卒，再任用通晓兵法的将帅等，在此基础上才能具备强大的军事实力，从而不被敌人战胜。

唐高祖武德二年（公元 619 年）八月，刘武周攻取太原、龙门，然后企图直取关中。十月，刘武周派大将宋金刚进占浍州（今山西翼城），同时隋朝将领也纷纷起兵响应，整个关中地区形势危急。

唐高祖李渊担心无力抵抗，打算放弃河东等地，秦王李世民则力谏不可放弃，且表示自愿带领精兵 3 万扭转战局。李渊遂命其率部迎敌，在柏壁（今山西新绛县西南）与刘武周部将宋金刚相持。李世民部将纷纷向其请战，李世民分析说：“宋金刚大军深入，精兵强将云集，兵锋甚锐；但其补给困难，粮草主要靠攻城略地获取，所以无法进行持久战争。我方应先稳住阵脚，把守好营寨，养精蓄锐，准备挫败强敌进攻。还要想办法进攻宋金刚的后方腹地。这样，宋金刚外无所掠之困，内有失地之忧，必然退兵。那时，我们再重兵出击，必然会夺取胜利。”至次年 4 月，宋金刚部已与李世民对峙 5 个月之久，粮草将尽，被迫撤军。李世民乘势追击，连战连胜，宋金刚、刘武周兵败投向突厥，先后被杀。

李世民“先为不可胜，以待敌之可胜”，最后以弱胜强，取得大捷。李世民随李渊南征北战，最终建立了唐朝，可谓一位大智大勇的善战者。他在敌强我弱的情况下，避免了与敌人的主力部队作战，而是采取了令将士守营备战的策略，先保存了自己的实力和士气，然后等到敌人兵疲马困时，再全线出击，从而一举夺得战争的胜利。

三国时期的诸葛亮，神机妙算、聪明一世，但也曾吃过几次败仗。他几次出师北伐，试图以弱胜强，与魏军背水一战，但多数徒劳无功，最后出师未捷身先死，留下了千古遗憾。他失败的原因不在于他的智谋不足，而是因为他违背了战争的规律，犯了“胜可知而不可为”的兵法大忌。

商战谋略的阐释与应用

当今社会，商场竞争日益激烈，企业要为自己赢得一席之地，成为最终的胜利者，必须根据不断变幻的市场行情随时做出应对策略。只有不断发展创新，增强产品竞争力，掌握竞争的主动权，才能创造不被战胜的条件。

皮尔·卡丹是世界著名的服装品牌，这一品牌诞生于20世纪50年代。1950年，年轻的皮尔·卡丹在巴黎租了一间简陋的门面，挂上了“皮尔·卡丹时装店”的牌子，从此开始了他的服装梦想之旅。1953年，他举行了第一次女式时装展示会，结果大获成功。1959年，他又举办了男装系列展示会，由于当时男性时装没有市场，在服装业界是不入流的，所以他遭到了业内人士的强烈谴责，最后还被赶出了服装业的“雇主联合会”。不过他并没有灰心，而是认真分析了当时的市场行情。他发现当时的巴黎青年追求独特、张扬的个性，于是大胆创新，设计了时代感强烈的“P”字牌服装，这一款式的服装马上吸引了挑剔的巴黎顾客。一时间，演艺界名流、社会上层人士、达官显贵等争相前来订制服装，以至于皮尔·卡丹时装店每天都门庭若市。三年后，皮尔·卡丹重返“雇主联合会”，而且还获得了“联合会主席”的头衔。20世纪60年代以来，皮尔·卡丹一直是法国时装界“先锋”派的代表人物。他的时装突破传统，追求创新，式样新颖，色彩鲜明，做工精细，质地华贵，因而备受世人青睐。

皮尔·卡丹时装开始曾遭受重大挫折，但是皮尔·卡丹本人并没有灰心气馁，而是“先为不可胜”——认真研究市场，顺应时代潮流，积极推出了新款服装。他的创新求变适应了时代发展的需要，也吸引了越来越多的消费者。

从政谋略的阐释与应用

政治争斗是一场你死我活的残酷角逐，要想在这场争斗中胜出，就必须先下手为强。

隋朝末年，太原留守李渊起兵反隋。武德元年，李渊称帝，立长子李建成为太子，李元吉为齐王，李世民为秦王。唐高祖坐镇长安，运筹帷幄，指挥全国战事，扫除隋朝残余势力。李建成稳坐东宫、不临战事，李世民则东征西讨、浴血疆场，立下赫赫战功。

二人的力量和威望渐渐发生了变化，他们之间的矛盾也越来越尖锐。李渊为此采取了一些制约措施，但无济于事。同时，李元吉也站在了李建成一边，两宫冲突一触即发。正在此时，突厥入侵。李渊令李元吉率军出征，李建成想从秦王府中调兵，借机削弱李世民的势力。而李世民此时又得知李建成想借为李元吉饯行之时杀掉他。李世民知道，骨肉相残已在所难免，这也是他最后一次获得强权的机会。长孙无忌等人劝他立即动手，李世民有些犹豫，最后得知秦府上下同归一心，肯为自己卖命时，马上令长孙无忌密召房玄龄、杜如晦入府议定部署。

次日凌晨，李世民率长孙无忌、尉迟敬德等人领兵伏于玄武门内，天一亮，李建成、李元吉入朝面见李渊，行至临湖殿，感觉有杀气，欲拨马回府。李建成刚刚掉转马头，便被李世民等人一箭射死；李元吉慌忙逃跑，仓皇之下被尉迟敬德射死。至此，李世民为自己登上皇位彻底扫除了障碍。

公元626年，李渊被迫退位，李世民登基称帝，为唐太宗。

李世民在得知大难将至之时，并非真的优柔寡断，而是在试探部属是否齐心协力；然后在保证万无一失的情况下，主动出击，发动政变，为夺得大唐统治权铺平了道路。

不可胜者，守也

不可胜者，守也，可胜者，攻也。守则不足，攻则有余。善守者，藏于九地之下，善攻者，动于九天之上，故能自保而全胜也。

军事谋略的阐释与应用

“攻”和“守”是两种基本的战争态势。孙子在这里详细论述了“善攻”和“善守”的战争策略，“攻”就要像“动于九天之上”，迅猛出击，让敌人措手不及；“守”就要“藏于九地之下”，蓄势待发，以不变应万变，从而达到“自保而全胜”的目的。战争中是采取“攻势”还是采取“守势”，要求将领根据己方的实力和战争中的具体情况采取相应对策。实力强大，具备胜利的条件，就要果断进攻；实力不足，不具备取胜的条件，就要严阵以待，以保存实力，寻求战机。但无论是攻是守，其最终的目的只有一个，那就是要保护自己而战胜敌人。

南朝宋文帝元嘉七年（公元430年）十一月，宋国派兵北上伐魏，诸军受挫，相继南撤。魏军乘势南下，兵临历城（今山东省济南市）。防守历城的是宋国历城太守萧承之，当时他手下只有几百人的兵力。面对强大的魏军主力，一些守城官兵不禁大惊失色。太守萧承之却从容不迫，下令偃旗息鼓，大开城门。部下对此大惑不解，以为敌众我寡，如此一来，只能是自取灭亡。萧承之却认为当时敌众我寡，情势危急，如果向敌人示弱，敌人势必乘势攻城，后果将不堪设想。所以唯一的办法就是向敌人示强，或许还有一线生机。萧承之大开城门之后，魏军见历城城门大开，以为宋人设有埋伏，不敢贸然入城，后犹豫一番，引兵退去。

历城守将萧承之在大军攻城之时，临危不惧，权衡利弊，果断下令大开城门迎敌，上演了一场名副其实的"空城计"，不仅保全了自己，而且战胜了敌人。当然他这样做是十分危险的，可是在当时的情况下，这也许是最好的出路。事实证明，萧承之的做法使他与全体将士最终得以"自保而全胜"。

商战谋略的阐释与应用

在商战中，同样也需要适时地进攻和防守。经营者要根据自身的经济实力、技术条件以及所处的市场环境等采取不同的应对策略。进攻要求企业迅速抓住商机、果断出击，在对手猝不及防之时占领市场；防守则要求企业修明内政，防范风险，伺机而动。

壳牌公司是当今世界上几大石油能源公司之一，它有100多年的生产和销售经验，它的业务遍布全球，年总收入1000多亿美元。当然，这么大的一家跨国石油公司所面临的风险也是其他行业所无法相比的。为此，壳牌公司为自己设立了三道防御体系。第一道就是采油、炼油以及售油的地理分散。这种分散可使石油业务的发展不致因某个地区的政治、经济动乱而受到致命的影响。产品的多样化是壳牌公司设立的第二条防线。壳牌公司除了生产石油外，还经营煤气、化工和有色金属。这样可以规避因产品单一化而带来的市场风险。除此之外，壳牌公司还设有第三道防线，那就是：快速反应。壳牌公司密切注意世界各地政治、经济形势变化给石油市场带来的影响，并做好充分准备应付一切不测。壳牌公司的这种风险意识，使他们加强了对各种风险的防御能力，同时也为壳牌公司赢得了潜在的经济效益。

壳牌公司能稳步发展100多年，成为全球几大能源公司之一，与他们强烈的风险意识是分不开的。壳牌公司在变幻莫测的市场竞争中，不仅"善攻"而且"善守"，他们构建的良好风险防御体系使他们长盛不衰。

从政谋略的阐释与应用

权力场上，每个人的实力和势力时时都在发生着变化，当自己的实力不如对手时，就要采取相应的守势，以此来迷惑对方，积蓄自己的力量，这样才能"自保而全胜"。

公元934年，正是中国历史上的五代时期，蜀后主孟昶即位，时年16岁，将相大臣都是先主的老臣旧将，他们为所欲为，根本不把年幼的皇帝放在眼里。其中以李仁罕、李肇、张业、赵廷隐最为过分。

孟昶刚即帝位不久，大将李仁罕便提出非分要求，目无幼主，犯上作乱。孟昶迫于形势，表面上接受了李仁罕的条件，任命他为中书令，主管六军。然后，等李仁罕进宫朝见时，命令武士将他捉住，当场处死。

李仁罕被诛，孟昶的侍中李肇才知道新君的厉害，吓得魂不附体。因其曾假称有病不跪，孟昶勒令他退官隐居，他才有幸保全了性命。

李仁罕被杀时，他的外甥张业正在执掌禁军，如果他以替舅报仇为名义造反，后果将不堪设想。孟昶怕他反叛，当时不但没有动手处置他，而且还千方百计加以笼络，甚至把他封为宰相，兼管全国财政。为此，张业更加肆无忌惮，百姓难以承受，怨声载道。到了后蜀广政十一年（公元948年），孟昶已经积聚了一定的势力，认为诛杀奸臣的时机成熟，遂与禁军将领官思廉密谋，又用诛灭李仁罕的办法，处死了张业。

卫圣都指挥使兼中书令赵廷隐见势不妙，忙以年老为由辞官还乡。至此，孟昶才真正掌握了蜀国的政权。

孟昶作为一国之主，竟被群臣欺弄，实在忍无可忍。可是势力有限，弄不好就会翻船，因此他只好采取守势。作为一名政治家来讲，他绝对是一个善守者，“藏于九地之下”，能让那些逆臣毫无察觉，最后达到了“自保而全胜”的目的。

善战者之胜也，无智名，无勇功

故善战者之胜也，无智名，无勇功。故其战胜不忒，不忒者，其所措必胜，胜已败者也。

军事谋略的阐释与应用

善战者之所以战无不胜，是因为他们善于抓住有利战机，时时把握着战争的主控权。他们的胜利，既不显示功名，也不表现勇武的战功。他们所取得的胜利是不会有什么差错的，因为他们的胜利有着切实可靠的必胜基础。他们高瞻远瞩，绝不会好大喜功，他们才是真正的大智大勇者。

春秋时期，楚怀王准备攻打宋国，墨子劝其打消这个念头，他认为楚国进攻宋国不过是幼稚之举，宋国对于楚国来讲是“杀不足而争有余”，不必为此而大动干戈。

但楚怀王不服，墨子又拿了一条带子当作城池做示范演习，楚怀王九攻九败，墨子说他的学生已运用他的守城方法等待楚国的进攻了，楚怀王听了墨子的辩驳，看到了他的示范，不得不放弃攻打宋国的念头。看似墨子只是稍费口舌，就说服楚怀王放弃攻宋。其实墨子的劝说是以宋国的实力作后盾的。只有充分了解宋国实力，墨子对楚怀王的劝说才能更加有效。否则的话，一旦真正打起仗来，楚国岂不呜呼哀哉！

商战谋略的阐释与应用

“厚积而薄发”才能更有把握取胜。高明的经营者往往独具慧眼，不露声色，考虑周全又能避开市场热点。他们暗中研制新产品，开发新方案，却从不虚张声势。不过，一旦时机成熟，他们又能够做到一鸣惊人。

英特尔前首席执行官葛洛夫就是这样一位经营者，他总是为公司设定一个明确的方向，然后再根据这个方向制定切实可行的目标，最后由大家共同埋头苦干来完成它。1993 年，英特尔制定 PCI 晶片组的业绩目标就是一个典型的例子。葛洛夫觉得英特尔能够把晶片组的业务提升到 100 万套；但是部门的总经理依照他自己的经验，预估当年的业绩是 20 万套。葛洛夫向他指出，PCI 将会广泛地被业界接受，所以 100 万套的业绩并非天方夜谭。最后经过综合考虑，一致认为 60 万套是一个可以接受的目标。经过一年的努力，在不停推动 PCI 规格与新产品之后，终于在年底达成了预定的目标。在产品生产方面英特尔公司也是这样做的。1994 年，英特尔计划生产出 600 万片 Pentium（奔腾）微处理器。首席执行官把年度目标张贴在会议室，每天，每位员工都为当天的进步而兴奋不已，他们踏踏实实、勤勤恳恳地工作了一年，年底终于达到了这个目标。如今，英特尔的电脑芯片已经遍布全球的每一个角落，它们的产品成了电子时代的象征。

英特尔所取得的成就与其前任首席执行官葛洛夫勤奋务实的精神是分不开的。葛洛夫和他所领导的员工在做出成绩之前没有虚张声势，可是在他们的心中却有一个必胜的信念，在这种信念的支撑下他们成功了。

从政谋略的阐释与应用

古语说，“狡兔死，走狗烹；飞鸟尽，良弓藏”。由于政治本身固有的险恶性，因此臣属，只能与君王共患难，而难以与其同安乐。明白此义，可以明哲保身；不晓此理，就会尸骨难全。

张良是刘邦的心腹谋臣，在楚汉战争期间，正是他的足智多谋，才使得刘邦一次次化险为夷，反败为胜。对于西汉的建立，张良立下了不可磨灭的功勋。汉初大封功臣时，刘邦亲自提议封他为三万户侯，让他在丰饶的齐地自行选择封地，张良却婉言谢绝了。他最后只要了最初和刘邦相会的一个小小的留县。待到天下大势已定，刘邦坐稳江山时，他又称病不朝，闭门谢客，不问朝政，学起了自己都未必相信的道家之学。

张良是一个绝对的智者，他能悟透政治与人生，也能克服人性的弱点。他不求功名，功成身退。虽然没有得到萧何用谨小慎微所换来的显贵，但也没有韩信功成身诛的下场。他是一位大智、大勇的中庸者。

善战者，立于不败之地，而不失敌之败也

故善战者，立于不败之地，而不失敌之败也。是故胜兵先胜而后求战，败兵先战而后求胜。

军事谋略的阐释与应用

孙子一方面主张在战争中要抓住有利战机，不放过任何一个可能取胜的机会；另一方面也主张“慎战”，不可轻举妄动。他还强调在开战之前要想办法创造有利条件，让自己具备更多的胜利因素。他还反对先战而后求胜，认为这样没有准备、没有目的地与敌人交战，只会导致失败的恶果。

春秋时期，齐国与鲁国之间的长勺之战便是一个很好的例子。

齐国是春秋时期最强的诸侯国之一。公元 686 年，公孙无知杀死齐襄公而篡位，即位不久后，大臣们又将公孙无知杀死，所以齐国国君的位置空了下来。而齐襄公逃亡在外的亲属都想赶回来即位。最后经过一番争斗，公子小白赶回齐国即位，也就是后来的齐桓公。

然而逃亡在鲁国的公子纠与其师傅管仲并不甘心，而齐国与鲁国之间的关系也日渐恶化。后鲁庄公在齐桓公的要挟下，被迫杀死公子纠，交出管仲。齐桓公不念旧恶，拜管仲为相。齐桓公急于对外扩张，管仲劝其首先要改革军政、发展生产，待实力强大后再扩张势力。但齐桓公并未采纳管仲的建议，而是决定发兵攻打鲁国。鲁庄公面对齐国大军，手足无措。这时，谋士曹刿请求随鲁庄公一起出战，率军抗齐。当时，齐军倚仗兵强马壮，连续出击，深入鲁国。鲁国兵少国弱，避开齐军锋芒，采取守势，退至利于反攻的长勺（今山东莱芜北），以逸待劳，准备决战。齐将鲍叔牙一时得胜，产生轻敌思想，攻到长勺后，便向鲁军发动猛攻。面对这种情况，鲁庄公准备正面迎战齐军，曹

刿却劝其要等齐军三次击鼓之后，再正面迎战。等齐军三次击鼓之后，鲁庄公下令鲁军冲向齐军阵营，打得齐军措手不及。鲁军又乘胜追击，终于把齐军赶出了国境。

长勺之战是一个典型的以少胜多的战例。鲁国作为一个弱国之所以能够打败强大的齐国，原因就在于鲁国在战前做了充分的准备，创造了必胜的客观条件。这正是“胜兵先胜而后求战”的很好例证。

商战谋略的阐释与应用

在商战中，一个成功的企业，既要保持现有的市场，先使自己立于不败之地，而且还要适时出击，保证进一步提高市场占有率。如果在没有保证企业稳步发展的情况下盲目出击，就有可能造成不可挽回的经济损失。

法国克隆堡牌啤酒进军美国市场就是一个很好的例子。克隆堡牌啤酒在法国占有稳定的市场份额，但是这并不能满足企业发展的需要，在保证国内市场份额的基础上，他们准备进军美国市场。克隆堡啤酒公司首先通过一个别出心裁的广告作为开路先锋，他们经过充分的“调查分析”，针对美国人喜爱幽默的特点，录制了以下这段广告：当法国开始把克隆堡啤酒装上卡车准备运往美国时，许多法国人围着卡车，抚摸着酒桶，泪流满面，表现出依依不舍的离别之情。这种让法国人饱含深情的啤酒，引起了美国人的极大兴趣，他们认为这种啤酒一定别具风味。美国人翘首以待，热切地期待着这种新产品在美国上市。克隆堡啤酒公司见时机成熟，立即在美国隆重地推出了他们的产品，果然这种啤酒一上市就成了市场争相购买的目标。就这样，克隆堡啤酒顺利打入美国市场。

克隆堡啤酒首先使自己在法国“立于不败之地”，然后在充分做好市场调查的基础上，运用一则别出心裁的广告，成功地打入了美国市场。其实克隆堡啤酒在这一市场举措中运用的正是“胜兵先胜而后求战”的策略。

从政谋略的阐释与应用

要想不被对手击败，首先要使自己立于不败之地，无论在军事领域还是在政治领域，都是如此。

明朝宣德元年（公元 1426 年），宣宗帝长兄汉王高煦谋反，朝廷一时哗然，文武大臣们纷纷请缨，要求平剿乱党，还天下苍生安宁。鉴于叛乱者是自己的兄长，宣宗皇帝决定御驾亲征，在出征的路上，他询问陪同大臣，汉王将采取什么计策和手段应付。

有大臣说，汉王必定先取济南；有大臣说，汉王一定会占据南京。但是宣宗却说，汉王既不会攻克济南，也不会占据南京，他必定会坐地投降。

大臣们有些不明白，宣宗解释说："汉王虽然外表上傲慢，但内心非常怯懦，处理事情优柔寡断，他之所以敢造反，是因为看朕年纪轻轻就继承了帝位，臣民之心容易煽动。而且，他还以为朝廷会派别的将领去讨伐他，这样他就能够侥幸达到谋反的目的，现在听说朕亲自讨伐，早已经吓破了胆，恐怕大军未到，早就准备好投降啦！"

果然高煦听到宣宗御驾亲征，早变得恐惧不已，体如筛糠，大军还没到，就做好了投降准备，哪里还谈什么攻济南、占南京呢！

其实，宣宗皇帝等于没费一兵一卒，就平息了汉王高煦的叛乱。原因就是宣宗已经十分准确地把握住了汉王的心理，他没有派普通的大臣去平叛，而是御驾亲征，首先从气势上、心理上击败了对手，不过是"先胜而后求战而已"。

善用兵者，修道而保法

善用兵者，修道而保法，故能为胜败之政。

军事谋略的阐释与应用

孙子在这里提出了"修道而保法"的思想，它强调了军队取胜要修明政治、严肃军纪。这虽然不是战争取胜的决定性因素，但也是其必要条件。如果一个国家政治腐败，军纪废弛，那么很难想象，这样的军队能够取得战争的胜利。孙子把修明政治的"道"放在首位，认为它是决定战争胜败的关键因素。"修道"要求国家政治清明、经济强盛、君民上下同心、士兵上下同欲。而"保法"也是决定战争胜负的因素之一，有了严格的军纪，才能使军队的运作有章可循，才能最大限度地发挥军队的战斗力。

公元 1053 年，宋朝名将奉命远征侬智高。狄青向前敌将士下令，不得轻率出兵迎敌。当时，陈曙恐怕狄青独得战功，乘狄青未到之前，抢先发兵进击到昆仑关，即被敌人打败，袁用等将领狼狈逃回。狄青到了宾州，得知陈曙兵败的事情后，决心严申军纪。次日，诸将都到齐后，在堂上列坐。狄青起身向陈曙行军礼，陈曙马上还礼。然后狄青召袁用等人，叱责陈曙违犯号令，按军法当斩，袁用等遇敌即逃，罪也当斩，遂令卫士一一捆绑，推出辕门，斩首示众，其余将领，大为震惊。从此其他将士再无违令者，而狄青所率大军以军纪严明著称，战斗力也大大增强。

如果狄青纵容部将陈曙擅自出兵，不"修道保法"，那么不但陈曙本人有可能重蹈覆辙，而且其他部将也有可能效尤。这样，将会引起士兵们的不满，从而导致军心涣散，战斗力大大降低。那么狄青也只能成为一个败军之将。

商战谋略的阐释与应用

企业要想不被战胜，首先要建立完善的内部管理机制。企业的管理不外乎人、财、物、技术与信息等几个方面，经营者只有通过计划、组织、指挥、调控等手段强化对以上几个方面的管理，才能建立有效的运作机制，从而在竞争中稳操胜券。

日本的八佰伴商社是从沿街叫卖蔬菜起家的，经营这家商社的是和田良平和他的妻子加津。他们创业之初，规模很小，为了能在激烈的竞争中站住脚，夫妇俩把“童叟无欺”作为自己的经商信条。经过十多年的努力，和田良平夫妇终于有了自己的店铺，店铺取名为“八佰伴热海分店”。可是不久，热海市连遭大火，很多商铺都葬身火海，化为灰烬，这当然也引起了“热海”市蔬菜价格的暴涨。此时“八佰伴”正好有一批进货是在大火后运到，可是和田良平夫妇并没有趁火打劫——提高菜价，而是仍以平价出售蔬菜。他们认为现在大家都很困难，不能趁机赚取不义之财，这一举动很快使他们获得了良好的市场信誉，而夫妇俩也赢得了市民们的好感和尊敬。大火后，凭着这种“童叟无欺”的信义，他们在废墟上建起了二层楼的商店！和田良平夫妇在事业有成的基础上又对经营方针进行了改革，他们大胆实行了明码标价的营销方式，这在当时的日本尚且为数不多。不仅如此，他们还对顾客实行让利的政策——将商品的毛利下调百分之一。消息传出去后，“八佰伴”的顾客又增加了一倍。正是凭着这种不懈追求、不断创新、一心为顾客服务的精神，“八佰伴”为自己赢得了一次又一次发展的良机。

“八佰伴”由沿街叫卖蔬菜起家，发展成一家国际大商社，成功的原因是多方面的，但最重要的原因是其注重“修道保法”，恪守良好的经营原则，这才获得了良好的市场信誉，赢得了一次次的发展契机。

从政谋略的阐释与应用

儒家思想，是中国封建社会的正统思想，而它的政治思想核心就是“仁政”和“以德治国”。这种思想，对每一个朝代的统治者都有着积极而深远的影响。

战国时期，魏将吴起公正廉洁，善于用兵，颇得将士欢心。魏文侯便拜吴起为西河郡守，以抵御秦国和韩国的进犯。魏文侯死后，吴起便辅佐魏文侯的儿子魏武侯。

有一次，魏武侯来到西河，看到地势险要奇伟，感慨不已，不禁回首对吴起道：“山河环抱，地势险要，一夫当关，万夫莫开，这真是魏国的荣幸啊！”

吴起听了，认为魏武侯不识安邦定国之策，摇摇头说：“国家的兴盛衰败，在德而不在山河之险。”

魏武侯不解其意。吴起援引历史上一些国家尽管山川地势险要，而国君却不施恩德于民，政治腐败，终遭失败的例子。魏武侯及时纳谏，内修德政，外练强兵，支持吴起变法，改革兵制，终于称雄一方。

“善用兵者，修道而保法”，政治统治也要注意修道保法，因为这才是稳固统治的根本。吴起正是深切体会到这一点，才将此番道理讲授于魏武侯，促使魏武侯内修德政，外强军事，终于使其称雄一方。

兵法：一曰度，二曰量，三曰数

兵法：一曰度，二曰量，三曰数，四曰称，五曰胜。地生度，度生量，量生数，数生称，称生胜。

军事谋略的阐释与应用

从诸葛亮辅佐刘备兵定益州直到刘备去世，整整10年时间，诸葛亮基本上用兵不断。他运筹帷幄而能决胜千里，不仅仅是因为他具备超常的军事谋略，还在于他重视发展农业生产。众所周知，农业是封建社会的根本，在封建经济中自始至终占据主导地位。诸葛亮深刻体会到经济对军事的决定作用，他从经济上治蜀的主要措施体现在以下几个方面：他注意轻徭薄赋；重视水利建设；统一钱币；发展盐铁生产；重视商业。正是由于诸葛亮重视综合国力，发展农业生产，繁荣经济，弱小的蜀国才有能力支持连年不断的战争，也才具备了北伐中原的实力。这些都充分证明了孙子“五环相生”“地生度，度生量，量生数”的作战原理。

商战谋略的阐释与应用

在企业的发展过程中，也应该以“称胜”为指导方针，量力而行，根据企业自身的实力来确定企业的发展规划。如果好高骛远，自不量力，不但达不到预期目标，而且还会使企业背上沉重的经济负担，甚至导致经营的失败。

在这里还是以“八佰伴”为例来说明这个道理。日本的“八佰伴商社”曾经叱咤东南亚，辉煌一时，可是后来由于种种原因而逐渐走下坡路。1962年，33岁的和田一夫从父亲和田良平手中接下了八佰伴董事长的位子，那时的八佰伴还只是小型连锁超市。在当时，日本的商品零售业极不稳定；另一方面，国际性的连锁店也冲击着日本的零售业市场。和田一夫意识到他的连锁店规模太小，无论从哪一方面都难以与强敌抗衡，经过认真权衡之后，他决定将发展重心转移到国外市场，为八佰伴树立长远的发展目标。于是，他立即着手于国外市场的开拓，选择先在巴西、新加坡等地设立分店。至 1986 年，和田一夫已在海外建立了 12 家分店，八佰伴也已成为了一家跨行业的国际集团。八佰伴以和田一夫的卓越见解造就了成功，然而却在 20 世纪 80 年代受到日本经济衰退的影响而逐渐走向了下坡路。当时和田一夫并没有预见到日本流通业的下滑，再加上他的亲弟弟做假账蒙蔽他，因而错估了公司的实力，竟在经济衰退时期进行大规模扩展，结果加剧了八佰伴的失败，以至于最终倒闭。

和田一夫准确的判断，使八佰伴成为风云一时的知名企业，却也因为他错估了当时的经济形势和自身的实力而使八佰伴走向了灭亡。从中我们可以看出：了解自身实力，量力而行，科学地规划企业前景，才能避免危机的发生。这就是孙子所说的“称胜”之道。

从政谋略的阐释与应用

任何一个白手起家而最后又达到成功顶峰的人都有一个共同的道理，那就是“地生度，度生量，量生数，数生称，称生胜”。

元朝末年，起义军四起，朱元璋曾经追随割据濠州的郭子兴队伍进行抗元斗争。但时间一长，朱元璋认为郭子兴治军无方，难成气候，只有招募自己的队伍才有出路。

于是他向郭子兴禀明欲回乡招募士兵，郭子兴同意了他的请求。回乡不久，朱元璋就招募到 700 多人。他将队伍带到濠州，交给郭子兴，郭子兴非常高兴，提升他为镇抚，并把这 700 人交给他统领，不久，又升他为总管。但是，朱元璋是一个有远大志向的人，他并不满足于这些。过了一年，他把自己统率的 700 人交给别人，只带着徐达、汤和、吴良等 24 人离开了濠州，前往定远发展自己的势力。可是出行不利，还未发展，朱元璋就患了重病，只得返回濠州治疗。病情好转后，他又获得了一个好消息：张家堡屯居着一支 3000 人的民兵，主帅与郭子兴相识，现在正断了粮，处境艰难。

朱元璋决定借机扩充势力，他不顾大病初愈，找到郭子兴，请求派自己前去招降。民兵主帅听他说明来意，有些犹豫，但迫于形势，最后勉强答应了他的条件。可是过了三天，主帅又改变了主意，朱元璋设计使主帅归顺于他。紧接着，朱元璋又带兵去豁鼻山，招降了一支达 800 人次的占山为王的草寇。

朱元璋对收编而来的队伍进行了集中训练，在较短时间内，就使他们的战斗力有了明显的提高。不久，他又率领这支部队攻克了屯居横涧山的一个武装集团，从此朱元璋的队伍发展到了十几万人。

朱元璋是一个很有远见的政治家，他从一个小乞丐爬上了权力的顶峰，成为一个卓有建树的开国皇帝，实在不是偶然。首先，他有远大的志向和超前的眼光。其次，他特别会利用现有的一切资源为自己捞取政治资本。他明白，在当时的社会，“枪杆子里面出政权”的道理。他先是借助郭子兴的信任，为郭子兴扩充势力，而他本人也从中收益不小，以至获得更高的威望。然后他又利用获得的信任和威望继续扩充自己的势力，就这样像滚雪球一样，他的势力越来越大，以至于脱离了郭子兴的控制，最终建立了属于自己的大明王朝。这其中所蕴含的正是“地生度，度生量，量生数，数生称，称生胜”的道理。

若决积水于千仞之谿者，形也

故胜兵若以镒称铢，败兵若以铢称镒。胜者之战民也，若决积水于千仞之谿者，形也。

军事谋略的阐释与应用

明朝后期，后金逐渐强大，屡次骚扰明朝边境。公元1618年，明神宗派大将杨镐率兵11万进攻后金都城赫图阿拉，试图灭掉后金，以解心腹大患。杨镐兵分四路进攻，努尔哈赤却采取了各个击破的方针，集中八旗全部兵力6万余人攻击明军西路杜松部，一举歼灭3万余人。解除了西路威胁之后，努尔哈赤又兵击北路，北路统帅马林不战而逃。先后灭掉西路、北路两路大军后，努尔哈赤又设法围歼刘为所部。四路大军被灭掉了三路，杨镐急忙撤军。努尔哈赤采取各个击破的方针，以6万胜11万，取得萨尔浒大战的胜利。

按常理来讲，以6万兵力对11万大军，无异于“以铢称镒”。而努尔哈赤面对明军的围攻并没有全线出击，而是集中优势兵力，各个击破，相当于以6万兵力对3万兵力，这无异于以“以镒称铢”。当然这也得益于努尔哈赤大军“若决积水于千仞之谿”，所向披靡，战无不胜。

商战谋略的阐释与应用

提起恒基伟业，人们都会不由自主地想起他们的商务通掌上电脑。恒基伟业在1999年，只用了半年的时间，就把商务通这个品牌从零做到了第一。究其原因，主要是他们采取了强大的宣传攻势。他们用2亿元巨额资金投入广告宣传，以空前的强势迅速进入了掌上电脑市场，并借此迅速扩张市场规模，其市场占有率竟然一下子达到60%；接着他们又迅速建立起销售网络，短短半年时间，他们就在大陆400多个县级以上的城市设置了3000多个销售网点。而且，为了让每一个代理商能迅速开拓当地市场，恒基伟业还在全国各据点投入相当的人力，对代理商进行全面支援。恒基伟业以这种迅速、及时而又非凡的气势，造就了商务通这一品牌的成功。

恒基伟业非凡的成功，源自于它那种非凡的气势。那么强大的宣传攻势，那么雄厚的资金支持，那么广泛的销售网点，能做到者寥寥无几？它“若决积水于千仞之谿”，在滚滚的市场大潮中，以其强大的冲击力，毫无悬念地坐上了市场的第一把交椅。

从政谋略的阐释与应用

秦统治被推翻后，项羽分封诸侯王，把战功卓著的刘邦封为汉王，并拨给他3万兵马，随同他前往汉中。名义上是分封，其实是在削弱刘邦的势力。因为他的兵力原有10万之众，现在却只分给了他3万兵马。刘邦与诸将心中十分郁闷，但苦于势力不及项羽，只好咽下了这杯苦水。刘邦既没有马上与项羽开战，也没有意志消沉，而是决心养精蓄锐、蓄势待发。

在秦末起义军众将领中，刘邦是一位声望甚高、宽厚仁慈、有长者之风的人。因此当他前往汉中时，各路诸侯中因仰慕而甘愿随从他前往的，竟有数万人之多。有了这些归顺的势力，有了萧何、张良等人的精心辅佐，刘邦的势力一步步地发展壮大，这为后来的楚汉战争积蓄了充足的力量。

刘邦在失意之时，不忘积蓄力量。而就是这一点一滴的积累，才使他具备了后来那种“决积水于千仞之谿”的气势。在这种气势下，他终于击溃了那位“西楚霸王”。

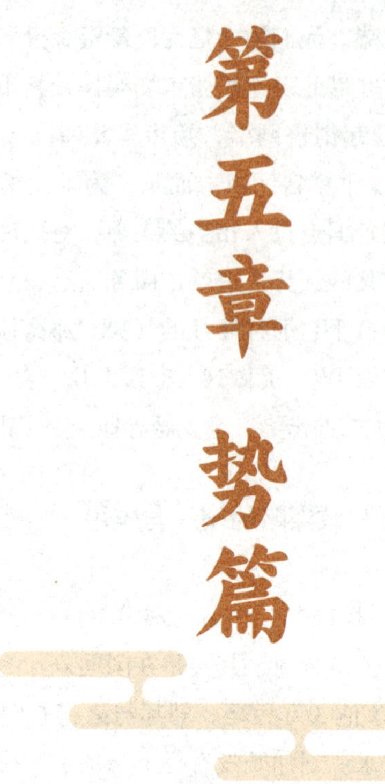

第五章 势篇

※原文

孙子曰：凡治众如治寡，分数是也；斗众如斗寡，形名是也；三军之众，可使必受敌而无败者，奇正是也；兵之所加，如以碫投卵者，虚实是也。

凡战者，以正合，以奇胜。故善出奇者，无穷如天地，不竭如江河。终而复始，日月是也。死而复生，四时是也。声不过五,五声之变，不可胜听也。色不过五,五色之变，不可胜观也。味不过五,五味之变，不可胜尝也。战势不过奇正，奇正之变，不可胜穷也。奇正相生，如循环之无端，孰能穷之？

激水之疾，至于漂石者，势也；鸷鸟之疾，至于毁折者，节也。是故善战者，其势险，其节短。势如彍弩，节如发机。

纷纷纭纭，斗乱而不可乱也；浑浑沌沌，形圆而不可败也。乱生于治，怯生于勇，弱生于强。治乱，数也；勇怯，势也；强弱，形也。故善动敌者，形之，敌必从之；予之，敌必取之。以利动之，以卒待之。

故善战者，求之于势，不责于人，故能择人而任势。任势者，其战人也，如转木石。木石之性，安则静，危则动，方则止，圆则行。故善战人之势，如转圆石于千仞之山者，势也。

※译文

孙子说：通常来说，管理人数多的军队同管理人数少的军队一样，这属于军队的组织编制问题；指挥人数众多的部队作战同指挥人数少的部队作战一样，这属于指挥号令的问题；整个部队遭到敌人的进攻而没有溃败，这属于“奇正”的战术变化问题；对敌军所实施的打击，如同以石击卵一样，这属于“避实就虚”原则的运用问题。

大凡用兵作战，总是以“正兵”迎战，用“奇兵”取胜。所以，善于出奇制胜的人，其战法的变化如天地运行那样变化无穷，像江河那样奔流不息。终而复始，就像日月的运行；去而复来，如同四季的更替。乐音的基本音阶不过宫、商、角、徵、羽五个，然而这五个音阶的变化，却是听不尽的；颜色不过青、黄、赤、白、黑五种，然而这五色的变化，却是看不完的；滋味不过酸、辛、咸、甘、苦五样，然而这五味的变化，却是尝不尽的；作战的方式方法不过“奇”“正”两种，可是“奇”“正”的变化，却永远不可穷尽。“奇”“正”之间相互依存，相互转化，就像顺着圆环旋绕似的，无始无终，又有谁能够穷尽它呢？

湍急的流水能够把巨石冲走，这是因为它的流速飞快产生的“形势”造成的；鸷鸟高飞迅疾，以至能捕杀鸟雀，这就是短促迅猛的“节奏”造成的。因此，善于指挥作战的人，他所造成的态势险峻逼人，他进攻的节奏短促有力。他们所造的态势就像张满的弓弩，险恶异常；迅疾的节奏犹如用手击发弩机，瞬间即发。

在战旗纷乱、人马混杂的混乱之中作战，要使自己的军队整齐不乱；在兵如潮涌、混沌不清的情况下战斗，要使自己的军队布阵周密，保持态势而不致失败。能够向敌诈示混乱，是由于己方的军队组织编制的严整；能够向敌诈示怯懦，是由于己方具备了勇敢的素质。能够向敌诈示弱小，是由于己方拥有强大的实力。严整或者混乱，是由组织编制所决定的；勇敢或怯懦，是由作战态势所造成的；强大或者弱小，是由军队实力所决定的。所以，善于调动敌人的人，伪装假象，迷惑敌人，敌人便会跟着跑，用好处引诱敌人，敌人就会前来争夺。所以，总是用利益引诱敌人上当，再预备重兵伺机打击他。

所以，善于用兵打仗的人，总是努力创造有利的态势，而不对部下求全责备，所以，他能够选择人才去利用和创造有利的态势。善于制造和利用态势的人指挥军队作战，就如同滚动木石一般。木头和石头的特性是，置放在平坦安稳之处就静止不动，置放在险峻陡峭之处就会滚动。方的容易停止，圆的滚动灵活。所以，善于指挥作战的人所创造的有利态势，应该将圆石从万丈高山上推滚下来那样，这就是所谓的“兵势”啊！

※评论与点评

势是什么呢？孙子说，势就像可以冲走石头的激流，就像一触即发的弓弩，就像圆石从千仞高山上滚下，有一种不可抵挡的力量。用这种力量打击敌人，就能够以一当十，所向无敌。怎样才能造成这种势呢？首先，要给自己创造条件，使本身具有战胜敌人的强大力量。其次，要“择人而任势”，选择熟知军事、知人善任的将帅，指挥士兵作战灵活自如，并且善于用假象迷惑敌人，用小利驱动敌人，引诱敌人陷入圈套，然后用伏兵狠狠地打击敌人。

凡治众如治寡，分数是也

孙子曰：凡治众如治寡，分数是也；斗众如斗寡，形名是也；三军之众，可使必受敌而无败者，奇正是也；兵之所加，如以投碫卵者，虚实是也。

军事谋略的阐释与应用

孙子在这里提出了军队的治理问题和战略战术问题。他认为治理军队首先要有合理的编制，然后才能做到上下协调一致，从而便于管理；其次，对于军事号令的处理要及时，要让将帅的命令能够迅速而准确地传达出去，这样才能有效地指挥调动、及时把握有利战机；再者，在战术的应用上要做到出奇制胜、以实击虚，创造必胜的条件。总之，在战争中将帅应该随机应变，“奇”“正”并用，“虚”“实”相间，有效把握取胜的主控权。

明崇祯十六年（公元 1643 年）三月，李自成经过南征北战，最终在襄阳建立了自己的政权。当时，他掌握的大军有百万之众，建立政权之后，当务之急就是对部队进行整编。将全军分为中、左、右、前、后五营，各设正、副将军统辖。五营中以中营为主，称“标营”；以小队为基本单位。而且他还建立起严密的后勤保障系统，包括裁缝队、粮草队等，各司其职。不仅如此，他还把将士家属单独编为“老营”，把将士子女编入“孩儿军”，进行严格训练。经过此番严格整顿，起义军上下协调一致，战斗力大大增强，影响也不断扩大。周围各地的起义军也纷纷归顺李自成麾下。李自成作为一个农民起义军将领，势力发展如此迅速，与他治军有方不无关系。他深知“治众如治寡，分数是也”的道理，从而使天下义军归顺，他的功绩也曾在中国历史篇章中留下了灿烂的一笔。

宋宁宗开禧二年（公元 1206 年）四月，武义大夫毕再遇等率宋军攻打金兵据守的泗州城。金人得知消息，立即进行防御准备。毕再遇得知此事，立即采取行动，决定出其不意，提前一天发动攻势。宋军奉命提前一天到达泗州城下。泗州分东、西二城，毕再遇调动兵力，做出首先攻打西城的假象，然后亲自率领将士通过山路到达东城的南角，突然发起进攻。守城金兵抵御不力，弃东城而去。此时，西城金兵仍在顽抗。毕再遇高悬帅旗，命将士向城内大喊，招降敌人。敌军听到毕再遇将军的威名，顿时瓦解，纷纷出城投降。毕再遇出兵攻打金兵，得知军机泄漏，果断采取行动，出奇兵大败金兵，轻而易举收复泗州城。他的胜利就是胜在一个“奇”字上。

唐太宗贞观四年（公元630年），颉利可汗于战败后，企图暂时投降大唐，等到来年草青马肥之际，重新向大漠深处逃窜。唐太宗不知实情，遂派唐俭等人前去抚慰，又派李靖等人率军前去迎接。李靖识破了颉利可汗的诡计，恐怕颉利可汗大军重新逃回漠北，漠北距大唐路途遥远，到时难以追击。于是与随行人员商议，连夜出精兵袭击颉利可汗所部。再说颉利可汗等见到唐俭等人前来抚慰，以为计谋得逞，心中大喜，果然不加防备。李靖前锋乘虚而入，一举歼灭颉利可汗所部，颉利可汗本人也最终被俘。唐将李靖识破颉利可汗的企图，随机应变，趁颉利可汗没有防备之时，乘虚而入，大获全胜。他出其不意，攻其无备，以实击虚，正是兵法中所谓的“以碫击卵”，其势不可挡，胜在掌握。

商战谋略的阐释与应用

企业好比军队，一定要有科学、严密、合理的组织编制。因为企业是人、财、物的组合，只有具备科学合理的组织编制，这些因素才能协调一致，从而使人尽其才、物尽其用。

哈雷·戴维森公司就有一个非常严密的组织结构。它的公司组织结构图是三个相交的圆：其中一个圆内写着“创造需求”，主要包括销售和市场；另一个圆内写着“产品生产”，专门负责产品的设计和生产；还有一个是“支撑部门”，主要包括公司其他职能部门。这三个圆在该图的中央形成了一个交集，这个交集部分就是公司的战略决策与领导层，它主要监督整个公司的管理部门，如规划部、预算部、人事公关部等。这三个圆相交形成的这一组织结构图既强调了公司各部门间的独立性，同时也激励各部门之间要相互参与和合作。

很显然，戴维森公司的组织结构非常严密与合理。从他们的组织结构图上可以得知，戴维森公司各部门之间既职责分明，又相互联系。这种组织结构使各职能部门在相互合作、相互制约中协调发展。

从政谋略的阐释与应用

对于统治者来讲，如何调动百姓的积极性，开发他们的内在潜力是组织方法问题。而如何合理有效地配置资源则是策略问题。有了科学的组织方法，有了高明的统治策略，就会实现“大治”了。

宋仁宗景帝年间，天下大旱，全国大部分地区颗粒无收，朝廷下令各地救荒，并提出了一些所谓有效的救荒办法。当时范仲淹主持杭州事务，而他所在的吴中地区旱情最为严重。他在杭州地区采取了一系列救荒措施，但他并没有按照上面说的去做，而是凭自己的想法解决了这一棘手的问题。

吴地的百姓十分喜欢赛龙舟，范仲淹就放任百姓们龙舟竞渡，并且大力提倡，百姓皆踊跃参加。他还知道吴中的人们爱好做佛事，便在各地召集有钱人，对他们说：“吴中现在发生了饥荒，人们没有饭吃，给他们一点点的恩惠就可以做很多的事，你们可以大兴土木修建佛寺。”

富人们见工人的价钱的确因饥荒而变得低廉，又见范仲淹大力支持，于是大肆雇用工人兴建佛寺。范仲淹还新建了一些仓库等建筑，一天要动用上千名劳力。但是很多人对此并不理解，过了不久，负责监察事务的官员看不惯范仲淹的做法，上奏朝廷，说范仲淹不顾荒政在前，却大兴土木工程，消耗民力财力。皇上龙颜大怒，立即命人押送范仲淹回京谢罪。

范仲淹于是上书为自己辩解道：“我之所以这么做，是因为贫困的人若不给予妥善的安置，他们便会生事。国库钱财有限，而饥民无数，因此只能挖掘富人的钱，让那些有技艺和劳力的人，都能够以此得到公私两方面的报酬而活命，不致因饥荒饿死途中，甚至造反。”

果然这一年，只有杭州发生了饥荒而没有产生叛乱。

范仲淹的确很有政见，他善于组织、控制群众并使他们发挥潜力，然而并没有按照常规的方法去解决问题。他也很善于调动富人的钱财，利用那些富人急功近利的心理，成功地解决了饥民的问题。

凡战者，以正合，以奇胜

凡战者，以正合，以奇胜。故善出奇者，无穷如天地，不竭如江河。终而复始，日月是也。死而复生，四时是也。

军事谋略的阐释与应用

“奇正”的思想也是孙子兵法理论中一个重要的命题，它体现出一种辩证用兵的思想。同时，这种兵法思想还是一种合理部署兵力、灵活指挥作战的战略战术。作为一般的作战原则，要做到“以正合，以奇胜”，与敌正面作战为正，围剿、包抄为奇；明攻为正，突击、偷袭或采用特殊战法为奇。“正合”是作战的一般规律，而“奇胜”是作战的特殊规律。这两种规律在战争中要辩证运用，有机结合，才能有效战胜敌人。

周赧王二十一年（公元前 294 年），秦将白起率军攻打韩国的伊阙，韩、魏联合抗秦，以重兵据守伊阙。伊阙地形险峻，易守难攻，这对秦军大为不利，况且秦军兵力远不及韩、魏联军。因此此战对于秦将来讲，绝非易事。但是韩、魏联军也有劣势，他们互不统属，各自为政。双方相持不下，不分胜负。次年，白起审时度势，趁韩、魏联军犹豫之时，以偏师设疑阵牵制韩军，然后集中优势兵力急攻兵力较弱的魏军。魏军仓促应战，很快瓦解。韩军陷于秦军的两面夹击之中，不战自溃。秦军乘胜追击，歼灭韩军大部，伊阙随之陷落。

按说，秦军以弱攻强，胜算把握不大。但秦将白起审时度势，抓住敌人的弱点，正面牵制，侧面攻击，韩、魏联军很快被瓦解。秦军以少胜多，顺利攻下伊阙。

隋炀帝大业十三年（公元 617 年），突厥进犯边塞，隋炀帝令李渊与马邑太守王仁恭率军抵抗，两军相持马邑。王仁恭见突厥人多势众，担心寡不敌众。李渊却说，我军远离朝廷，没有外援，如果不与突厥大军决一死战，恐怕全军性命难保。于是，他亲率 4000 名精兵，与突厥展开游击战争。两军相遇，并不出击，而是严阵以待，使突厥人不知其意，更不敢轻举妄动。与此同时，李渊又出奇兵袭击突厥军，斩敌千余人，突厥连连受挫，锐气大减。

李渊“以正合，以奇胜”，不仅有效打击了突厥的嚣张气焰，而且鼓舞了自己的士气，为朝廷增派援军赢得了时间。

商战谋略的阐释与应用

企业界的经营秘诀“人无我有，人有我优，人优我转”，其核心思想就是要出奇制胜。无论是新产品开发、广告宣传，还是营销手段等，都要力求新奇，不要步人后尘。如果只是一味地仿效别人，而不知创新求变，那么企业最终将会失去市场。

茅台酒被人们誉为“国酒”，它窖香浓郁，口味纯正，名扬天下。可是如此“酒之骄子”也曾遭受过冷遇。1915 年，茅台酒作为中国的代表产品首次参加了世界名酒博览会。当时，因为茅台酒是首次参加世界级名酒展评，所以在众多的名贵酒面前它显得很不起眼，几天过去了，一直无人问津。展评期间，各国代表竞相炫耀，相互举杯，那些名酒、洋酒出尽了风头。眼看着展会临近结束，中国参展商心急如焚，像热锅上的蚂蚁一样转来转去。这时正好有一群外国商人从中国展室门口经过，中国商人灵机一动，捧起一瓶茅台酒，故作失手，惊叫一声将那瓶茅台酒摔在了地上。外国商人应声回过头来，看着摔在地上的陶瓷酒瓶，霎时，一股特殊的芳香悠悠飘起，弥漫了整个大厅，他们一下惊呆了：世间居然还有如此之香的美酒！尽管被打碎的陶瓷酒瓶很快被收拾起来，地面也很快被擦干，但是数天过去，中国展室依然余香不绝，沁人心脾。中国茅台酒从此一鸣惊人，昂首走向了世界。

茅台酒之所以能在国际市场上大获成功，正是因为中国商人采取了“以正合，以奇胜”的营销策略。茅台酒以其优秀的品质为依托，参加了世界名酒博览会，在这种良好的宣传环境下，竟然没有收到相应的效果。可见仅有“正合”是不行的，于是中国参展商决定“以奇胜”，他们故意打碎了一瓶茅台酒，让飘散出来的酒香吸引外国商人的注意，从而使茅台酒一举走向了世界。

从政谋略的阐释与应用

权力场上充满了艰难险阻，要想达到自己的政治目的，绝非易事。如果只用常规的方式去击败对手，将会困难重重。尤其是在实力不如对手的情况下，要善于出奇，才能制胜。

非常的方法，非常的手段，是克敌制胜的法宝。

齐桓公是春秋时期最先称霸的霸主。齐桓公称霸后，不断对外发起战争，扩大领土。公元前681年，齐国与鲁国交战，鲁国屡战屡败，鲁庄公只好割地求和，双方约定在柯地（今山东阳谷东）举行签约仪式。鲁国有位大将叫曹沫，他力大无比，足智多谋，对齐桓公恃强凌弱的做法极为愤慨。但是，齐国势力强大，他又奈何不了齐桓公，思来想去，决心乘鲁齐在柯地会盟之机，教训齐桓公。

齐桓公拥重兵到达柯地，曹沫作为鲁庄公的侍卫也参加了会盟仪式。仪式开始后，鲁庄公和齐桓公同时登上会盟仪式的高台。正在这时，曹沫突然跳到高台上，一手抓住齐桓公，一手拔出藏在战袍下的匕首，对准了齐桓公。齐桓公被这突如其来的袭击吓得面如土色，试图挣脱，无奈曹沫力大，他挣脱不了，于是他只好战战兢兢问曹沫到底要干什么，曹沫趁机要求齐桓公把齐国夺走的土地归还给鲁国，齐桓公望着寒光闪闪的刀刃，只好答应了曹沫。

齐桓公恃强凌弱，强行夺取鲁国土地。鲁国大将曹沫对此十分愤慨，可是兵力有限，无法打败强大的齐国。于是便想出在签约仪式上突袭齐桓公的计谋，结果出奇制胜，为鲁国夺回了土地。

奇正之变，不可胜穷也

战势不过奇正，奇正之变，不可胜穷也。奇正相生，如循环之无端，孰能穷之？

军事谋略的阐释与应用

作战的方法不过奇正两种，但是奇正的运用却变化无穷。在战争中，没有一成不变的打法，也没有千篇一律的战术，只有随机应变，出奇制胜才能战胜对方。孙子就此提出了奇正的战术，“奇正之变，不可胜穷”，奇正相互依托，又相互转变，在相生相辅中创造战机，使军事行动天衣无缝、浑然一体，不仅能有效地防御，而且还能出其不意地进攻，让敌人措手不及，防不胜防。

南朝宋文帝元嘉八年（公元431年），宋、魏交战。经过长期征战，宋将檀道济所部军粮断绝，不能再战，决定撤兵。可是祸不单行，此时，一名投降魏军的宋军士卒却将此消息透露给魏军，魏军正在附近与宋军对峙，形势十分危急。檀道济并不惊慌，到了晚上，他命令营中士卒以沙代粮，装进粮袋，并故意大声造出声势。这一场面被对峙的魏军看在眼里。装完沙子后，檀道济又令宋军把营中仅有的一些粮食撒在装满沙子的粮袋上，然后从容撤退。魏军随后追击，天亮后发现道旁尽是宋军散落的粮食，因此认为宋军撤退有诈，必定设伏，不敢贸然行动。檀道济谈笑自若，缓缓撤退。

檀道济起初与魏军展开正面交战，可谓“以正合”。但是两军相持不下，宋军粮草尽绝，所以对于宋军来讲只有火速撤退一条路可走，可是撤退的消息又被敌人获悉，真是雪上加霜。如果宋军与魏军追兵交战必然会全军覆没，而要想撤退，只有以奇取胜。檀道济因势就计，为敌人造就了一种粮草充足的假象，趁敌人犹豫不决之际，“金蝉脱壳”，顺利撤退。

商战谋略的阐释与应用

当今社会，市场形势千变万化，精明的经营者不会固守一种经营模式，而是善于察觉市场微妙的变化，紧紧抓住市场机遇，及时采取不同的经营策略。在瞬息万变的市场中，只有“奇正相生”，才能使企业保持生机和活力。

美国著名企业吉列公司就是很好的例子。1901年，48岁的吉列成立了“吉列安全剃刀公司”，经过几年的努力和一系列的宣传造势，吉列公司逐步在市场上站稳了脚跟。后来吉列又紧紧抓住一战接近尾声、欧洲战场军需部门急需采购安全剃刀的契机，把销售的触角伸向了全球。吉列通过其产品“蓝牌”刀片及后来的“超级蓝牌”刀片占据了刮胡刀市场后，竞争对手威克森·索德公司于20世纪60年代初期在市场上推出一种不锈钢刀片，这令吉列公司措手不及。1970年，威克森公司又推出了一种黏合型剃刀，同样获得了市场的青睐，吉列公司这才意识到创新求变的重要性。经过充分的市场调查和论证，吉列公司首先推出了特瑞克Ⅱ——世界上最早的双刀剃刀；6年后公司又引入了阿特拉——最早可调整的双刀刮胡刀；接着又毫不犹豫地推出“好消息”牌自由使用刮胡刀；几年后，又生产了皮伏特——最早可调整、可自由使用的刮胡刀。它的这一连串新举措，令竞争对手眼花缭乱，摸不着头脑，而它的产品却稳稳地抓住了消费者的心。吉列公司再次大获全胜。

吉列公司面对势均力敌的竞争对手，没有固守原有的经营策略，而是创新求变，把“奇”运用于新产品的开发上，不断增加品种，推陈出新，最终击败了对手，占领了市场。

从政谋略的阐释与应用

无论是军事策略，还是政治思想，都是为了达到一定的目的。只要能达到目的，就不必拘于常规。很多时候，奇正相间，更容易取得胜利。

乾隆是一位目光长远、足智多谋、有大家气派的皇帝，他善于用兵而不循定法。在进剿廓尔喀的战争中，随着前方军情发展，乾隆帝适时调整了行动策略。他认为能灭掉敌国固然最好，如不能将其灭掉，就要火速班师回朝。

乾隆帝还特别强调收兵的前提条件，一定要先振军威，对贼匪有所惩戒，使其不敢再来寻衅滋事，才可结束战争，但不宜长期深入作战。此次进剿的目的在于制止并警诫贼匪不得入侵西藏地区，维护并保卫西藏地区的安全，维护中央对西藏的管辖。如果执意灭掉贼匪，深入作战，不仅达不到目的，而且还有可能损兵折将，难以返回。将领们在这种思想的指导下，果然惩戒了贼匪，保卫了西藏地区的安全。

试想，如果按照常规的作战思想，孤军深入作战，后果将难以预料。而乾隆这种见好就收的做法，不仅有效震慑了贼匪，而且还保存了自己的实力，一举两得。

是故善战者，其势险，其节短

激水之疾，至于漂石者，势也；鸷鸟之疾，至于毁折者，节也。是故善战者，其势险，其节短。势如彍弩，节如发机。

军事谋略的阐释与应用

孙子通过用激水和鸷鸟为例，论述“势”与“节”的特点和优势，提出了在作战时要善于利用态势，掌握节制，抓住稍纵即逝的战机，以快捷、迅猛的态势，击溃敌人。战争中营造居高临下的态势，将会使己方的进攻势不可挡；而迅捷的行动，将会让敌人措手不及。这两方面的因素都有利于我军出其不意地战胜敌人。

宋太宗雍熙六年（公元 986 年），辽军大举攻宋，与宋军相持于代州城下，代州城知州张齐贤急忙向朝廷求救，朝廷发兵驰援，但在大军火速赶往代州城途中，宋太宗又收回成命，大军只好班师回朝。张齐贤估计辽只知宋廷发兵而不知其收兵，遂令士卒 200 人，于代州城西 30 里外设下疑兵，又在辽军的退路上埋伏精兵 2000 人。做好这些准备后，张齐贤又令士兵四处点火，辽军突见火光满天，以为大宋援兵已到，火速撤退。张齐贤遂开城率兵出击，辽军狼狈逃窜，伏兵借机断其后路，辽军大败，代州城安然无恙。

代州城知州张齐贤，在大敌围城、援兵班师的危难之际，临危不惧，果断采取措施，营造了一个宋朝大军前来支援的态势，诱使辽军退兵，然后迅猛出击，最后以少胜多，扭转了危局。这正是运用了兵法所言的“势”与“节”的优势。

商战谋略的阐释与应用

商场如战场，无论对市场来讲还是对竞争对手来讲，企业如能准确把握“势”与“节”的精神实质，密切关注市场的变化，抓住拓展业务的机会，趁势出击，就能以快捷迅猛的攻势占领市场或者击败竞争对手，从而获得竞争的胜利。

1989 年，柳州市牙膏厂曾面临严峻的考验。当时，新厂长上任后，对牙膏市场做了充分的调查，认为过去失败的原因就在于不重视树立两面针牙膏的品牌。于是新厂长决定树立两面针牙膏的品牌。他冒着风险和阻力说服了职工，集中了所有的财力、物力开始生产第一批试用牙膏。然后把这批牙膏拿到市场上论斤销售，让人们试用，很多消费者以为是新产品上市，争相购买。他们试用后对产品效果比较满意，因此后继消费者络绎不绝。不到半年厂子就开始扭亏为盈，职工的心里也踏实多了。有了这种良好的发展势头，新厂长决定趁势打造名牌两面针牙膏。要打造名牌产品，首先要保证产品的质量。为此，一项项严格的管理措施在厂里相继出台。厂里还从国外购进先进的生产线，对牙膏进行科学定量生产，产品不达规格不准出厂。功夫不负有心人，两面针牙膏凭着其独特的药效和良好的品质，终于在市场上站稳了脚跟。除此之外，两面针还特别注重售后服务。他们认为一个消费者就是一个市场，而且在其他厂家对牙膏进行提价的情况下，两面针牙膏坚决不涨价，这无疑又为他们赢得了更多的市场份额。1996年，两面针牙膏的品牌无形资产已达到9.25亿元，他们取得的这种成绩是空前的。

柳州市牙膏厂新厂长上任后，以空前的态势对厂子的经营方式进行了大刀阔斧的改革，他以“势如彍弩，节如发机”的态势，迅速在竞争激烈的市场上站稳了脚跟。然后又以其优良的品质和完善的售后服务树立起了自己的品牌。

从政谋略的阐释与应用

“势险”和“节短”都是竞争取胜的两种态势。无论是在军事作战中，还是在政治权谋上，这两点都是克敌制胜的法宝。

朱元璋能在较短的时间内夺得天下，与他建立应天战略根据地后采取的“高筑墙，广积粮，缓称王”的战略决策有着十分重要的关系。

这一重大战略决策，是老儒朱升为朱元璋提出的。这种战略，集政治、军事于一体，用非常精辟的语言，准确、全面、深刻地指明了朱元璋在相当长一段时期内的战略方向。朱元璋全盘采纳了这个战略。

高筑墙，是指要建立一支强大的武装力量和一个巩固的战略根据地。这关系到朱元璋的部队能否在元军和群雄割据势力的包围中站稳脚跟。广积粮，粮草是军队战斗力的根本保障，在元末江淮自然灾害十分严重的情况下，这种屯田制度，对支持庞大的军需供应是十分必要的。缓称王，其根本目的就是为了最大限度地减少反元的政治色彩，从而降低元王朝对起义军的关注程度，避免或减少过早与元军主力决战的可能性，从而保存自己的实力。

有了这些合理应时的措施，朱元璋统治集团的势力迅速壮大，最终以迅雷不及掩耳之势击溃了元朝的统治。

朱元璋的胜利不是偶然的。他采取的“高筑墙，广积粮，缓称王”的三项措施，不仅为他赢得了与元军主力决战的时间，而且为他造就了一种“势如彍弩，节如发机”的态势，使他最终登上了皇帝的宝座。

乱生于治，怯生于勇

乱生于治，怯生于勇，弱生于强。治乱，数也；勇怯，势也；强弱，形也。

军事谋略的阐释与应用

治与乱、勇与怯、强与弱是关系战争胜负的重要因素，同样不容忽视。孙子把治与乱、勇与怯、强与弱看作是矛盾的统一体，两者在一定的条件下可以相互转化。可见，战争的一切因素都在不断的变化之中，因此作战时，必须时时留意战场形势的变化，根据变化的情况采取相应的措施，把握有利的时机，创造制胜的条件。

越王勾践元年，吴国攻打越国，勾践率军迎击，大败吴军。吴王阖闾受伤，临终前，命太子夫差侍立床前，劝他莫忘杀父之仇。之后吴王夫差发奋图强，将国家治理得井井有条。后来夫差打败越军，迫使勾践臣服。勾践本想先发制人，结果大败，被围会稽山。为了活命只好派人备上厚礼到吴王夫差那里去求和，吴王答应了勾践的请求，表示同意原谅勾践的罪过。会稽山之围，被勾践认为是奇耻大辱，回到越国后，他卧薪尝胆、励精图治，三年之后，越军大举伐吴，吴军大败，吴王同样派人送礼求和。四年之后，勾践又大举伐吴，越军大获全胜。平定吴国之后，勾践率军北渡淮河，使齐晋归服，最终成就了霸业。

从前后几次吴越之战可以看出，历史上没有永远强大的国家，也没有永远弱小的国家；没有常胜的将军，也没有永远的败将。一开始越王勾践大败吴军，后来吴王夫差发奋图强，又把勾践围困在会稽山；勾践不忘会稽山之辱，卧薪尝胆，最终又灭掉了吴国。吴越两国战争胜负的变化，其实反映的是两国强弱形势的转化。这正说明了孙子“乱生于治，怯生于勇”的思想。

商战谋略的阐释与应用

任何事物都是不断发展变化的，商场也是一样，没有永远的胜利者，也没有永久的失败者；没有永远的强大，也没有永远的弱小。在现代社会，企业必须不断创新，在产品、服务、管理等各个方面都跟上时代发展的需要，否则，任何一个实力强大的企业，都会因停滞不前而被市场淘汰。

王安公司曾因为不断的创造和推陈出新，使公司事业蒸蒸日上。公司非常重视产品的科技含量，曾投入大量的人力和物力来从事产品研发工作。他们的不断创新求变使公司产品日新月异，一直紧跟时代发展的步伐。尤其是在生产小型商用电脑、文字处理机以及其他办公室自动化设备上，一直都走在时代的前列。由于公司业绩优秀，深受大众信赖，公司股票价格飞涨，而王安家族也曾一度繁荣。可是，好景不长，晚年的王安失去了蓬勃向上的进取精神，在产品创新、市场开发方面渐渐变得固步自封，他不仅没有重视个人电脑业的兴起，反而让公司的精英们把研发方向放在了别处，这使得王安公司失去了一个良好的发展契机。错误的评估使公司失去了创新的竞争优势，而且王安没有突破传统的家族式管理方式，结果因任人唯亲而造成用人不当，导致了公司管理决策的失误，从而使公司的发展方向一步步地背离了时代发展的主题。不久王安公司就像几年前神奇地崛起一般，又以惊人的速度在市场中衰败了。

王安公司神奇般地崛起，而后又迅速地在市场中衰退，这正说明了孙子“乱生于治，怯生于勇，弱生于强”的道理。

从政谋略的阐释与应用

任何事物都具有两面性，事物的这两个方面又是可以相互转化的。在权力场中同样没有永远的胜者，也没有永远的失败者；没有永远的强大，也没有永远的弱小。

在三国群雄中，曹操原来的势力十分弱小。董卓经营陇西多年，官拜并州牧；袁绍四世三公，更是势倾天下。东汉末年，军阀混战之时，曹操还是一个被通缉的在逃之人。后来在别人的帮助下，他才凑起一支5000人的小队伍。这与拥兵数万的袁绍、刘岱、乔瑁等人相比，简直不值得一提。

汉献帝初平三年（公元192年），曹操的命运才有了转机。这一年，他被推举为兖州太守，在寿张与黄巾军发生一场大战，黄巾军大败，100余万兵力全部归曹操所有。曹操对降军进行整编，取其精锐30余万，号为青州兵，曹操的实力倍增，甚至跃居群雄的前列。从此，他凭借着这一支武装力量，与群雄们逐鹿中原，最终建立了独立的魏国。

曹操于乱世之中起兵，从一个小逃犯做到了魏武帝，其发展历程充满了传奇色彩。这充分说明了权力场上同样也适用“乱生于治，怯生于勇，弱生于强”的道理。

形之，敌必从之

故善动敌者，形之，敌必从之；予之，敌必取之。以利动之，以卒待之。

军事谋略的阐释与应用

孙子认为，如果能利用计谋制造假象来迷惑敌人，或者用小利来引诱敌人，从而影响敌人的行动，让他们落入自己的圈套，就能创造对自己有利的形势，从而战胜它。所以优秀的将帅善于分析敌方的心理，利用各种因素来影响敌军的行动，从而打破敌人的行动计划，掌握战争的主动权，最终战胜敌人。

魏惠王二十八年（公元前342年），魏将庞涓率军攻打韩国，韩国向齐国求援。第二年，齐威王任命田忌、孙膑率兵援助韩国。孙膑建议田忌不要直接增援韩国，而是先领兵直取魏国都城大梁（今河南开封）。田忌采纳了此计，围攻了魏国都城大梁。庞涓急忙从韩国调回兵力，魏王令太子申率兵迎战，与庞涓联合抗击齐军。齐军危在旦夕，孙膑设计解围，他利用庞涓轻视齐军的心理，佯作败退。并且在撤退过程中逐日减少军中炉灶，给魏军造成齐军士气低落，官兵大量逃亡的假象。庞涓果然上当，只率精锐部队追击齐军。齐军在马陵（今河南范县西南）夹道设伏，魏军追至马陵，齐军伏兵杀出，太子申战死，庞涓自杀，魏军全军覆没。

孙膑在寡不敌众的情况下，设计诱歼庞涓。庞涓果然中计，然后孙膑设伏兵全歼魏军，整个过程都在孙膑的意料之中。庞涓好像一直都被孙膑牵着走，孙膑虽然不是魏军的直接指挥者，但是他却用心理战术间接地指挥着魏军的调动，真可谓用兵如神。孙膑不愧为孙武的后世子孙，他完全领会了其祖宗的“形之，敌必从之；予之，敌必取之”的战略思想。

战争中还要灵活运用“以利动之，以卒待之”的军事谋略。战国末期，赵国名将李牧与匈奴单于之战，就是很好的例子。他首先给予匈奴小利，诱其主力大军出战，从而布阵全歼了匈奴大军。

商战谋略的阐释与应用

在营销过程中，我们也要学会运用这种心理战术，采用积极有效的诱导方式，为顾客提供足够的利益，以吸引他们对商品的注意力，最终达到自己的营销目的。

有一个著名的美国商人，他在纽约郊区开了一家服装厂，苦心经营了一段时间后，并没有达到他预期的目标，他看到许多商品积压，急得焦头烂额，经过多日的思考，他终于想出一个办法。他在纽约市中心的繁华街区又开了一家商店，并在各大媒体做了广告，声称该店有一套与众不同的经营方法：商品标出价格的头12天按全价出售，从第13天起到第18天，降价25%；第19至24天，降价50%；第25至30天，降价75%；第31至36天，如果仍然没人要，服装就无偿送给慈善机构。商店营销信息一经发出，立即成了人们议论的话题，几乎所有人都想去这个商店看一看，况且大部分人预言这个商人将倾家荡产。因为，如果顾客等到商品价格降到最低时才买，商店岂不吃大亏？如果没人买的话，无偿送给慈善机构，那么商店损失岂不是更大？然而出乎人们所料，事实上这家商店的服装十分畅销，前后不到半个月便销售一空。原来商家这种看似愚蠢的做法从一开始就吸引了大批顾客的关注，他们看到这条信息后，又竞相传来传去。后来这些人反复一比较，都怕便宜被别人占尽，于是便争相购买，服装商只要坐收渔利就行了。

兵不厌诈，商场也是如此。只要能抓住消费者的某种心理，“以利动之”，就能顺利地达到营销的目的。例子中的商人不愧为一位营销高手，他的营销境界的确达到了“形之，敌必从之”的境界。

从政谋略的阐释与应用

在政治上也要善于向对手示“形”，用假象迷惑对手，使对手按照自己的意志行事，从而顺利达到政治目的。

众所周知，隋炀帝杨广是中国历史上最为奢侈荒淫的皇帝，可是他在登上帝位之前，还曾经给他的父亲隋文帝留下了一个生活俭朴的良好印象。

隋文帝作为一个开国之君，生性节俭，对太子杨勇身着华贵的衣饰很是不满，曾告诫他要以俭约为先，并送给他一件旧时的衣服和打天下时所吃的腌菜一盒，希望他不要忘记创业之初的艰难。而隋文帝的老伴独孤皇后又最憎恶男人亲近女色，对太子嫔妃众多也很反感。

当时杨广正在阴谋夺取太子的位置，他看出了父母的好恶以后，便刻意迎合，把自己装扮成一副十分俭朴规矩的模样。每当父母来到他的居所时，他便事先将自己众多的宠姬美妾藏到别处，而只留下明媒正娶的萧妃在身边，连往来侍候的奴婢，也都是一些非老即丑的女人。室内原有的华贵陈设全都撤除，换上陈旧的家具，还故意将琴弦弄断，仿佛好长时间没有抚弄一样。如此伪装一番，仿佛自己完全不是一个声色犬马之徒。隋文帝果然上当了，对大臣们一再夸赞他的这个儿子如何求贤上进。

最后杨广终于挤掉了杨勇，争到了太子的位置。

生性奢侈、荒淫无度的杨广，竟然能在其父隋文帝的眼中装得如此逼真，不留蛛丝马迹，不能不令人惊叹。“形之，敌必从之。”抛开道德的因素不说，单从政治的角度讲，杨广在谋权篡位方面的确是一位高手。

择人而任势

故善战者，求之于势，不责于人，故能择人而任势。

军事谋略的阐释与应用

孙子把“势”单独列为一章来论述，说明孙子非常注重战争中对“势”的运用。

他认为在战争中要积极创造对我方有利的“势”，才能确保战争的胜利。而“势”是要靠人去把握和创造的，因此选择适当的将帅是创造和利用好“势”的关键。如果将才任用不当，不仅不能创造有利的“势”，而且原有的优势也可能丧失掉。

历史上，由于选人不当，用人失策，因而“失势”造成兵败的例子不胜枚举。东汉建安十六年（公元 221 年），割据一方的马超、韩遂等人合兵 10 万据守潼关，曹操率军前去征伐。曹操在潼关与马超对峙，表面上以大军牵制马超主力，暗中却派精兵悄悄渡过黄河。随后，曹操主力也顺利西渡黄河，向南推进。马超退守渭水，曹操设疑兵表示准备撤军，暗中则派人修桥渡过渭河，且加紧修筑营垒。马超率军乘夜攻营，曹操设伏兵歼之，马超进退两难，向曹操议和。曹操假装同意，借机离间马、韩联盟，马超的力量进一步被削弱。曹操乘势大败马超。

曹操与马、韩联军会战之初并不占优势，但曹操并没有就此罢兵，而是利用各种计谋积极创造有利条件，为自己营造了一系列的有利态势，等到时机成熟之时，全线出击，大败马超。曹操面对不利战况，“求之于势”，是一位名副其实的善战者。

商战谋略的阐释与应用

对企业来讲，一个优秀的管理者会密切关注市场动态，紧紧把握市场机遇，适时出击。企业的发展既离不开外部的市场环境，也离不开人的核心作用，所以说优秀的管理者总是能“择人而任势”。

福特汽车公司是美国著名的汽车公司，在国际上享有崇高的声誉。它的创始人亨利·福特十分重视培养和提拔人才。一个典型的例子就是他大胆任用 37 岁的年轻建筑师阿尔巴顿·康，从而在福特公司诞生了 93 分钟造车秘诀。而福特一世也同样十分重视人才。在福特决定退休，由亨利二世接任总经理时，福特公司因为种种原因陷入了困境。亨利二世接管公司后，当务之急便是扭转公司高级管理人员匮乏的局面。因此，他不惜高薪聘请管理人才，而且给他们足够的权力自由，让他们充分发挥才干。当时有一个以桑顿为首的“桑顿小组”，这个小组由 10 名有才华的年轻军官组成，他们具有非凡的运筹能力，可是他们要求的年薪标准也很高。不过亨利二世认为，这种高级人才必然对公司的发展有利，付给他们高薪是值得的，因此他便许诺重金把他们全部聘请到公司，并委以重任。经过十几年的发展，这 10 名年轻人中有 4 人成了公司的高级主管，他们为福特公司的发展做出了很大的贡献。

无论是福特还是亨利二世都非常注重利用人才。福特任用年轻建筑师，提高了生产效率；亨利二世不惜重金聘用“桑顿小组”，扭转了公司的不良局面。这些都说明了“择人而任势”在企业管理中的重要作用。

从政谋略的阐释与应用

优秀的政治家总是善于创造有利的政治态势，而绝不会一味地对下属求全责备。一名掌权者一定要善于择人任势。

曹操之所以能够成就霸业，与他善于造势和善于用人是分不开的。曹操不受董昭之召，从长安东逃，在陈留结识了孝廉卫兹。卫兹非常有谋略，而且讲究节操，因此深受曹操器重。曹操曾多次登门拜访卫兹，与之共商天下大事。

卫兹动员曹操要及时起兵，成就霸业，他还拿出家财来帮助曹操招兵买马，为曹操起家起了重要的推动作用。这时，曹操在谯县的宗族、宾客、部属也纷纷赶来加盟，其中就有曹仁、曹洪、夏侯惇、夏侯渊等人。后来他们都成了曹操的心腹将领，跟随曹操南征北战，立下了赫赫战功。

后来，曹操欲"挟天子以令诸侯"时，遇到了麻烦，又多亏董昭、钟繇等人的及时帮助才得以渡过难关。看到曹操十分爱惜将才，董昭、钟繇后来也相继加入到曹操的队伍中，他们同样为曹操成就帝王霸业贡献了一份不可或缺的力量。

可以说，如果曹操不注重利用贤才，在那个群雄逐鹿的年代，他肯定是成就不了霸业的。曹操成功的原因是多方面的，但他善于"择人而任势"是其中最重要的原因之一。

善战人之势，如转圆石于千仞之山者

任势者，其战人也，如转木石。木石之性，安则静，危则动，方则止，圆则行。故善战人之势，如转圆石于千仞之山者，势也。

军事谋略的阐释与应用

孙子在他的兵法理论中，多次提到"势"，甚至专门作为一章来论述，可见"势"在兵法中的重要性。孙子一直认为要取得战争的胜利必须要擅长造势，并且要因势利导。懂得创造和利用有利的态势是制胜的关键。"势"是一个国家军事实力的体现，同时它也反映出一个国家强大的综合国力。在有利的态势下进行作战，能给人一种居高临下、势不可挡的力量。这种气势就像把圆石从高山上推下来一样，具有无比的威力和震撼力。

公元 1227 年，成吉思汗病逝，其子窝阔台即位。当时西夏已亡，窝阔台的当务之急便是灭金。在经过一番准备后，窝阔台亲率大军兵分三路伐金。一路由斡陈那颜统领，从济南出发，进击汴京之东；一路由窝阔台亲自统领，先攻河中孟津，以牵制守卫潼关、黄河天险的金军；此外，由拖雷统领 3 万精骑，南下迂回于唐邓之间，以攻金之侧背。与金军交战期间，拖雷曾请宋廷出兵，未能如愿，遂攻下宋朝金州、房州，为进一步灭金扫除障碍。当时金军精锐全在前线，后方空虚，拖雷避实击虚一路攻破金之泌阳、南阳、方城、襄城等地，金军与蒙军在钧州展开激战，双方对峙于双锋山，此时窝阔台率领的大军以迅雷不及掩耳之势，驰援拖雷，并将金军重重包围，金军突围至钧州，半路又遭遇蒙军伏击，几乎全军覆没。拖雷迂道袭金，尽管未能直捣汴京，但却打乱了金廷的防御部署。防守潼关的金军仓促赴援，疲于奔命，窝阔台则乘机南下，收降潼关全部守军。之后不久，蒙古大军攻下汴京，金主逃跑。公元 1234 年（宋理宗端平元年），窝阔台率军联合南宋围攻蔡州，金哀宗传位于完颜承麟，后完颜承麟与守城金兵全部战死，金朝灭亡。

金国也曾称霸一时，曾屡次南下攻宋，也曾迫使蒙古臣服。但为什么在短短几年的时间内就被蒙古大军灭掉了呢？主要原因不在于金国势力的衰弱，而在于后起的蒙古大军实在太强大了，何况它还不失时机地利用宋、金之间的矛盾联合南宋，为自己造势，“如转圆石于千仞之山者”，如此一来还能有金国的活路吗？

商战谋略的阐释与应用

商场虽然不是战场，但其竞争的激烈程度却不亚于战场。因此在商战中也同样要善于创造和利用“势”，以先进的管理制度、正确的经营策略、完善的售后服务等来创造有利的态势，然后通过准确把握消费需求，紧紧抓住市场机遇等，来保持产品的领先地位。

韩国的现代集团发展势头迅猛，它生产的“现代”汽车已遍布北京的大街小巷。当然在其他国家，“现代”汽车也占有相当的市场份额。它的发展速度如此之快，与其善于“造势”不无关系。1988 年 9 月 17 日，第 24 届奥运会在韩国举行。这对“现代”来说是一个大好的宣传机会。韩国现代汽车公司不惜花费重金，利用各种手段，大造声势，最后终于战胜了竞争对手，成为该届奥运会的正式发起者之一。为争创佳绩，迎接奥运会召开，他们提出了“举办奥运会的国家是一流国家，奥运会使用的汽车是一流汽车，生产一流汽车的公司是一流公司，一流公司的员工创造的成绩是一流成绩”的挑战口号。公司为奥运会投资 523 万美元，并为汉城奥运会组委会提供了一支庞大的服务车队，而在这些汽车车窗的显著位置都贴上代表现代公司的特制图案。

这些车队一出行，浩浩荡荡，就自然形成了对产品进行宣传的流动广告，这种气势是其他公司无可比拟的。另外，公司还紧紧围绕着“为奥运会服务，向世界露脸”这一宗旨，开展了一系列工作。虽然现代公司在奥运会上投入了近1000万美元的资金，但会后却凭着大大增加的销售量，又一步步赚回了这笔投资。

现代公司紧紧抓住市场机遇，借奥运会在汉城（今首尔）召开之际，大力为“现代”汽车宣传造势，它以“转圆石于千仞之山者”的气势为公司树立了良好的形象和信誉，从而进一步打开了国内外市场。

从政谋略的阐释与应用

“安则静，危则动，方则止，圆则行”，如果一个人能够灵活地做到这些，那么他无论从事哪个行业，都一定能够取得成功。对于政客来讲，能够做到这一点，绝对是一位出色的政治家。

汉高祖刘邦取得天下后，大封功臣20多人，而未获赏分封的人争功不停，甚至想要谋反。高祖认为天下初定，不应该谋反，遂向身边大臣询问，留侯张良回答说：“那些曾追随陛下打天下的人，担心得不到分封和赏赐，又害怕被陛下怀疑，因为从前的过失而招致诛杀，所以就聚众谋反。”

高祖因而十分忧虑，忙问张良应该怎么办，张良说：“大臣们都知道的，皇上素来最恨的人是谁？”

高祖说：“雍齿和我有旧怨，曾多次侮辱我让我难堪；我本来要杀他，只因为他有功在身，所以下不了决心。”

张良说：“现在赶快封赏雍齿，这样众臣就一定会忠于陛下了。”于是高祖就举行盛大的酒宴，当众封雍齿为什方侯，又紧急催促丞相、御史论定其他人的功劳，一一进行封赏。

大臣们赴完酒宴，都喜形于色，说：“雍齿尚且封了侯，我们不用担心了！”

汉高祖刘邦安定天下后，分封了一批功臣，可是仍有一些人未得到封赏，此时他并没有意识到问题的严重性。等到那些人想要谋反时，他才慌了神。不过他及时采纳了留侯张良的建议，分封了他平时最厌恶的人，打消了那些未被封赏之人的疑虑，使矛盾出现了转机。

第六章 虚实篇

※原文

孙子曰：凡先处战地而待敌者佚，后处战地而趋战者劳。故善战者，致人而不致于人。能使敌人自至者，利之也；能使敌人不得至者，害之也。故敌佚能劳之，饱能饥之，安能动之。

出其所不趋，趋其所不意。行千里而不劳者，行于无人之地也。攻而必取者，攻其所不守也；守而必固者，守其所不攻也。故善攻者，敌不知其所守；善守者，敌不知其所攻。微乎微乎，至于无形，神乎神乎，至于无声，故能为敌之司命。

进而不可御者，冲其虚也；退而不可追者，速而不可及也。故我欲战，敌虽高垒深沟，不得不与我战者，攻其所必救也；我不欲战，画地而守之，敌不得与我战者，乖其所之也。

故形人而我无形，则我专而敌分；我专为一，敌分为十，是以十攻其一也，则我众而敌寡；能以众击寡者，则吾之所与战者约矣。吾所与战之地不可知，不可知，则敌所备者多；敌所备者多，则吾所与战者寡矣。故备前则后寡，备后则前寡；备左则右寡，备右则左寡，无所不备，则无所不寡。寡者，备人者也；众者，使人备己者也。

故知战之地，知战之日，则可千里而会战。不知战地，不知战日，则左不能救右，右不能救左，前不能救后，后不能救前，而况远者数十里，近者数里乎？以吾度之，越人之兵虽多，亦奚益于胜败哉？故曰：胜可为也。敌虽众，可使无斗。

故策之而知得失之计，作之而知动静之理，形之而知死生之地，角之而知有余不足之处。故形兵之极，至于无形；无形，则深间不能窥，智者不能谋。因形而错胜于众，众不能知；人皆知我所以胜之形，而莫知吾所以制胜之形。故其战胜不复，而应形于无穷。

夫兵形象水，水之形，避高而趋下；兵之形，避实而击虚。水因地而制流，兵因敌而制胜。故兵无常势，水无常形；能因敌变化而取胜者，谓之神。故五行无常胜，四时无常位；日有短长，月有死生。

※译文

孙子说：用兵打仗，凡先占据战场等待敌人的就从容主动，而后到达战场仓促应战的就疲惫被动。所以，善于用兵作战的人，总是能够调动敌人而不被敌人所调动。能够使敌人自动进入到我方指定地域的，是利诱的缘故；能够使敌人不能抵达其预定地域的，则是设置重重困难阻挠的缘故。所以，敌人休整得好，就设法使他们疲劳；敌人粮食充足，就设法使他们饥饿；敌人驻扎安稳，就设法使他们移动。

要出击敌人无法救援的地方，要突袭敌人未曾预料的地方。行军千里而不劳累，是因为行进的是敌人没有防备的地区；我军进攻而必定能够取胜，是因为进攻的是敌人不曾防御的地点；防御而必能稳固，是因为扼守的是敌人无力攻取的地方。所以，善于进攻的，能使敌人不知道该从哪里加强防守；善于防御的，能使敌人不知道该从哪里进攻。微妙啊，微妙到使敌人看不出任何形迹！神奇啊，神奇到使敌人听不见丝毫声音！所以，能够成为敌人命运的主宰。

前进而使敌人无法抵御的，是由于袭击他们防守空虚的地方；撤退而使敌人不能追击的，是因为行动迅速而使得敌人追赶不及。所以，我军要交战时，敌人即使修筑了高垒深沟也不得不出来与我军交锋，这是因为我们攻击了敌人必须救援的地方；我军不想交战时，占据一个地方防守，敌人无法同我交锋，这是因为我们诱使敌人搞错了进攻的方向。

所以，要使敌人暴露形迹而使我军不露痕迹，这样，我军兵力就可以集中而敌人兵力却不得不分散。我军的兵力集中在一处，敌人的兵力分散在十处，这样，我们就能以十倍于敌人的兵力去进攻敌人了，从而形成我众而敌寡的有利形势。能做到集中优势兵力攻击处于劣势的敌人，那么，能够同我军正面交战的敌人也就有限了。我们所要进攻的地方要做到不让敌人知道，敌人如果不知道，那么，他们需要防备的地方就多了，敌人防备的地方愈多，那么，我们进攻面对的敌人就愈少。因此，敌人防备了前面，后面的兵力就薄弱；防备了后面，前面的兵力就薄弱；防备了左边，右边的兵力就薄弱；防备了右边，左边的兵力就薄弱。处处加以防备，那么，就导致兵力处处薄弱。兵力薄弱，是因为处处分兵防备敌人；兵力充足，是因为迫使敌人处处分兵防备。

所以，如能预知交战的地点，预知交战的时间，那么即使跋涉千里也可以去同敌人会战；不能预知在什么地方打，不能预知在什么时间打，那么，就会导致左翼不能救援右翼，右翼不能救援左翼，前军不能救援后军，后军不能救援前军的情况，更何况远达数十里，近在数里，又怎么能做到应付自如呢？依我的分析，越国的军队数量虽多，但对于决定战争的胜负又有什么帮助呢？所以说：胜利是可以努力争取的。敌军虽多，可以使他们无法同我军主力较量。

所以，用兵打仗要通过认真地策划筹算，来分析敌人作战计划的优劣和得失；要通过挑动敌人，来了解敌人的活动规律；要通过佯动示形于敌人，来试探敌人生死命脉之所在；要通过小规模的交锋，来了解敌人兵力的虚实强弱。所以，佯动示形进入最高境界，就是使敌人再也看不出什么形迹。看不出形迹，那么，即使是深藏的间谍也无法窥见自己的底细，老谋深算的敌人也想不出对策。根据敌情变化而灵活运用战术并取得胜利，即便把胜利摆放在众人面前，众人仍然不能看出所以然来。人们只能知道我军用来战胜敌人的办法，但却无从知道我军是怎样运用这些办法出奇制胜的。所以，每一次取得胜利所用的方法，都不是简单地重复，而是适应不同的情况变化无穷的。

用兵的规律就像水流的规律一样，水流的规律是避开高处而流向低处；作战的规律是避开敌人的主力而攻击敌人的弱点。水因地形的高低而决定其流向，作战则根据不同的敌情而制定取胜的策略。所以，用兵打仗没有固定刻板的形态，就像水的流动也不是一成不变的。能够根据敌情变化而灵活机动取胜的，就可称为用兵如神。所以说，五行相生相克没有固定的常势，四季轮流更替也没有哪个季节是永远不变的，一年之中白天有长有短，一月之中月亮有圆有缺。

※评论与点评

本篇论述用兵作战须采用“避实而击虚”的方针。怎样才能做到避实击虚呢？第一，要使我方处于主动地位，使敌方处于被动地位，把战争的主动权掌握在自己手里。善于用兵作战的人，能够设法调动敌人，而不被敌人所调动。第二，要出其不意，攻其不备，打击敌人兵力空虚之处。第三，要集中自己的兵力，并设法分散敌人的兵力，造成战术上的我众敌寡。孙武指出，运用避实击虚的作战方针，要从分析敌情出发，而随形势变化，因为战争过程中的众寡、强弱、攻守、进退等关系都处在急剧的变化之中。故兵无常势，水无常形，能因敌变化而取胜者谓之神。

善战者，致人而不致于人

孙子曰：凡先处战地而待敌者佚，后处战地而趋战者劳。故善战者，致人而不致于人。

军事谋略的阐释与应用

战争中，谁掌握了主动权，谁就容易取得战争的胜利；否则，如果处于被动地位，那么也就离失败不远了。因此，孙子在这里提出了争取战争主动权的思想，即“致人而不致于人”，要想办法调动敌人，让敌人按照我方意愿行动，避免己方陷入被动局面，消极挨打。这在兵法理论中，同样是一种基本的作战思想。

明永和八年（公元 1410 年）二月，明成祖朱棣亲率 50 万大军北伐鞑靼，大军进至兴和（今河北张北县）时天气寒冷，鞑靼企图设计诱明军深入，可是朱棣不为所动，只是下令将士休整，待天气转暖后，再进一步北伐。休整一段时间后，同年 5 月朱棣率大军三千进至胪朐河（今蒙古克鲁伦河）中游南岸。当时鞑靼兵分两路，由本雅失里率领一支西逃，阿鲁台率另一支向东逃去。其实，逃跑是假象，鞑靼兵分两路的目的，仍然是想诱明军深入。可是朱棣毕竟也曾在沙场征战多年，他识破了鞑靼的诡计，置东路于不顾，集中兵力向西追歼本雅失里，追至兀儿扎河（今蒙古勒吉河），仍未见其部踪影，于是将战车、粮草以及其他辎重留下，亲率二万轻骑，轻装简从，急追本雅失里，终于在斡难河（今鄂嫩河）南岸追上本雅失里，立即挥师出击，鞑靼军大败，本雅失里率数骑侥幸逃脱。朱棣复率军返回胪朐河，乘胜东击阿鲁台。6 月初到达阔滦海子，探马来报，阿鲁台部隐藏在前面山谷中，朱棣遂指挥大军将其包围，并逐步缩小包围圈，最后以精骑千余骑，直冲鞑靼营地，东路军顿时也溃不成军，明军趁势将其围歼，阿鲁台率家眷北逃。

明成祖朱棣在北伐鞑靼的过程中，自始至终都把握着战争的主动权。他在天时、地利都不如敌人的情况下，并没有迷失自己的战略计划，无论鞑靼采取何种方式诱惑明军，朱棣都不为所动，而是因势利导，随机应变，始终把握着“致人而不致于人”的战略原则，最终取得了北伐鞑靼的胜利。

商战谋略的阐释与应用

在商战中，要牢牢把握主动权，要主动地引导消费，而不是被动地随波逐流；要不断地创新求变，而不是被动地坐以待毙。

IBM是著名的国际商用机器公司，也是世界电脑市场的主角。IBM的电脑产品畅销全球，其资产远远超过500亿美元。不过，它的发展并非一帆风顺，它有竞争对手。然而，面对再强大的竞争对手，IBM都力争把握竞争的主动权。1951年，雷明顿·兰德公司向美国统计局出售了第一台商用计算机，首次向IBM发起了挑战。兰德公司的进攻使IBM的主席小沃森大吃一惊，他立即召开上层会议，研究对策。IBM倾注自己全部的实力，从宣传到网络，从技术到领先优势和产品开发，每一步都精心设计，巧妙安排；同时，他们还密切注意兰德公司的动向，然后制定出相应的对策。终于，IBM这种全方位的进攻使它在这场竞争中占据了上风，始终处于主动地位。结果，兰德公司招架不住，只好退出竞争，最后IBM大获全胜。

IBM在竞争中力争占据主动权的例子还有很多，这里不再一一列举。IBM成功的原因有很多，但始终把握市场竞争的主动权，“致人而不致于人”，无疑是其中一个重要的原因。

从政谋略的阐释与应用

“善战者，致人而不致于人”，主要是说在与对手较量时要善于把握主动权，不要受制于人。不仅是在军事上，在政治上这种原则同样十分重要。

唐中宗李显的皇后韦氏是个心狠手辣而又权力欲极强的女人。她自从当上皇后，一切都效仿武则天，处处干预朝政。后来她又与女儿安乐公主合谋毒死唐中宗，执掌了朝政大权，开始拉帮结党，排除异己。

相王的儿子临淄王李隆基，目睹韦后的暴虐行径，义愤填膺。他与姑母太平公主等秘密策划，决定先发制人，诛杀韦党。

在唐中宗死后不出一月，李隆基与刘幽求等人找到钟绍京，费尽一番周折获得了御林军总兵钟绍京的支持。入夜，李隆基率兵潜入禁苑，李隆基直捣御林军总管韦播的寝处，杀了韦播，然后对御林军慷慨宣称：“韦后毒死先帝，乱政篡权，危害大唐国运。现在奉相王之命，为先帝报仇，捕杀韦后乱党逆臣，拥立相王，以定天下。如有心怀不轨、助纣为虐者，罪杀三族。现在报效国家、建功立业的机会来了，如果事成，日后定当论功行赏，你们还等什么？”一番话说得御林军将士热血沸腾，他们积极响应和支持李隆基。李隆基率领众豪杰与御林军总兵钟绍京带领的3000兵丁，合兵一处，直奔韦后的寝宫。是夜，韦后被诛杀。

中国历史上，任何一次宫廷政变都充满了浓烈的血腥味。受制于人者，非死即残，下场极其惨烈。所以对于争斗的双方来讲，只有抓住了主动权才不会受制于人。临淄王李隆基正是及时抓住了这次政变的主动权，才得以诛杀了韦后，匡复了大唐基业。

能使敌人自至者，利之也

能使敌人自至者，利之也；能使敌人不得至者，害之也。故敌佚能劳之，饱能饥之，安能动之。

军事谋略的阐释与应用

战争中的很多有利条件，并不是一开始就具备的，它需要发挥主观能动性去创造。孙子在这里提出了创造有利条件的几种方法，但无论采取哪种方法，都是为了一个目的，那就是要去创造条件把握战争主动权。如果不想办法去创造把握战争主动权的条件，就容易使自己陷入被动，从而处于不利的战争态势。用小利引诱敌人、设置障碍阻挠敌人或者以其他方式让敌人疲劳和饥饿，都是争取战争主动权的表现。总之，在战争中要让己方处于主动地位，而让敌人处于被动地位，才更有把握取得战争的胜利。

南宋后期，蒙古高原上的游牧部落开始崛起，当时几个实力较为强大的部落为了兼并其他的部落，相互之间经常发生战争。这其中实力较为强大的部落有乃蛮部、铁木真部等。宋宁宗嘉泰四年（公元1204年），乃蛮部的首领太阳汗倚仗自己势力强大，准备率兵攻打铁木真部。铁木真部当时的势力与乃蛮部相比相对弱小，如果铁木真率兵迎战，根本就不是对手，因此他采纳了部将木华黎所提的疲敌计：先不与敌人正面交战，而是想办法让太阳汗的部下疲劳不堪。铁木真趁乃蛮部晚上准备休息时，命令士兵在其营帐外放火，当时乃蛮部首领太阳汗正在熟睡之中，部下进帐来报，太阳汗见帐外火光冲天，又听到一阵惊乱，以为有人来劫营，遂命令部众严阵以待。一连数夜，铁木真都命人在乃蛮部外放火，太阳汗每夜都无法安寝，士兵也被惊扰得疲惫不堪。不仅如此，铁木真白天还让各部将领耀武扬威地在乃蛮部落的营地前来回驰骋，太阳汗看到后更不敢掉以轻心，于是加紧调兵备战。可是铁木真并没有发动攻势，而是率部截断敌人的退路。经过连续几天的侵扰，一天夜里，乃蛮部全体将士紧张训练一天之后，困乏至极、昏昏入睡，铁木真见时机成熟，率精兵攻入大营，太阳汗还在梦中就迷迷糊糊地被俘获。乃蛮部群龙无首，军心大乱，不久就被全部消灭。

乃蛮部实力强大，时时想兼并铁木真部，铁木真部如果与其正面作战，那么被灭亡的可能性要大得多，于是他采取了部将提出的疲敌战术。敌人实力强大，就要设法使它疲劳，削弱其战斗力。如此一来就将敌人占据主动的优势转化为其处于被动的劣势，从而为己方赢得了战争的主动权。这正是“逸能劳之，饱能饥之，安能动之”的具体体现。

商战谋略的阐释与应用

企业要想在市场竞争中获胜，首先要让自己的产品得到消费者的认同，使他们意识到购买产品的好处；当然也可以想办法让产品成为消费者的必需品，让顾客主动找上门来。

美国有一家公司专门经销煤油和煤油炉。公司创立伊始，大肆刊登广告，极力宣传煤油炉的诸多好处，但收效甚微，其产品几乎无人问津，货物大量积压，公司濒临绝境。有一天，老板突然灵机一动，让手下职员登门向附近住户无偿赠送煤油炉。住户们大喜过望，热烈响应。不久，公司的煤油炉就被赠送一空。当时，煤油炉具还没有普及，人们生火做饭只能用木材和煤。但住户们用了煤油炉之后，两相一对比，煤油炉的优越性就明显地显现出来了，家庭主妇们用它烧水做饭极为方便，简直一天也离不开它。很快，他们便发现煤油烧完了，只好自己到市场上去买。再后来，煤油炉也渐渐用旧或用坏了，于是顾客只好买新的。就这样，这家公司的煤油和煤油炉源源不断地被销售了出去。

这家煤油公司的营销手段可谓绝妙至极。这种营销手段在营销学中被称为“毒品法则”，它的道理就在于首先要“利之”于顾客，而顾客一旦使用了这种产品就会对它产生依赖性，如果不用它的话就会“深受其害”，所以最终顾客只得选择长期购买这种产品。这与孙子“能使敌人自至者，利之也”的道理是相通的。

从政谋略的阐释与应用

要想战胜对手，必须能够根据不同的情况，采取不同的策略去调动他们。

商鞅是以力主变法而闻名史册的，可变法却并不是他原来的主张。当他初到秦国时，秦孝公正雄心勃勃地想要重振祖先的霸业，收复失去的国土，而商鞅却向秦孝公大谈尧、舜不辞劳苦、感化百姓的治国之道，结果说得秦孝公直打瞌睡，一句也没听进去。五天以后，商鞅又一次去见秦孝公，将原来所谈的那一套加以修正，可还是不符合秦孝公的心意。到了第三次，商鞅向秦孝公谈了春秋五霸以武力强国的道理，秦孝公听得津津有味。当商鞅再一次向秦孝公进献富国强兵之道时，秦孝公简直听得入了迷。

就这样，秦孝公决定重用商鞅进行变法，秦国经过变法很快富强起来。

因时而变，因势而变。“佚能劳之，饱能饥之，安能动之”，用在政治上就是要投其所好。总之，只要有利于达到自己的政治目的，一切手段都要加以利用，这就是商鞅的成功之道。

出其所不趋，趋其所不意

出其所不趋，趋其所不意。

军事谋略的阐释与应用

孙子在他的兵法理论中提出了一个很重要的思想，即奇、正并用。“出其所不趋，趋其所不意”就是通常所说的“攻其无备，出其不意”，这正是奇、正思想中“奇”的具体运用。出没于敌人无法急救的地方，就如同战争中没有对手一样，当然每战必胜了；而行动于敌人意想不到的方向，也能收到同样的效果。没有与敌军交战就轻而易举地达到了自己的目的，这又印证了“不战而屈人之兵”的思想。

后梁龙德三年（公元923年），后唐主李存勖准备攻打后梁，而此时后梁郓州（山东东平）守将卢顺密来降，建议李存勖先攻取郓州，后唐将领李嗣源也极力赞成先取郓州。当时后梁兵力主要集中在西路，对东路方向没有戒备，李存勖决定派李嗣源率精兵5000人攻取郓州。李嗣源率军南下直趋郓州，当部队抵达杨刘镇（山东东阿东北）时，天空骤降大雨，而且此时天色已晚，道路也泥泞不堪，将士们经过一番急行军，身心十分疲惫，都不愿意再继续前进。然而后唐将领高行周认为这正是天赐良机，南下进攻郓州必胜无疑，于是命令部队火速前进，不要停顿。后唐军在雨夜的掩护下顺利渡过黄河，突然出现在郓州城下。毫无防备的后梁军看到后唐军忽然从天而降，顿时大乱、溃不成军。后唐军趁势攻进城内，次日清晨，完全控制了郓州城。

战争最主要的内容就是两军正面交战，比较双方的战斗力。这样的战争在双方实力相当的情况下，很难说明谁胜谁负。而“出其所不趋，趋其所不意”的目的就是避免与敌人正面交锋，或者避免与有准备的敌人交战，这样就避开了双方战斗力的较量，或者说让对方不能正常发挥其战斗力。如此一来，当然胜券在握了。而后唐将领高行周正是巧妙地利用当时有利的天气形势，出其不意地攻到郓州城下，一举击溃郓州守军。这正是“出其所不趋，趋其所不意”战术的巧妙运用。

商战谋略的阐释与应用

新奇独特的事物最能吸引消费者的目光。对企业来讲，在市场开拓、产品开发以及广告宣传方面都要把握求新求奇的原则，力求彰显自己的特色。如果一味地追随别人，不求新意，最终只能被市场淘汰。

法国的未来广告公司在创业之初就曾推出一幅别具一格的广告，并借此一举成名。这幅张贴在某繁华街区的海报上只有一个漂亮的女郎和一行文字。女郎身着泳衣，双手叉腰，体魄健美，笑容可掬，她的身边有一行字：9月2日，我将脱去上面的。从此路过的人们看到后议论纷纷，都期待着9月2日能有什么变化。等到9月2日的清晨，人们发现，漂亮女郎依旧双手叉腰，依旧向路人散发着迷人的微笑，但“上面的”果然没有了，裸露的是健美的胸部，女郎身边的一行字也换成：9月4日，我将脱去下面的。如此一来，更加引起了人们的好奇心，甚至一些记者也闻讯而来，纷纷抢拍下这一新闻素材。这下吸引了更多的人前来目睹这个“大胆的女郎”，而且他们看后都急切地盼望着9月4日这一天的到来。9月4日凌晨，许多人都早早地起来，想看看那幅海报究竟会发生什么变化。果然，漂亮女郎“下面的”不见了——女郎背向行人，一丝不挂，身材修长、匀称，是健与美的完美融合。女郎的身边照旧写着一行字：未来广告公司，说得到，做得到！未来广告公司顿时家喻户晓、声名远扬。

未来广告公司的海报，创意新奇独特，紧紧抓住了人们的好奇心，尤其是最后一幅海报，简直绝妙到了极致。它既出乎人们的意料，又完全合乎情理，这正是孙子“出其所不趋，趋其所不意”的绝妙应用。

从政谋略的阐释与应用

无论是军事斗争还是政治斗争，在与对手交锋之前，都需要做好充分的准备。如果在对手没有做好准备的情况下发动突然袭击，对手就会因为毫无防备而失败。

刘裕未称帝前为清除异己，发兵征讨与己同举义旗的刘毅。当时，豫州刺史诸葛长民被留在京城主持政事。当年10月，王镇恶领兵攻下江陵，刘毅被杀。

公元413年2月，刘裕从江陵动身返回建康（今江苏南京）。当初，诸葛长民曾因荒淫骄横而遭到吏民的痛恨，刘裕念他与自己同举义旗，没有加以追究。得知刘毅被杀，诸葛长民深表不满。刘裕听说此事，因怕诸葛长民日后生乱，决定设计将他除掉。

朝中众臣听说刘裕已从江陵返回京都，计算时日前往新亭迎接，诸葛长民也随众前往。但等候了一日，却不见刘裕踪影。其实，刘裕早已乘轻舟返回了京邑。他心知，诸葛长民听到他回来的消息后必然前来拜访，于是令十几名壮士隐于府内幔帐之后，准备随时刺杀诸葛长民。

果然，诸葛长民听说刘裕已返回京邑，赶忙前来拜访。刘裕将他迎入府后，退去侍从，和他闲谈起来。正当诸葛长民高兴之时，刘裕一声大喝，几名壮士突然从帐后冲出，伏杀了诸葛长民。至此，刘裕为自己登上帝位扫清了道路。

诸葛长民无论如何也没有想到刘裕会轻舟提前返京，更想不到自己会在与刘裕畅谈之时被壮士们杀死。而刘裕在这场政治斗争中正是运用了“出其所不趋，趋其所不意”的策略，才达到了自己的目的。

善攻者，敌不知其所守

故善攻者，敌不知其所守；善守者，敌不知其所攻。微乎微乎，至于无形，神乎神乎，至于无声，故能为敌之司命。

军事谋略的阐释与应用

战争中的形势，随时随地都有可能发生变化，所以对于战争双方来讲，要根据战争形势的发展相应地采取攻势或守势。无论采取哪一种战略，都应当以达到自己的目的为原则。采取攻势的目的是要击败敌人，而它的最高境界是要让敌人不知道怎样防守，这才是善攻者；采取守势的目的是避免被敌人击败，它的最高境界是要让敌人不知道怎样进攻，这才是善守者。

1642 年，荷兰殖民者侵占了“台湾”。顺治十八年（1661 年）三月，郑成功率部 2.5 万人、战船数百艘，从金门起航，准备渡海东征，收复台湾。当时荷军重兵防守在本岛西侧的昆身岛，认为台湾南部的海口鹿耳门水浅，港内航道弯曲、水浅多礁，船只无法进入，所以没有设防。郑成功正是看到了这一点，决定选择鹿耳门港作为登陆点。虽然一般情况下船只无法入港，但涨潮时小船可以进入，郑成功充分利用这一有利条件，出其不意地通过鹿耳门港顺利登陆。在当地人民的帮助下，郑成功迅速巩固了阵地，做好了充分的迎战准备。这时荷兰殖民者才惊慌失措地发现郑成功主力部队已经登陆台湾岛，于是急忙调动 4 艘战舰反扑，但为时已晚。郑成功集中火力一举击沉荷主力战舰，台湾人民也配合进行陆上作战。年底荷军全面投降，郑成功顺利收复了台湾。

郑成功渡海作战，且台湾岛易守难攻，如果正面与荷兰殖民者交锋，不仅收复不了台湾，还可能损失惨重。于是郑成功从敌人几乎不加防守的鹿耳门入手，出其不意攻破敌人防线，顺利登陆，然后加紧备战，打了敌人一个措手不及，最后顺利地收复了台湾。郑成功“攻其无备，出其不意”，不愧为一个真正的“善攻者”。

三国时，魏将陈泰驻守祁山，蜀将姜维率兵攻打，但他起初并没有直接与魏军交战，而是每日放出五番哨马，来回在阵前奔走，并不上前挑战。魏军邓艾见这班人马来回走动，只是换了衣甲、旗号而已，并未换人，而且其中并不见姜维，于是认为姜维一定是率主力去攻打魏军侧后去了。邓艾将此情告知了陈泰，陈泰听后恍然大悟，询问蜀军主力去了哪里。邓艾告诉他蜀军主力一定是出董亭、径袭南安去了。邓艾建议陈泰先抢占武城山，诱姜维攻取南安屯粮之地上圭，然后于段谷山险地窄处伏击蜀军。结果姜维果然完全按照邓艾的判断行事，败退汉中。

邓艾面对战场形势的变化，迅速判断出敌人的行动意图，对战略要地抢先占领，并严加防守，令姜维自动落入伏击的圈套而败退汉中。一个人能对战争的形势预料得如此准确，他当然会战无不胜了。

商战谋略的阐释与应用

优秀的经营者总能根据不断变化的市场形势，适时地调整自己的经营策略，灵活地进行进攻或防御，以至于竞争对手都不知道如何攻守。

肯索尼克公司是音响设备的专业制造商，它以集中制造超高级产品战略取得了成功。它创业仅 4 年，就在高级扩音器市场上独占鳌头，这令许多大企业防不胜防。该公司成功的原因之一就是在大企业尚未涉足的领域展开攻势，把有音乐素养的音乐爱好者当作消费对象，以扩音器市场的十分之一作为目标。由于这一领域不太显眼，因此很多大企业都不愿涉足。肯索尼克公司正是看到了市场的这一盲点，才决定大举进攻这一领域。公司透过这种正确的市场定位，加上一流的产品性能和一流的售后服务，很快占领了高级扩音器市场。这令许多大公司望尘莫及。

肯索尼克公司成功的主要原因是它对产品进行了准确的市场定位，集中力量进攻了市场的盲点，令大企业防不胜防，使自己获得了成功。

从政谋略的阐释与应用

如果想有效地攻击对手，一定不要让对手知道自己的行动计划，这样才会使对手不加防备或不知如何防备，从而更有效地达到自己的目的。

楚庄王莅政已经三年，从来不发布什么命令，在政治上也没有采取任何改革措施，朝廷文武百官都猜不透他葫芦里卖什么药。有一天，右司马悄悄地问楚庄王："大王啊，我听说一只大鸟栖息在南山之上，三年不飞、不叫、不理羽毛，默默无闻，这是什么道理呢？"

楚庄王答道："三年不动翅膀，是为了让羽翼更加丰满；三年不飞不叫，是为了察看民间实情。虽然不飞，但一飞就能冲天；虽然不鸣叫，但一鸣就会惊人。我明白你的意思了。”

半年以后，楚庄王临朝听政，励精图治，一下子就废除了10项弊政，实施9项新政，诛杀5位激起民愤的大臣，提拔了6位有识之士担任要职。于是，楚国大治。

楚庄王为什么三年“不飞不叫”？原来是为了察看民情、积蓄力量，为后来更好地展开攻势做准备。由此看来，楚庄王的确是一位善攻之人。

攻其所必救

进而不可御者，冲其虚也；退而不可追者，速而不可及也。故我欲战，敌虽高垒深沟，不得不与我战者，攻其所必救也；我不欲战，画地而守之，敌不得与我战者，乖其所之也。

军事谋略的阐释与应用

孙子在此论述了如何在战争中牢牢抓住战与不战的主动权，这其实仍是前面论述的要把握战争主动权思想的一种延伸。无论进还是退，无论战与不战，都要掌控在自己的手中，让敌人陷入被动，不得不随着我们的计划而行动。要打击敌人虚弱的地方，进攻敌人必救的地方，撤退时要迅速、及时。这都是把握战争主动权所必须遵循的原则。

公元前353年，魏国攻打赵国，魏王以庞涓为将，率兵8万伐赵，很快就兵临赵国首都邯郸城下。赵国抵挡不住，向齐国求救。齐威王任命田忌为大将、孙膑为军师，率兵8万救赵。当时田忌主张直接进军邯郸与魏军主力决战，配合赵国里应外合夹击魏军。可是孙膑认为不可与魏军直接交战。田忌不解，孙膑解释说魏国现在将所有的精兵强将都调集到了邯郸城下，国内只剩下些老弱病残之士，如果直接派兵攻打魏国国都大梁，庞涓必然率军回救，而自动撤离邯郸。这样，不仅解了邯郸之围，而且还可乘机狠狠打击魏军回救的疲劳之师，田忌采纳了孙膑的建议，率军直扑大梁。庞涓得知这一消息，心急如焚，立即回师救援。魏军长期攻城作战，此时又长途回奔，人困马乏，疲劳不堪。而回师途中又遭齐军伏击，几乎全军覆没。这就是历史上有名的“围魏救赵”。

孙膑通过围魏达到了救赵的目的，为什么呢？因为孙膑此计做到了“攻其所必救”。试想：对于魏国来讲是攻下别人的城池重要，还是保住自己的国都重要？毋庸置疑，当然是后者重要。所以庞涓急令回师救援，可是却又遭受伏击，几乎全军覆没。孙膑此计，近乎完美，可谓登峰造极。

商战谋略的阐释与应用

现代社会，市场风云变幻莫测，机遇与挑战并存。因此一定要把握竞争的主动权，攻击对方要害，化不利为有利，变劣势为优势。

广州牙膏厂是在国内有一定知名度的老企业，有好几种牙膏曾获国内优质产品奖。可是进入20世纪80年代以来，这些产品因不适应时代发展的需要而逐渐滞销。工厂的经济效益也随之下降，形势迫使他们不得不开发新产品。他们首先把一种曾大受消费者欢迎、却已停售多年的老型号牙膏改换了包装出售，结果消费者不买账。他们又步人后尘，生产了一种药物牙膏，结果仍然挤不进市场。最后他们经过调查研究发现：消费者不仅要求牙膏有独特药效，而且还要有香味。这种香味是一种超前的要求，因此这种预期产品也应当是一种超前的产品。经过反复实验，1986年初，他们研制成一种具有国际香型、清新可口、内含口洁素、防牙石制剂的牙膏——黑妹牙膏。这种牙膏在香型、口感和使用率等方面都具有超前的特点，它一上市马上受到了消费者的青睐。它不仅迅速在国内打开销路，而且还被外商看中，出口创汇，取得了很好的经济效益。

广州牙膏厂曾一度辉煌，也曾因为跟不上时代的发展而日渐衰落，但是他们没有坐以待毙，而是奋起直追。该厂积极寻找市场的盲点，寻找对手的弱点，然后主动出击，开发出了优质高效的产品，一举占领了国内外市场。

从政谋略的阐释与应用

政治领域也好，军事领域也好，打击对手，首先要打击对手的弱点，打击对手的要害。

曹操曾经在袁绍的手下，负责歼灭黄巾军。袁绍对曹操既利用又拉拢，为了让他帮自己守住冀州的南大门，并利用曹操使自己的势力伸展到黄河以南，他热心地加封曹操为东郡太守。

而曹操对袁绍也巧妙地加以利用，他很顺从地接受了袁绍给他的职务，做起了东郡太守，并将治所从濮阳迁到东武阳（今山东莘县南），意图借机经营兖州、青州。

初平三年（公元192年）春，义军于毒率部准备进兵东武阳，曹操决定立即派兵攻击于毒西山的大本营。众将不解：东武阳正告急，为什么不回救东武阳？

曹操对众将解释说：“东武阳和于毒的大本营，哪一个对他更重要？”众将都回答说，当然是于毒的大本营更重要。曹操接着说：“这就对了，他们攻打我武阳，我们攻打他的大本营，他必然发兵回救，这样一来，武阳之围不就迎刃而解了吗？”

各位将领恍然大悟，奋勇向西山攻来。于毒果然回救，东武阳之围不救自解。

曹操在这场争斗中，运用的其实是“围魏救赵”的策略。“围魏救赵”这个策略能够运用成功，关键在于一定要“攻其所必救”。就拿上面的例子来讲，如果曹操不是攻打于毒的大本营，而是攻打其他无关痛痒的地方，那么还能解东武阳之围吗？

形人而我无形，则我专而敌分

故形人而我无形，则我专而敌分；我专为一，敌分为十，是以十攻其一也，则我众而敌寡；能以众击寡者，则吾之所与战者约矣。

军事谋略的阐释与应用

孙子在这里提出了集中优势兵力歼灭敌人的战略思想。正面的军事交锋，其实较量的就是双方的兵力。将帅要擅长集中自己的兵力，分散敌人的兵力，以此造成以众击寡的战略态势，如此一来敌人就不是我们的对手了。

刘邦攻下咸阳后，项羽开始封一些将相为王，沛公刘邦被封为汉王。不久刘邦统率各路诸侯东伐楚国，双方相持很久，不分胜负，最后项王和刘邦约定以鸿沟为界平分天下。但是刘邦并没有满足于现状，而是在张良、陈平等人的建议下指挥汉军向楚军发动了攻势。汉高祖五年（公元前 202 年），刘邦采纳了韩信的计策，调集各路大军追击项羽至固陵（今安徽寿县），与九江王黥布会合攻城父（今安徽涡阳东），一路由固陵向东，将项羽层层围至垓下。当时项羽兵少、粮尽，处于劣势，士兵无心应战突围，只好筑垒固守。入夜，刘邦让人在楚军四周高唱楚歌，项羽闻之大惊，以为汉军已攻占楚地，即率八百骑突围而出，汉军追至乌江，项羽势单力薄，自刎而死。

一代楚霸王，落得个无颜面对江东父老、自刎而死的悲惨下场，其最直接的原因是刘邦集中了几乎全部的兵力来围攻项羽，纵使项羽有再大的本事，也无力回天，何况项羽当时还处于兵少、粮尽的处境呢？所以，这场战争刘邦是必胜无疑的。

商战谋略的阐释与应用

在商战中，要专心做事，集中力量专攻某一个领域，才能有所发展，对创业之初、实力不强的公司来讲尤其如此。

诺基亚曾是全球最大的手机生产商之一，它的销售额也曾一度超过摩托罗拉、原爱立信、沃达丰等电信巨头。开始起步时，诺基亚公司是一家不出名的传统制造业公司，其业务涉及造纸、化工、橡胶、电缆等十多个领域，当然也涉及计算机、电子电信产品等高科技领域，只不过规模很小。随着经济的发展传统的制造业产品资本回收率日益降低，而诺基亚的高科技产品又缺乏足够的市场竞争力，因此诺基亚公司举步维艰，效益日益滑坡。这时，约尔马·奥利拉的加盟给诺基亚带来了转机。他升任了公司总裁后，果断地调整了公司的发展战略，突出重点产业。当时数字电话标准开始在欧洲流行，他意识到数字化通信设备在未来市场上将大有可为，于是他果断将公司长期发展重心转移到电信产品的生产上，而将其他方面的业务压缩到最小范围。从 1996 年开始，全球移动电话的市场需求以惊人的速度猛增，诺基亚公司迎来了它的黄金发展时期。而诺基亚也从一个不知名的厂家迅速成长为国际三大电信巨头之一。

现代社会，商品生产的专业化程度越来越高，很多产品要求向纵深发展。因此对企业来讲，重要的不是大而全、小而全的发展目标，而是产品的专业化发展道路。诺基亚的成长壮大就是一个很好的例子，其新任总裁约尔马·奥利拉果断摆脱多元经营所带来的沉重负担而专一经营数字通信产品，结果造就了一个时代的品牌。

从政谋略的阐释与应用

“形人而我无形”，在政治上就是要想办法迷惑对手，以分散对手的注意力，这样才能有更大的取胜把握。

武则天当政时期，侍郎狄仁杰刚直不阿，得罪了有名的酷吏来俊臣，不久就被来俊臣以蓄意谋反为名诬陷下狱。为了使状告成立，来俊臣亲自审问狄仁杰，要他承认确实阴谋造反。

狄仁杰大义凛然骂来俊臣是无耻小人，来俊臣不但不生气，反而十分得意地顺手拿起一根皮鞭。鞭子还没打下来，狄仁杰马上服软，“招认”了罪行。来俊臣便让主事官王德寿把他关押起来，只等秋后问斩。由于狄仁杰主动承认了罪行，王德寿便放松了对他的监视。

狄仁杰从被子上撕下一块布料，详细地写下了自己的冤情后，塞进棉衣里，找来王德寿说：“天气渐冷，我要家人把这件棉衣拆洗了，再放些棉花，烦你帮我送到他们手里。”

王德寿不明狄仁杰的用意，有些鄙视地答应了他的请求。

狄仁杰的妻子拆开棉衣，发现了冤状，便将此事禀告了武则天。武则天看完后，亲自对狄仁杰进行审问，终于发现了其中的冤情，于是下令狄仁杰无罪，当众释放了他。

狄仁杰之所以能够从酷吏来俊臣的手掌中逃脱而得以自保，是因为他善于“形人而我无形”，他深知来俊臣手段极其残忍而卑鄙，如果硬碰硬的话，自己就会性命不保。因此他假意招供，分散了对手的注意力，从而为申冤提供了机会。

无所不备，则无所不寡

故备前则后寡，备后则前寡，备左则右寡，备右则左寡，无所不备，则无所不寡。寡者，备人者也；众者，使人备己者也。

军事谋略的阐释与应用

孙子从防备的角度说明了在战争中要把握战争主动权的战略思想。认为在作战中要善于让敌人多处防备，从而分散敌人的兵力，而相对地扩大自己的兵力。敌人的兵力分散了，即使我方的兵力不变，也同样能造成敌寡我众的有利态势。在这种态势下分而击之，纵使面对强大的敌人，我军也同样能够取胜。

蒙古曾被迫向金称臣，备受金朝压制，结怨甚深。但是后来蒙古逐渐强大起来，到了成吉思汗时期，蒙古已经具备了相当的实力，他们已经不再甘于金国的压迫，可是与金正面作战仍有一定的困难。于是便采取了表面上仍对金臣服，而暗地里则积极准备对金作战的策略。随着蒙古日益强大，金朝逐步加强了北部边境的防御，修筑堡寨，派兵戍守，金朝处处备边，以为可以阻止蒙古大军南下。金边境守将曾上书金帝完颜永济，请求集中边境兵力，以备蒙古来犯，可是却遭到被金帝囚禁的命运。如此一来，整个北部边疆仍然是兵力散布、处处设防，既无防御重点，又没有机动兵力。元太祖六年（公元1211年）二月，成吉思汗侦悉金朝边防部署不严的情况后，率十万人马南下。同年七月，蒙军以众击寡，势如破竹，直逼中都（今北京市）城下，金军防不胜防，迅速溃败。

金国曾经称霸一时，南下攻宋，压制蒙古。但就是曾经向它臣服的蒙古人，最终却灭掉了它。究其原因，除了金国的日渐衰落和蒙古的日益强大这一根本原因外，其直接的原因在于金国的防守兵力分散，而蒙古大军却集中了优势兵力进攻，所以蒙古大军的南下势如破竹，金国灭亡的命运也就在情理之中了。

商战谋略的阐释与应用

在商战中，经常可以看到许多企业盲目跨行扩张，发展所谓的“集团化经营”，殊不知在未做好主打产品的基础上，盲目地扩张，会导致企业经费不足、资源浪费、竞争力下降。

大为汽车公司曾是一家小有名气的汽车公司，它曾针对美国通用公司的大型汽车专门推出了一款“精致小巧”的小型车，这在当时的汽车市场获得了空前的胜利。其实大为公司取得了这样的成绩之后，应当继续稳定小型车市场。可惜的是，大为汽车公司为进一步提高竞争力，开始考虑生产大型汽车。它相继推出八人座中型客车、四门轿车，娱乐用达夏汽车以及吉普型大为汽车。这种发展模式不仅分散了该公司的人力、物力、财力，而且还让丰田、本田、达特桑等汽车生产商突破其薄弱的防线，抢占了其市场份额。不久大为汽车在美国进口轿车市场上的占有率锐减到7%。

大为的成功是因为其弥补了市场的空白，而其衰落却是因为其“无所不备”的盲目扩张，结果“无所不寡”地走向了衰落。

从政谋略的阐释与应用

人的力量和精力都是有限的，所以不可能事事都能顾及。在政治上更是如此，由于受到各方力量的牵制，再强大的利益集团也很难应付所有的局面。

明英宗懦弱无能且又昏庸腐败，终日不理朝政，致使朝廷的军政大权落入太监王振的手中。1449年7月，王振为了扩大自己的势力，极力鼓动英宗出兵征讨蒙古族首领也先。英宗不顾大臣们的坚决反对，接受了王振的建议，亲率50万大军北征也先，明英宗异母弟兄钰王留守京城。

由于明军纪律松弛、胆小懦弱，结果连战连败，英宗退守土木堡，被蒙古军队四面包围，明军死伤惨重，王振被乱军杀死，英宗被俘。

消息传到北京，朝野震惊，上下一片恐慌，大臣们不知所措。皇太后下令由钰王主持局面。钰王与众大臣商讨对策，大臣们各有想法。徐钰主张迁都，于谦则力主保卫京城。最后钰王决心命于谦守城。

钰王任命于谦为兵部尚书，总揽兵权，将引起土木堡事变的祸首王振抄家灭族，并将其爪牙毙于朝廷之上，以平民愤。接着，朝廷众臣拥立钰王登上帝位，遥尊英宗为太上皇。

也先本来想以英宗为人质，逼迫钰王投降，但遭到钰王拒绝。他又看钰王登上帝位，情急之下，也先领兵攻打北京，北京军民奋勇抗击，取得了北京保卫战的胜利。也先的阴谋没有得逞，被迫于第二年释放了英宗。

在土木堡之变发生之后，明朝廷一片混乱，有人主张南迁，有人主张抵抗，还有人为了救英宗主张投降。但是钰王当机立断，下令整治后方，力保北京，最后取得了北京保卫战的胜利，让也先的阴谋未能得逞。哲学上有一个观点叫作“抓住主要矛盾”，而钰王在当时的情况下正是抓住了主要矛盾，才使问题得到解决。反之，如果他“无所不备”，那么将会“无所不寡”，最后难逃失败的厄运。

知战之地，知战之日，则可千里而会战

故知战之地，知战之日，则可千里而会战。不知战地，不知战日，则左不能救右，右不能救左，前不能救后，后不能救前，而况远者数十里，近者数里乎？……故曰：胜可为也。敌虽众，可使无斗。

军事谋略的阐释与应用

孙子在这里提出了“胜可为”的思想。战争取胜的因素取决于主观和客观两个方面。客观方面的条件是不容易被改变的，只能加以合理利用；而主观方面的条件，是可以通过发挥主观能动性去创造的。比如优秀的将帅可以根据战争所面临的形势，分析敌我双方的情况，预知交战的时间、地点，并明白应该在何时、何地交战才能掌握主动权，从而获得胜利。因此，胜败并不是天定的，而是可以争取的。

第一次鸦片战争后，英国为了扩大侵华利益，趁清廷衰落之际，又挑起了第二次鸦片战争，同时与法国组成英法联军，进犯天津，企图胁迫清廷再次就范，与之签订新约。清军在大沽口炮台设防，英、法联军分前后两路到达天津白河口处，得知大沽口炮台设有重防，于是准备首先占领拦江沙，使炮台难以发挥火力。5 月 19 日，联军 8 艘舰艇闯入拦江沙，谎称是“各国会晤”，拦江沙守军并不阻拦，英法联军不费一枪一弹就顺利占据拦江沙，然后迅速集结进攻炮台的兵力。5 月 28 日，英法联军向清军最后通牒，要求清守军 2 小时之内退出岸上各炮台，否则开战。还未等清军回复，英法联军便迫不及待地向清军开炮，清南北炮台同时还击，重创敌艇多艘。可是清军大炮多陈旧不便于火力发挥，而英法联军则船坚炮利。北炮台最后失守，清守将阵亡，联军攻占了北炮台后，南炮台也相继失守。而清朝援军未来得及出援，就弃营而逃，联军逆江而上，逼近天津城下。清政府被迫与英、法、美、俄四国公使签订了丧权辱国的《天津条约》。

清朝的衰落是一个必然的历史趋势，这是无法改变的历史事实。但具体到鸦片战争几次战役的失败来讲，的确有些可惜。而丧权辱国的《南京条约》和《天津条约》的签订，更是让人痛心。历史趋势和历史事实是无法改变的，英法联军船坚炮利也

是无法改变的，但是清军的防守力量与抵御士气难道也无法改变吗？即使败也要败得光荣，就像甲午战争那样。联军闯入拦沙江时，清军还以为是“各国会晤”，没有一点戒备心理。既“不知战地”也“不知战日”，而且后备援军“后不能救前”，未救而逃。如此消极抵抗，清廷不败才怪呢。

商战谋略的阐释与应用

在变化无常的商场，要具备敏锐的市场洞察力，及时分析预测市场动态，及早做好准备，把握有利商机。

美国著名的企业家哈默在 1931 年从俄国回国后，曾对美国的政治局势进行了认真研究。他认定罗斯福一定会掌握美国政权，而罗斯福掌权后一旦实行了他的“新政”，1920 年的禁酒令将会被废除，那样全国对酒类的需求将会大大增加。酒类需求量增加，相应地就需要大量的酒桶，可是当时市场上却没有多少酒桶销售。于是，哈默立即向俄国订购了几船桶板，并在纽约码头设立了临时酒桶加工厂。当哈默的酒桶被大批量地制造出来时，正好赶上禁酒令的废除，这果然使得酒厂的生产量大增，酒桶的需求量也跟着飞升。于是哈默的酒桶很快被高价抢购一空，哈默本人也因此发了一笔横财。

哈默的成功源于他“知战之地，知战之日”的敏锐洞察力，以及对时事的准确预测。

从政谋略的阐释与应用

军事上要“知战之地，知战之日”，政治上也应当对对手的各方面情况深入了解，对双方所面临的局势把握透彻。

安史之乱期间，唐朝天下乱象迭生，皇帝唐肃宗为此十分忧虑。有一天，唐肃宗问宰相李泌：“乱军何时得以平叛？天下苍生何日得以安宁？”

李泌回答说：“臣看叛军抢获的金帛子女都运往范阳，并无雄踞四海的志向，不过是一帮匪徒。另外，很多人是受到胁迫才不得已跟随叛军，他们对叛军充满仇恨。因此，不过两年天下就平定了。”

唐肃宗还是有些担忧。李泌说：“叛军骁勇之将不过史思明、因乾真、安守忠、张忠志、阿史那承庆等数人而已。现在如果命令李光弼从太原出井陉，郭子仪从冯翊入河东，那么史思明、张忠志就不敢离开范阳、常山，张守忠、因乾真就不敢远离长安。这是用两军拖住敌人的四将，跟随安禄山的就只有阿史那承庆。请诏敕郭子仪勿要攻取华阳，使两京（西安和洛阳）之路畅通。陛下驻军于扶风，和郭子仪、李光弼轮流出击，敌人救其头则击其尾，救其尾则击其头，让其往来数千里、疲于奔命，而我军以逸待劳，避其锋芒，趁其疲惫加以攻击。来年再命令建宁任范阳节度使，沿着边塞出征，与李光弼形成南北犄角之势，用来攻取范阳，直捣叛军巢穴，使敌人无处可逃，然后大军四面合围而攻之，敌人一定会被擒获的。”

唐肃宗采纳了李泌的建议。后来，形势发展果如李泌所言，最后叛军瓦解，天下重归安定。

唐肃宗时期的宰相李泌不仅仅是一名优秀的政治家，而且堪称一名出色的军事家。他把“安史”叛军的内部情况和发展走势看得一清二楚，还未平叛就已经成竹在胸。能如此“知战之地，知战之日”，平定叛军还在话下吗？

策之而知得失之计

故策之而知得失之计，作之而知动静之理，形之而知死生之地，角之而知有余不足之处。

军事谋略的阐释与应用

孙子强调用“策之”“作之”“形之”“角之”等各种手段来探悉敌情，其实仍然是关于“知彼知己”作战原则的论述。通过分析敌人作战计划的优劣得失，可以做到避实击虚；通过了解敌人的活动规律，可以帮助制定相应的作战策略；通过与敌人进行小型的交锋，可以探知敌人兵力的虚实。这些手段的运用，都是为了探悉敌情，了解敌人，从而做到“百战不殆”。

公元573年，南朝陈大将吴明彻攻北齐，率军进逼寿阳。北齐遂命王琳前去防守寿阳，吴明彻得知这一消息，连夜率兵攻打寿阳，经过一番激战，吴明彻攻破了寿阳外城，王琳只好退守内城。为解寿阳城之围，王琳火速遣使向齐朝廷求援。齐帝于是又派皮景率10万大军前去救援，可是在距寿阳城30里的地方，皮景却命大军安营扎寨，不再前进。陈军得知此情，都认为寿阳城还未攻下，北齐的救援大军又将开到城下，于是不知所措。吴明彻却认为：救兵如救火，可是北齐大军即将兵临城下，却在离城不远的地方结营不前，显然是不敢前来迎战，所以没有什么可怕的。而且他还据此料定，寿阳城必定陷落无疑。于是第二天，命令士兵吃饱喝足，然后亲自披挂上阵，上马宣誓一定要攻下此城。他亲自在场督战，命令士兵四面攻城，全体将士大受鼓舞，拼死攻城。守将王琳也拼死抵抗，等到傍晚，寿阳城陷落，王琳被擒，皮景得知寿阳城失陷，慌忙逃走。

南朝攻打北齐寿阳城，寿阳城被围困，北齐遂调兵增援，南朝大军面临危机，将士们不知所措，但南朝大将吴明彻“策之而知得失之计”，仔细分析敌情，察觉了敌人的战略意图，从而采取果断措施，加紧了进攻态势，最终顺利攻下了寿阳城。

商战谋略的阐释与应用

当今社会，市场行情瞬息万变，同样需要通过“策之”“作之”“形之”“角之”的方式来了解市场状况。经营者必须要善于分析市场动向、把握市场动态、根据市场需求来制定自己的经营策略。

青岛啤酒是中国优质名牌产品。它以其纯正清爽的口味享誉海内外，尤其是在美国啤酒市场占有一席之地，更是让人叹服。青岛啤酒于20世纪70年代初开始进军美国市场。刚开始由美籍华人代理商来经销，可是效果不佳。1987年青岛啤酒厂选中美国莫纳克进出口公司作为美国的总代理商。莫纳克公司接受了这项总代理后，由生产葡萄酒转为专门来推销中国青岛啤酒，为此他们还针对美国市场制订了一整套独特的营销方案。首先健全啤酒市场的三级制度，从而形成一个庞大的营销网络。其次是狠抓产品质量。莫纳克公司深知质量是产品进入市场的特别通行证，青岛啤酒要想在美国市场立足，必须要有过硬的质量。再就是建立起一支精明强干的销售队伍和一套完整的推销员管理制度。他们还利用各种宣传媒介，实施广告攻势。最后他们还特别重视加强信息传递工作，也就是把青岛啤酒在美国的销售信息以及市场信息反馈给青岛啤酒厂，以便及时生产出适合市场需求的产品。莫纳克公司通过这一整套营销策略的实施，经过一年多的努力，终于确立了青岛啤酒在美国市场的地位。

青岛啤酒得以在美国市场站稳脚跟，有两个主要原因。其一是青岛啤酒厂根据市场要求及时调整了营销战略，选择了莫纳克公司作为总代理商。其二是莫纳克公司根据美国市场的具体行情制订了适合本土的营销方案。这两条都与孙子的“策之”谋略不无关系。

从政谋略的阐释与应用

政治充满了欺诈和险恶，因此长期身处官场的人不得不谨小慎微，凡事三思而后行，否则就有可能掉入不可预知的陷阱。

明朝开国初年，郭德成出任骁骑指挥，深受明太祖朱元璋的器重。有一次，他奉召进宫，与朱元璋商量要事，也顺便想看望一下在宫内侍候皇上的妹妹。

君臣当天谈得非常投机。谈话结束后，朱元璋取出两锭黄金放在他的袖子里，作为对他的赏赐，并嘱咐他出门时不要露出来。

郭德成连忙叩头谢恩。但他不明白皇上为什么不在朝廷上光明正大地赏赐他，他觉得不能掉以轻心。于是他把这两锭黄金藏在靴子里，然后装作喝醉酒的模样，一走出宫门，就脱下靴子，露出里面藏的金锭，并故意让看门人发现。宫中的看门人将郭德成靴藏金锭的事报告上去，明太祖说这是他特意赏赐给郭德成的。

众人都对郭德成的这一行为感到不理解。郭德成解释说："皇宫内院戒备森严，如果我袖藏金锭走出来，不是像偷窃一样吗？何况我的妹妹又在宫内侍候皇上，我进出皇宫不受任何人的阻拦，怎么知道这不是皇上在考验我平常是不是带东西出宫呀！"

众人听了他的这一番解释，都佩服不已。

郭德成的行为并非故弄玄虚，俗话说"伴君如伴虎"，在人心险恶的官场上混事，不小心谨慎，遇事三思而后行，又怎能保全自己呢？

其战胜不复，而应形于无穷

故形兵之极，至于无形；无形，则深间不能窥，智者不能谋。因形而错胜于众，众不能知；人皆知我所以胜之形，而莫知吾所以制胜之形。故其战胜不复，而应形于无穷。

军事谋略的阐释与应用

汉景帝时，匈奴骑兵入侵上郡（今陕北一带）。上郡太守李广率百余名骑兵迎战敌军主力。匈奴见李广手下士兵只有百余骑，以为是设计诱惑他们，于是摆开阵势迎战。李广部下见匈奴主力来势汹汹，非常害怕，企图逃跑。李广却警告部下说：现在敌众我寡，且远离主力大军，如果逃跑，匈奴大军必定追赶过来，到那时没有一个人能跑掉。现在我们不走，匈奴反而以为我们是诱兵，不敢轻易进攻。于是，李广不但不撤退，反而步步逼近匈奴大军，还让士兵在阵前解鞍下马休息。匈奴派出探马观察他们的情况，李广果断地引弓搭箭射死了他，然后又回到原地休息。这样两军相持到黄昏，匈奴人一直不敢发动攻势。至半夜，匈奴军担心汉朝大军偷袭营帐，匆忙撤退，李广率部平安返回大营。

李广面临大敌，处变不惊，令百余名将士冒险迎敌，给敌人造成了"诱敌深入的错觉”。当匈奴派出探马探悉敌情时，李广果断射死探马，更加使匈奴大军坚信汉军主力在后，不敢轻易出击，最后竟然匆忙撤退，这就是孙子所言的“形兵之极，至于无形”。李广将之运用到了出神入化的地步。

宋真宗年间，宋军曹玮部与西番兵交战。还未与其正式交锋，西番兵便“败退”而走，留下了大批的牛羊，曹玮部追赶不及，只好驱赶着所俘获的牛羊回来。沿途将士兵与牛羊混杂在一起，部将们都深感忧虑，认为这样将不利于部队的行动，如果西番兵杀一个回马枪，岂不是要全军覆没，可是曹玮却不当一回事儿。西番兵闻知此情，立即回师袭击。宋军进至有利地形，列好阵势，派人劝说西番兵主帅，说他们远道而来，肯定人困马乏，请暂时先休整一下，大宋将士不想乘人之危。西番兵主帅认为言之有理，遂令大军暂做休整。休整不久，宋军便前来挑战，没想到西番兵休整一番后仍然不敌宋军，最后一败涂地。宋军将士对此大惑不解。战后，部将请教其中的道理，曹玮回答说：“西番兵远道而来，一定疲惫不堪，所以我军以作不整之状以诱之。敌人来回行军百余里，如果马上停下来休息，一定会两脚麻痹，站立不稳，战斗力锐减。那么我们的胜利也就是自然而然的事情了。”

曹玮与西番兵交战，西番兵佯装败走，留下大批牛羊。曹玮将计就计，诱使敌军杀回，但并没有马上与敌人展开决战，而是让敌人稍作休息。敌人远行百里，疲惫不堪，一旦停下来休息，两脚酸麻至极，哪有什么力量与宋军交战，所以也只有失败的命运了。曹玮用兵做到了“人皆知我所以胜之形，而莫知吾所以制胜之形”的地步，也算是用兵如神了。

商战谋略的阐释与应用

IBM 的长盛不衰，与其“不断自我更新”是分不开的。从它的创始人老托马斯·沃森到它的后继者罗·郭士纳都非常注重自我更新。郭士纳曾经对自己的员工说：“公司要生存、发展、壮大，不应当徒劳地怀念公司的过去，把过去的片断变成偶像，而应当对周围的世界及其变化做出积极的反应。”他是这样说的，也是这样做的。他一直在努力改变 IBM 原有的企业文化，改变员工的行为方式，让员工不断地自我更新，从而树立 IBM “不断自我更新”的新企业文化。郭士纳认为，市场本身是极具活力的，它千变万化，不断推陈出新，如果有什么阻碍了公司的发展，那么就必须想办法去改变它。他还认为，新时代必须随时准备迎接变化，并且必须要有紧迫感，愿意在必要时马上做出改变，否则在未来迅猛变化的计算机产业中就不可能跟上潮流并取得成功。他的这些思想和经营理念深刻地影响着员工的行为。有很多 IBM 的雇员还成了郭士纳规划的 IBM 的股东，他们给予郭士纳大力支持。也许数字本身可以说明问题。自从郭士纳成为首席执行官后，股东总收益年增长速度竟达到 47%。从 1993 年的重组到 1998 年底，IBM 市场价值增长了 1460 亿美元。

商场没有一成不变的竞争规则。IBM 的经久不衰是因为它始终不断自我更新，面对日新月异的电子市场，它总是以“形于无穷”的变化去应对市场的千变万化，所以它走在了世界的前列。

从政谋略的阐释与应用

汉初，刘邦的丞相萧何死后，按照刘邦的意思，由曹参做了丞相。曹参也是汉初的功臣，虽不及韩信与萧何，但其功劳也不可轻视。曹参一上台，原有的老臣恐怕自己会被曹参否定，不由得惶惶不安起来。

谁知曹参上台以后，依然按从前的法令执行，对大臣们还是以同僚相称，亲热有加。数月之后，曹参又把一些好事的官员革除，换上一些老实忠厚之人填补空缺。从此，便将自己关在府中，终日饮酒，不理政事。许多大臣不知曹丞相葫芦里卖的是什么药，很想当面问一问他。可每次一进曹府，便被曹参拉到桌上，痛饮起来。大臣们无可奈何，只好陪着大醉一场。

汉惠帝得知此事，命曹参的儿子曹窋私下探问原由，没想到曹参不但没有回答，反而责打了儿子。汉惠帝更加纳闷，于是亲自召见曹参问其原由。

曹参叩首谢罪，然后问汉惠帝：“陛下认为自己能比得上高祖皇帝吗？”汉惠帝说不敢相比。

曹参接着又问汉惠帝，自己与丞相萧何相比谁更优秀，汉惠帝说曹参不及萧何。

曹参听到这里，大声说：“皇上圣明。从前萧丞相辅佐高祖定天下，法令制度皆已完备。现在陛下垂拱而治，臣等能守职奉法，遵循前制而无所失，便算是功德了。难道还想胜过前人吗？”

汉惠帝听后，恍然大悟，顿时明白了一切。

“萧规曹随”，曹参大智若愚，无为而治。其“形兵之极，至于无形”，连汉惠帝都不能察其本意。曹参正是通过这种方法，才使得自己的政治主张得以实行。而事实证明，他任职期间，汉初的社会经济继续向前发展。

兵之形，避实而击虚

夫兵形象水，水之形，避高而趋下；兵之形，避实而击虚。水因地而制流，兵因敌而制胜。故兵无常势，水无常形；能因敌变化而取胜者，谓之神。

军事谋略的阐释与应用

公元 684 年 9 月，徐敬业据徐州起兵。10 月，武则天令李孝逸、魏元忠率兵征讨。当时徐敬业驻兵屯守下阿溪，而让其弟徐敬猷进逼淮阴。魏元忠向李孝逸献计，先率轻骑兵进攻淮阴，可是诸将认为此计不妥。有人认为应当先进攻徐敬业，如果先进攻淮阴，徐敬业必定前去救援，到那时将会腹背受敌，恐怕难有胜算。可是魏元忠认为，徐敬业大军精兵良将全部驻扎在下阿溪，如果先进攻徐敬业，将难以取胜，到时大势已去，必难挽回。而徐敬猷不懂兵法，兵力薄弱，大军一到就能攻破，徐敬业想救援都来不及，攻下淮阴之后再乘胜进攻徐敬业，必定获胜。李孝逸听从了魏元忠“避实而击虚”的计策，果然攻下了淮阴，之后又打败了徐敬业。

“兵无常势，水无常形”，作战不必拘泥于常规。魏元忠认真分析了徐敬业所部当时的具体军事形势，采取了“避实而击虚”战术，收到了“因敌而制胜”的效果。

商战谋略的阐释与应用

索尼公司的电子产品颇受世人的欢迎。它近几十年的发展历史是不断推出新产品的历史。索尼以生产半导体收音机发家后，又靠开发单枪三束彩色显像管电视机占领了国际市场。20 世纪 80 年代初，音响市场刚刚显露出不景气的苗头，索尼就抢先推出了激光唱机，取得了巨大成功。接着又推出了微激光唱机、高位电视机等。索尼公司就是这样根据市场的需要，不断地推出新产品、不断地改变主战场，从而保证了企业不断地向前发展。索尼公司这种不断进取的精神，还表现在他们不断地进行技术创新上。现在索尼公司已成为世界著名的大企业，但是他们仍然在不断地进行开拓和创新。

索尼公司能取得今天这么显著的成就，与其灵活的经营方式，顺应市场、不断发展创新有很密切的关系。

从政谋略的阐释与应用

明成祖朱棣率军平定吴杰叛乱，吴杰等率兵从真定出发，企图与另一个叛军将领盛庸会合，共同进攻朱棣。吴杰还没有抵达目的地，在半路上就已听说盛庸兵败，连忙赶回真定。

得知这一情况，明成祖与诸将分析说：“吴杰有三策。固守真定城池是上策；出兵，但避我军之锋是中策；如果主动前来挑战是下策。”但诸将领认为吴杰必定不会主动出战。

明成祖认为吴杰有十多万大军，心高气傲，加之他平日妒忌盛庸，现在盛庸已经兵败，吴杰定会借此机会大显身手，炫耀一番。因此他建议诸将，假装解散军士让他们四处取粮，引诱吴杰出战，然后设下伏兵，便可以将其一举击溃。

吴杰也派人前去探听虚实，果然到处都是外出取粮的士兵。他认为机会难得，于是出兵袭击，结果落入圈套。两军在滹沱河决战，吴杰大败而逃，险些丧命。

明成祖之所以能取得平叛的胜利，其根本原因在于他抓住了吴杰的弱点，“避实而击虚”，从而使对手落入了自己的圈套。

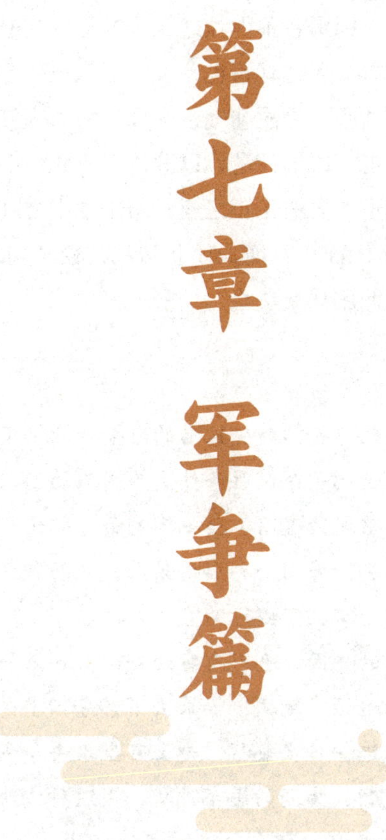

第七章　军争篇

※原文

孙子曰：凡用兵之法，将受命于君，合军聚众，交和而舍，莫难于军争。军争之难者，以迂为直，以患为利。故迂其途，而诱之以利，后人发，先人至，此知迂直之计者也。

故军争为利，军争为危。举军而争利，则不及；委军而争利，则辎重捐。是故卷甲而趋，日夜不处，倍道兼行，百里而争利，则擒三将军，劲者先，疲者后，其法十一而至；五十里而争利，则蹶上将军，其法半至；三十里而争利，则三分之二至。是故军无辎重则亡，无粮食则亡，无委积则亡。

故不知诸侯之谋者，不能豫交，不知山林、险阻、沮泽之形者，不能行军，不用乡导者，不能得地利；故兵以诈立，以利动，以分合为变者也；故其疾如风，其徐如林，侵掠如火，不动如山，难知如阴，动如雷震；掠乡分众，廓地分利，悬权而动。先知迂直之计者胜。此军争之法也。

《军政》曰："言不相闻，故为金鼓；视不相见，故为旌旗。"夫金鼓旌旗者，所以一人之耳目也；人既专一，则勇者不得独进，怯者不得独退，此用众之法也。故夜战多火鼓，昼战多旌旗，所以变人之耳目也。

故三军可夺气，将军可夺心。是故朝气锐，昼气惰，暮气归。故善用兵者，避其锐气，击其惰归，此治气者也。以治待乱，以静待哗，此治心者也。以近待远，以佚待劳，以饱待饥，此治力者也。无邀正正之旗，勿击堂堂之陈，此治变者也。

故用兵之法，高陵勿向，背丘勿逆，佯北勿从，锐卒勿攻，饵兵勿食，归师勿遏，围师必阙，穷寇勿迫。此用兵之法也。

※译文

孙子说：大凡用兵的法则，将帅接受国君的命令，从征集民众、编成军队，一直到同敌人对阵，在这中间没有比争夺制胜条件更为困难的了。而争夺制胜条件最困难的地方，在于要把迂回的弯路变为直路，要把不利条件转化为有利条件。同时，要使敌人的近直之利变为远迂之患，并用小利引诱敌人，从而做到我军比敌人后出发而先抵达必争的战略要地，这才是掌握了以迂为直的方法。

所以说，军争既有有利的一面，也有有害的一面。如果全军携带所有的辎重去争夺先机之利，就无法按时抵达预定地域；如果丢下部分辎重去争利，辎重装备就会损失。如果让士兵卷起盔甲疾进，日夜兼程，走上百里路去争利，那么三军的将领就可能被敌所俘，健壮的士卒先到，疲弱的士卒掉队，用这种方法的结果是只会有十分之一的兵力到位；走五十里去争利，就会损折前军的主帅，只有一半的兵力能够到位；走上三十里路去争利，也只有三分之二的兵力能赶到。更何况军队没有辎重就会失败，没有粮食就不能生存，没有物资储备就难以为继。

所以，不了解诸侯国的战略意图，便不能与其结交；不熟悉山林、险阻、沼泽的地形，便不能行军；不利用当地的向导，便不能得到地利。故而用兵打仗必须依靠诡诈多变取胜，依据是否有利来决定自己的行动，依照分散或集中兵力的方式来变换战术。所以，军队行动迅速时就像疾风一样迅速，行动舒缓时就像林木一样森然不乱，攻击敌人时像烈火，实施防御时像山岳，难以揣测时如同浓云遮蔽日月，冲锋时如迅雷不及掩耳。分遣兵众，掳掠敌方的城邑，分兵扼守要地，扩展自己的领土，权衡利害关系，然后，见机行动。先懂得以迂为直方法的人就能取得胜利。这是争夺制胜条件的原则。

《军政》里说："作战时，语言指挥士兵不能听到，所以设置金鼓；动作指挥士兵不能看见，所以设置旌旗。"这些金鼓和旌旗是用来统一军队上下视听行动的。全军上下既然一致，那么，勇敢的士兵就不能单独冒进，怯懦的士兵也不敢单独后退了。这就是指挥大部队作战的方法。所以，夜间作战多用火把和锣鼓，白天作战多用旌旗，这都是出于适应士卒耳目视听的需要。

三军将士，可以夺取他的锐气；敌军的将帅，可以动摇他的决心。这是因为军队早上投入战斗时士气饱满，中午士气就逐渐懈怠，到了晚上，士气就完全衰竭了。所以，善于用兵的人，总是设法避开敌人初来时的锐气，等到敌人士气懈怠衰竭时再去攻打他，这是掌握军队士气的作战方法。用自己的严整来对付敌人的混乱，用自己的镇静来对付敌人的轻躁，这是掌握心理的作战手段。用自己部队接近的战场来对付远道而来的敌人，用自己部队的安逸休整来对付疲于奔命的敌人，用自己部队的粮饷充足来对付饥饿不堪的敌人，这是把握军队战斗力的用兵方法。不要去拦击旗帜整齐的敌人，不要去进攻阵容雄壮的敌人，这是掌握灵活机动的用兵方法。

所以，用兵的法则是：不要去仰攻占领高山的敌人，不要正面迎击背靠丘陵险阻的敌人，敌人假装败退不要跟踪追击，敌人的精锐不要去进攻，敌人的诱兵不要企图消灭，对退回本国途中的敌军不要阻止，包围敌人时一定要留出缺口，对陷入绝境的敌人不要过分逼迫。这些都是用兵的基本方法。

※评论与点评

本篇论述如何争夺制胜的有利条件，使自己掌握作战主动权的问题。孙武认为：首先，必须了解各诸侯国的政治动向，必须熟悉地形，必须使用向导，做到情况明朗；其次，必须行动统一，步调一致，做到“其疾如风，其徐如林，侵掠如火，不动如山，难知如阴，动如雷震”，“勇者不得独进，怯者不得独退”；第三，要求指挥正确，机动灵活，“避其锐气，击其惰归”。只有做到以上几点，才能在战争中处于有利的位置。

后人发，先人至

军争之难者，以迂为直，以患为利。故迂其途，而诱之以利，后人发，先人至，此知迂直之计者也。

军事谋略的阐释与应用

战争中要创造对自己有利的军事条件，占领有利的地势，把握有利的战机。如果己方处于不利的态势，就要想办法把其转化为有利态势。如果敌人处于有利态势，就要想办法使其变成不利态势。掌握了以上原则，就可以做到后发先至。

赵惠文王二十九年（公元前 270 年），秦国大军加速向中原推进，包围了赵国战略要地阏与城，双方相持不下。廉颇、乐乘皆认为阏与城不可救，赵王遂命赵奢为主将，率领大军前往救援。赵奢率军在离邯郸 30 里处驻扎下来，而且下令将士不得轻言与秦军交战，违令者立即处死。从此无论秦军怎样叫战，赵国将士就是坚守不出。

当时赵国军中有一人擅自言战，赵奢遂下令将之处斩。有了军令和言战被斩的先例，其他将士再也不敢轻言战事。过了一月有余，赵军又加筑了一道防御工事。此时秦派人来刺探军情，赵奢将来者奉为上宾，盛情款待。秦将见赵奢驻军不前，只是不断地增加防守力量，而没有丝毫要救援阏与城的意思，于是放松了对阏与城的戒备。赵奢见时机成熟，立即下令全体将士火速解阏与城之围，赵军连夜兼程，巧妙地穿越秦军营地，迅速来到阏与城下。然后又命善射的士兵在阏与城外待命伏击，待秦军一到，赵军内外夹攻，秦军顿时人仰马翻，伤亡惨重。秦将见状不得不下令撤军。

赵国战略要地被秦军围攻，赵国大将赵奢率兵前去解围。但当时敌强我弱，如果直接与秦军交战，恐怕难以取胜。于是赵奢采取“以迂为直”之计，安营扎寨，故意拒不出战，秦将认为赵军不敢轻易言战，于是放松了戒备，结果给赵军以可乘之机，伤亡惨重。赵军能战而不战，看似走了弯路，其实他们是在为自己创造有利的战机，等到时机成熟再一举歼灭敌人，最终还是走了捷径。

商战谋略的阐释与应用

商战中，出于各种原因，有很多时候无法直接达到经营目的，在这种情况下就需要采取“以迂为直，以患为利”的策略。这种策略看似迂回曲折，其实它最终仍然是为了更有效、更准确地达到经营的目的。

很多人都熟悉孩子们的玩具——变形金刚，它那造型各异、变化多端的形象连大人们都觉得新奇可爱。变形金刚是由美国玩具巨头“孩儿宝”公司生产的儿童玩具。1988 年，它一被投放中国市场，立刻就刮起了一股变形金刚热的旋风。20 世纪 80 年代初，“孩儿宝”被投放美国市场后，一下子就赢得了孩子们的喜爱，成为美国玩具市场的畅销产品，“孩儿宝”公司也因此发了财。可是到了 1986 年，“孩儿宝”变形金刚却渐渐变得滞销。公司于是决定开拓新的产品市场，最后选中拥有 3 亿儿童的中国市场作为主攻目标。他们先对中国市场进行了一番调查，发现中国父母很注重对子女的智力投资，而变形金刚又是一种智力玩具，因此它在中国大中城市肯定会拥有广阔的市场。确定了目标市场，“孩儿宝”开始实施它的一系列推销战术。他们首先将自拍的变形金刚动画片无偿赠送给我国一些大城市的电视台播放。每晚 6:30 准时播出，数以万计的小朋友们坐在电视机前，欣赏着那奇形怪状、变化多端的变形金刚画面，这在他们头脑中留下了深刻的印象，变形金刚成了他们形影不离的屏幕伙伴。“孩儿宝”公司见时机成熟，立刻让变形金刚走下了屏幕——把大量多姿多彩、活灵活现的变形金刚投放到中国市场上。就这样变形金刚一举打入了中国市场，而且获得了空前的成功。

“孩儿宝”准备开拓中国市场，他们并没有急于投放产品，而是采取了“以迂为直”的战术，首先让变形金刚的形象深深地刻在中国儿童的脑海里，然后趁势出击，结果大获全胜。

从政谋略的阐释与应用

政治上的形势也在不断地发生着变化，当处于逆境时，要想办法将不利条件转化为有利条件。有时候，有意走一些弯路来迷惑对手，反而能更好地达到自己的目的。

吴王夫差打败了越国，越王勾践情愿到吴国做人质，侍奉吴王夫差。由于尽心尽力，夫差十分得意，便把勾践放归回国。

勾践回到越国，念念不忘报仇雪耻。每日卧薪尝胆，发愤图强，越国的国力也日渐强大。与越国的振兴恰恰相反，吴国被胜利冲昏了头脑，年年东征西讨，耗尽了国力、财力。为了试探吴王夫差对越国的态度，勾践借口发生灾荒，向吴国借粮，夫差一口答应了他。伍子胥劝谏吴王夫差不要相信勾践，夫差不仅不听劝告，还赐死了伍子胥。

勾践借到粮食，又知道伍子胥已死去，而吴王夫差对自己一点也不戒备，于是，一面加紧练兵备战，一面不停地把美女、珍宝等送给吴国，以麻痹吴王夫差。夫差整日声色犬马，还大兴土木修建姑苏台，没过几年就将吴国的储备消耗殆尽。

公元前 481 年，在经过了 20 多年的励精图治之后，兵强马壮的勾践一举攻破吴国，夫差被迫自杀。

越王勾践被吴王夫差打败后，卧薪尝胆，发愤图强，还利用本国的资源麻痹夫差的意志，将对自己不利的条件转化为有利条件。虽然当时越国的国力远远不及吴国强大，但经过勾践的励精图治，加上吴国的储备不断被消耗，越国的国力渐渐超过了吴国。这为越王勾践击败吴王夫差奠定了坚实的基础。

军争为利，军争为危

故军争为利，军争为危。举军而争利，则不及；委军而争利，则辎重捐。

军事谋略的阐释与应用

任何事物都具有两面性，既有有利的一面，也有不利的一面，利与不利贯穿事物发展的始终，这两个方面是辩证统一的。孙子所说的“军争为利，军争为危”就是这种思想的具体体现。军队出征，如果万事俱备，那么就会影响行军速度；如果轻装前进，就不得不扔掉大量辎重，无论采取哪一种战略，都会有所损失。

曹操为了树立自己的政治权威，“挟天子以令诸侯”，四处征讨。公元 208 年，为了争夺军事要地江陵，他率精兵5000人追赶刘备，为了早日追上刘备，抢先夺下江陵，他的轻骑一天一夜狂奔300多里。诸葛亮认为：曹操这样做犯了兵法大忌，即使追上了刘备，也不过是“强弩之末，力不能入鲁缟”！于是劝说孙权统兵数万，与刘备协调作战，必然能打败曹军。孙权听从了此计，于是派周瑜率水军3万人，随诸葛亮去与刘备会合，合力抵抗曹操。曹操大军连日奔波，果然疲惫不堪，孙、刘联军采取“火攻”之计，大败曹操于赤壁。

曹操为了争夺江陵之利，日夜狂奔地追赶刘备，却被孙、刘联军大败于赤壁。曹操曾为《孙子》作注，应该明白“军争为利，军争为危”这个道理，可惜他被眼前的小利冲昏了头脑，不顾疲劳地日夜狂奔，结果还未追上刘备，就已经成了强弩之末。再加上魏军不习惯水战，最后曹操落得个兵败赤壁的狼狈下场，这是再正常不过的了。

商战谋略的阐释与应用

事物是辩证统一的，利与弊总是贯穿事物发展过程的始终。在商战方面也是如此，企业内部各个部门要协调发展才能使企业效益达到最大化。这当然需要设置相应的管理机构，可是管理机构如果设置不当，就会造成机构臃肿、人浮于事。

日本有一家制药厂长期处于亏损状态，后来一位新任厂长发现了其中的原因。原来，制药厂组织机构臃肿，仅厂里设置的管理部门就多达30个，而一些可有可无的闲杂人员竟占了全体员工总数的15%。如此庞大的组织，导致厂里职责不明、管理混乱、效率低下。新厂长为改变现状，首先精简机构，将管理部门从原有的30个一下子压缩到3个。而将一些闲杂人员等从以前的100多个减少到20多个。经过了机构和人员的精简，制药厂各部门职权明确，员工各司其职，效率因此大为提高，而制药厂的效益也一步步地攀升。

这是企业效率低下的通病，例子中的这家制药厂正是犯了“举军而争利，则不及”的错误而导致了自身的亏损。幸好新厂长摒除了这一弊病，才使药厂有了转机。

从政谋略的阐释与应用

任何事物都具有两面性，权力也不例外。在中国古代社会，能登上国君的宝座曾经是多少人的梦想，他们甚至不惜为此骨肉相残、导致血流成河。坐在最高统治者的位置上，固然可以指点江山，号令三军，可以锦衣玉食，享尽荣华富贵。可是一旦从权力的顶峰跌落下来，将有可能粉身碎骨，身败名裂。

《吕氏春秋》曾经记载：越国王子搜看着越国人接连三次杀掉国君，他担心自己被立为国君后也会遭到杀害，于是就逃到一个山洞里躲起来。越国人发现国君不见了，到处寻找他，终于在山洞中找到了王子搜。可是王子搜不肯出来，越人就把艾草点燃，用烟熏他，逼他出来。王子搜忍耐不住，被迫从山洞里钻出来，越人推搡着把他请上国君的车驾。

王子搜百般无奈地上了车，仰天长叹道：“苍天啊！为什么你不能放过我？”

其实，王子搜并不是害怕做越国的国君，而是害怕做国君所带来的可怕后果。“军争为利，军争为危”，权力是一把双刃剑，它可以给你带来无上的尊贵和无尽的财富，同样也会给你带来无穷无尽的祸害。

军无辎重则亡，无粮食则亡，无委积则亡

是故军无辎重则亡，无粮食则亡，无委积则亡。

军事谋略的阐释与应用

战争中最重要的军需物资是粮食，其次是辎重等，离开了粮食，士兵无法生存；离开了辎重，士兵无法作战；离开了其他物资储备，战争同样难以为继。这些都是作战的物质基础，没有了这些，战争必败无疑。因此，历代兵家除了注重基本的兵法谋略之外，还同样重视战争的后方供应，截断了敌人的后方供应，也同样能使敌人不战而败。

西汉景帝三年（公元前 154 年），周亚夫奉命平定吴、楚七国之乱。当时，以吴王刘濞为首的叛军兵多粮足，正准备发兵西进，攻打都城长安。当时吴、楚联军攻势凶猛，周亚夫没有正面迎战，而是采纳了部将赵涉的建议，避开敌人主力，过蓝田，出武关，然后抵达洛阳，控制了洛阳武库，占据了荥阳。之后，他又派赵涉进军昌邑（今山东省金乡县），以掩护汉军主力左侧的安全，截断吴、楚与齐、赵的联系。此时，吴、楚叛军进攻梁国睢阳，梁王向周亚夫求援。但周亚夫没有出兵增援，只是请梁王坚守睢阳，牢牢牵制住叛军主力，梁王求援不能，只好拼死守城。最后在汉景帝的再三催促下，周亚夫才派出一支轻骑兵进驻淮泗，切断叛军的运粮通道，主力则集结于夏邑伺机与叛军决战。叛军攻梁不克，转而打算攻击汉军主力。但此时叛军人困马乏，粮草已尽，根本就不能与汉军主力交锋，只好被迫东撤。周亚夫乘机追杀，大破吴、楚叛军。而吴王刘濞逃往东越国后被越王诱杀。

“军无辎重则亡”，这是显而易见的道理。吴、楚七国之乱，蓄谋已久，准备充足。但是汉朝主力大军也是训练有素，兵强马壮。可是周亚夫虽手握汉军主力大权，却并不轻易与敌人交战，而是利用梁王牵制吴、楚联军主力，自己则趁机切断了叛军

的粮道，在叛军粮草断绝、饥疲不堪时，才发兵出击，最后大获全胜。周亚夫能战而不战，用最小的消耗获得了最大的胜利，不愧为一代名将。

商战谋略的阐释与应用

从经营的角度讲，“辎重”“粮食”“委积”也就是指企业雄厚的资金、先进的技术设备、优秀的管理人才，以及充足的原料和能源等，具备了这些要素，企业才能具备强大的竞争力。反之，就容易被竞争对手击败。

华北制药被称为我国制药行业的“四大家族”之一。他们曾提出：优质、高效是华北制药变奏曲的主旋律。药品是一种特殊商品，这决定了它必须具有安全性和有效性。因此对药品的质量把关便成为药品生产的一个重要环节。质量高低要有标准衡量，而标准的高低是衡量产品质量的关键，因此华北制药采取了国际先进标准。质量必须以先进的技术为保障，为此，华北制药一手抓管理，一手抓技术，把这两项作为振兴企业、实现经营战略目标的必由之路。华北制药在生产青霉素剂方面引进德国和意大利分装生产线，葡萄糖生产在引进德国设备后实现了封闭生产，1984 年被评为国家金牌产品。此外，硫酸链霉素、土霉素等产品也都采用了先进的生产技术。这些产品分别取得出口免检和优级品率 100% 的好成绩。

华北制药厂以先进的技术、严格的质量管理获得了良好的市场效益，成为国内著名的制药企业。

从政谋略的阐释与应用

领兵作战离不开粮草，而治理国家则离不开发展农业，对于以农耕为主的中国古代社会来讲更是如此。民以食为天，不重视发展农业，国家就会覆亡。

唐太宗执政时期，由于实行了开明的统治政策，社会发展，经济繁荣，还一度出现“贞观之治”的局面。

李世民非常重视农业生产，他曾指出：让百姓从事农业生产，则饥饿寒冷的灾难可以制止；禁绝华丽物品的生产，就能保证农业的兴盛。

唐朝时期，科技相对来说还不发达，农民得看天吃饭，李世民非常明白“人误地一时，地误人一年”的道理，他向来注重让农民顺应农时。贞观五年（公元 631 年），有关官员向李世民上奏说：皇太子将要举行加冠礼，占卜得知，二月为吉时，请增加兵丁仪仗，用来准备举行仪式。

李世民经过考虑认为：在二月里从农民中招募兵丁，会延误农时，因此没有同意请求。最后，他命令将太子的加冠礼改在十月进行。

在封建社会，太子的加冠礼相当重要，可是唐太宗皇帝却把农时放在第一位，可见他对农业是何等重视。有了如此开明的统治政策，唐朝的繁荣昌盛也就在情理之中了。

兵以诈立，以利动

故兵以诈立，以利动，以分合为变者也。

军事谋略的阐释与应用

“兵以诈立”，是孙子兵法中的重要思想。孙子认为在战争中要把握战争主动权，争取胜利，就要善于利用各种计谋，以虚虚实实、真真假假的战术来迷惑敌人，使敌人难以了解我方行动的真实意图，从而相应地集中或者分散兵力，以最大限度地争取战争的胜利。

东汉光武帝建武年间，公孙述割据蜀地，称霸一方，威胁到汉朝的统治。公元36年，汉光武帝命将领吴汉率军3万人蜀讨伐公孙述。吴汉与副将刘尚在成都城外分兵驻扎在锦江两岸，以待有利时机攻打公孙述。公孙述见东汉军分别驻扎在锦江两岸，不易会合，便决定逐个消灭东汉军，他先派谢丰、袁吉率十余万人马进攻江北吴汉大营，另派万余人在江南牵制刘尚，使之不能相救。吴汉抵挡一阵，终因寡不敌众，败下阵来。这时吴汉才意识到分兵给作战带来的不利，即使隔江驻兵也不能互相支援。他决定迅速集中兵力解围，于是一边部署疑兵迷惑蜀军，使蜀军不知其动向，一面借夜幕的掩护将主力悄悄转移到江南与刘尚会合。蜀军对汉军的这一情况全然不知，第二天，谢丰部仍按预定计划进攻驻兵江南的刘尚所部，汉军却派出了全部主力迎战，蜀军顿时大败，谢丰、袁吉战死，汉军乘胜攻占了成都外城。公孙述见状亲率精兵进攻汉军，激战半日，蜀军饥疲不堪，汉军又以预伏精兵反击，蜀军大乱。公孙述战死，其部众投降。

汉将吴汉率大军讨伐公孙述，却因兵分两岸，让公孙述钻了空子，幸亏他及时醒悟，迅速调集汉军主力到南岸，蜀军大败。吴汉起初认为兵分大江两岸，有利于防守和进攻，却不料公孙述采取了分而歼之的战术，让他吃了败仗。所以他立刻转变了战术，迅速把兵力集结起来，最终扭转了战局，大败蜀军。

商战谋略的阐释与应用

在商战中，只要对企业的发展有利，也应该适时地采取灵活多变的计谋，以获得竞争的胜利。

美国一家公司和日本的一家公司因许可证贸易而进行了一场谈判。谈判开始后，先由美方代表发言。美方代表详细介绍了己方的立场、态度和具体措施，日方代表只是埋头记录。美方代表发言结束，向日方代表征求意见，日方代表却表示不明白。美方代表问哪些地方不明白，日方代表却说全都不明白，而且还补充说他们对此事需要进一步研究。第一轮谈判只好就此结束。数星期后，美、日双方又进行了第二轮谈判。令美方代表惊异的是：日方代表全换成了新人。于是美方代表只好从头开始，将美方的立场、态度、具体措施逐一详细介绍。日方代表仍旧认真记录，没有一个人打岔。美方代表介绍完毕，向日方代表征求意见，日方代表仍旧是大眼瞪小眼，还是表示什么都不明白，而且他们照例提出说要回去研究，美方代表无奈，只好同意。经过两次谈判，日本代表还是说什么都不明白，美国人大骂日本方面毫无诚意。就在这时，日本公司的代表团突然飞至美国。这一回不等美方代表开口，他们就拿出精心准备好的方案，以无可挑剔的语言与美方代表讨论所有的细节，美国公司毫无防备，只好与日本公司签订了一个明显有利于日方的协议。

日本这家公司，生意做得真是精明。他们在两次谈判过程中均“以诈立”，表面上装作什么都不明白，暗地里却在研究对策。等到时机成熟，就出其不意地降服了对手。

从政谋略的阐释与应用

政治的险恶，要求从政者不得不想尽一切办法来自保。而其中行之有效的办法莫过于不失时机地“以诈立，以利动”。

三国时，曹氏后代曹芳继位，史称魏明帝。曹爽和大臣司马懿趁机执掌了朝政。曹爽听从手下谋士的建议，把司马懿升做太傅，借机剥夺了司马懿的兵权。不久他的两个儿子司马师、司马昭也被曹爽夺了实权。自此，曹爽家族和亲信完全控制了军政大权。

司马懿见形势已不利于自己，只好称病在家思虑复出计谋。

再说曹爽虽然剥夺了司马懿的实权，但还是有点不放心，于是他借李胜调任青州刺史之际，让李胜去司马懿处辞行，借机探听虚实。

司马懿知道这是曹爽的诡计，便让两个儿子退下，只留一侍女在身边。他还去掉帽子，散开头发，坐在床上装病。李胜拜见过后，说明来由，司马懿装聋作哑，故意打岔。

侍女悄悄告诉李胜：“太傅已病得耳聋了。”

李胜听其言语，见其情形，以为司马懿真得重病了，于是拜辞回去，将司马懿的情况报告给曹爽，曹爽这才放下心来，从此对司马懿不再防范。

不久，曹爽陪同魏明帝拜谒祖先。司马懿立即召集昔日的部下，率领家将，趁机占领了魏国的兵器库，威胁太后，又杀掉了曹爽及其党羽，重新控制了魏国军政大权。

司马懿是历史上有名的老奸巨猾之徒。他在失势后，谎称重病，使曹爽放松了警惕，然后伺机发动了政变，重新掌握了魏国军政大权。

先知迂直之计者胜

故其疾如风，其徐如林，侵掠如火，不动如山，难知如阴，动如雷震；掠乡分众，廓地分利，悬权而动。先知迂直之计者胜。此军争之法也。

军事谋略的阐释与应用

孙子在这里强调了用兵运兵的几种态势，但无论采取哪一种态势，都应当达到相应的极限，这样才能收到最佳的作战效果。在战争中，无论采取哪种行动战略，都要求分清形势，权衡利弊，然后再采取果断的行动，以迂为直，以退为进，从而牢牢把握战争的主动权。

公元 1641 年，皇太极出兵围困了锦州。明朝蓟辽总督洪承畴亲率 13 万人马驰援。洪承畴见清军来势凶猛，采取了稳攻急救、步步为营的作战方针。皇太极得知洪承畴增援锦州的消息后，也马上率军南下。皇太极认为如果按原计划攻打锦州，就势必腹背受敌，陷于被动。于是他采取了“围锦打援”的作战方针，除了留下少数部队牵制锦州城内的明军外，其余部队全都集中起来打击洪承畴的援军。明援军虽人数众多，但兵力较为分散，而且其粮草大本营笔架山守备部队不多，于是皇太极首先派精兵攻打笔架山，切断明军粮道，动摇其军心，然后又断绝明军归路。明军粮草大本营被攻破，引起援军军心动摇。失去粮草，洪承畴难以长期坚守，火速撤退，却不料又遭清军伏击，阵脚大乱，最后只有少数人突围。至此皇太极“围锦打援”的作战计划取得了全面的胜利。

皇太极攻打锦州，明将洪承畴率军驰援。如果此时洪承畴继续攻打锦州，势必腹背受敌。皇太极的最终目的是攻打锦州，但是他却采取了“以迂为直”的计策，时时把握战争的主动权，一举击败了明朝援军。消灭了援军，那么锦州城也就不在话下了。

商战谋略的阐释与应用

在商业竞争中，高明的决策者懂得如何设定目标，并分析与目标相关的各种因素，采取迂回策略来达到目的。

1996 年，生产洗涤用品的上海白猫集团公司为了进一步打开西南、西北市场，向四川万县一家企业输出著名的“白猫”品牌，组建成了四川白猫有限公司。该公司第一年的总产量就达到 3 万吨，第二年产量又增长了一倍多。与此同时，白猫产品迅速在四川地区拓展，形成了一个以万县为产地向西南、西北辐射的产销网络。白猫集团的这一做法大大降低了原材料运输成本和劳动力成本，而且有效地发挥了品牌效应，提高了名牌产品的市场占有率。

白猫集团正是采取了“迂直之计”的策略，不仅促进了白猫品牌本身的发展，而且还带动了周围其他产业的发展。

从政谋略的阐释与应用

“先知迂直之计者胜”，在政治生活中，想达到一定的政治目的，往往需要采取迂回的策略。

秦朝末年，刘邦率众起义，进占沛县县城。城中父老想推举他为县令，可是刘邦却推说自己难当大任，建议众人另选他人。当时在场的萧何、曹参等都担心大事不成，会被秦统治者诛灭九族，因此极力推举刘邦。而沛县的老百姓也受够了秦朝的残暴统治，都希望刘邦能使他们摆脱水深火热。刘邦又多次推让，可是没有人能担当此任，最终还是刘邦坐上了县令的位置。

其实，刘邦率众进军沛县胜利后，当上沛县县令是理所当然的事情。可是他偏偏假意推辞，他为何要这样做？原来这只不过是他的“迂直之计”罢了。因为他知道，即使很多人支持他做沛县县令，也会有一小部分人不服气，何况那些支持他的人也是因为形势所迫才这样做的。所以他便采取了这一策略，“被迫”当上了沛公。

三军可夺气，将军可夺心

故三军可夺气，将军可夺心。

军事谋略的阐释与应用

夺将士之气，动摇将军之心，这是孙子关于心理战的论述。军队的实力有一半以上是由士气构成的，对古代战争来讲尤其如此。如果一个部队军心溃散，即使他们的武器再精良，也不能发挥出正常的战斗力。所以，孙子强调要善于利用各种心理攻势对敌人施加压力，瓦解其士气，动摇其军心，先从心理上打败它，使其丧失战斗力。

汉高祖五年（公元前 202 年）十一月，刘邦与韩信、彭越、英布等将项羽及其部下层层围困至垓下（安徽泗县西南）。当时楚军虽然兵少粮尽，处于劣势，但项羽所部大多是勇猛之士，强悍善战。为了瓦解楚军军心，动摇楚人的战斗意志，韩信建议围困楚军的汉军士卒，每到晚上，就在篝火旁高唱楚歌。项羽听到四面汉营之中唱的都是楚歌，以为汉军已经占领了楚国全境，楚人都投降了刘邦，十分吃惊，不禁悲壮高歌。当时楚军屡战不胜，军粮将尽，士气锐减，项羽不想坐以待毙，于是率领 800 余名骑兵乘夜向南突围。刘邦立即命令骑兵将领灌婴率 5000 骑兵追至东城（安徽定远东南），再次将项羽包围。项羽见大势已去，仅率 28 骑突围，属下劝其东渡乌江，项羽却因无颜面见江东父老，于是在江边自刎而死。

项羽本人力能拔山，而其所部又勇猛善战。虽然刘邦大军已将其层层围至垓下，但依项羽本人的个性，仍然会负隅顽抗，于是韩信让汉军在四面唱起楚歌。项羽听到歌声，大为吃惊，以为楚地被汉军全部占领，遂绝望悲歌，以至信心受挫、意志瓦解，最后被迫自刎于乌江。如果韩信不使此计，项羽将拼死抵抗不说，而且还有可能东山再起。到那时，天下还说不定是谁的呢！

商战谋略的阐释与应用

在商战中，要想使产品或服务得到消费者的认可，只有通过“夺心”，才能赢得消费者的信任，最终赢得市场。

麦当劳发现他们的顾客中有很大一部分是儿童，于是看准了这一大好机会，采取了一系列有力的措施。他们经常在儿童节目时间做广告，麦当劳公司的广告经验和模式是食物、人物与快乐的组合。他们把这些要素组合成一个个十分有趣的故事，以此来让观众明白，到麦当劳用餐是一件多么有趣的事情。当然，他们在故事的后面还忘不了打出麦当劳的名称和商标。除此之外，麦当劳还曾经雇用小丑波索为公司做广告。波索是美国国家广播公司在华盛顿开辟的儿童节目“波索马戏团”的主角。每周这个波索都要在电视里对小朋友毫不含糊地说：“让爸爸妈妈带你到麦当劳去哟！”他那真诚而快乐的声调完全抓住了小观众们的心。波索成了麦当劳的代理人。这个节目是全国性的联播节目，又是最吸引儿童的节目，儿童又是麦当劳的主要顾客，由小丑波索做麦当劳形象代言人，再合适不过了。1965 年，“麦当劳叔叔”正式上了全国性的电视广告，而他也理所当然地成了麦当劳的象征。因此，在美国儿童快餐市场中，麦当劳的占有率已达 42%。

麦当劳的成功，其“夺心”战术功不可没。尤其是波索形象的出现，不仅紧紧抓住了儿童这个“大客户”的心，而且也赢得了许多成年人的好感。

从政谋略的阐释与应用

政治斗争是复杂多变的，因此处理一些政治问题，更需要谨慎行事。很多时候，运用“夺心”战术，比采取直接的强硬措施更能有效地达到目的。

三国时期，蜀国南方诸夷发动叛乱，蜀相诸葛亮率兵亲征。参军马谡为之献策：“南中地势险要偏远，用武力征服不是长久之计。况且以后如南夷得知丞相举兵北伐曹魏的消息，就会趁蜀国兵力空虚而加紧发动叛乱。如若用武力把他们赶尽杀绝，又非仁者之情。因此，此次用兵，应当以攻心为上。”马谡的一番论说，正合诸葛亮的心意，诸葛亮于是接纳了此建议。叛军首领孟获，是少数民族首领，在南中地区有很强的威信和影响。诸葛亮为了更好地解决与西南少数民族政权的关系，消除南中叛乱的根源，决定对夷敌首领孟获采取“攻心”战术，下令全军在作战中只能生擒孟获而不得伤害他。

经过一番交战，孟获果然中计被擒。但是诸葛亮对他不杀不辱，却顺势把他放了。孟获回营后，继续与蜀军对战。诸葛亮乘其不备，袭击了孟获的粮仓，又擒到了孟获。可是这一次诸葛亮又把他放了，就这样一连六次，诸葛亮擒获孟获，又将其释放。直到诸葛亮第七次擒获孟获，诸葛亮又要放他走时，孟获确实感到诸葛亮智谋超群，并没有存心和南中为敌，于是便心悦诚服地率众投降了。从此，蜀国西南安定，诸葛亮北伐再无后顾之忧。

三国时期，蜀国南方诸夷叛乱，诸葛亮派兵平叛，根据当时蜀国所处的具体情况，对夷敌首领孟获采取攻心战术，不仅有效地平定了叛乱，而且还进一步发展了民族关系。

善用兵者，避其锐气，击其惰归，此治气者也

是故朝气锐，昼气惰，暮气归。故善用兵者，避其锐气，击其惰归，此治气者也。

军事谋略的阐释与应用

既然士气是一支军队精神和意志的集中体现，而旺盛的士气是提高军队战斗力的重要因素，那么避开敌人旺盛的士气而后用兵作战，同样会使自己处于有利的战势。因此孙子提出了“避其锐气，击其惰归”的战略战术。

鲁庄公八年（公元前 684 年），齐国进犯鲁国，两军在长勺（山东莱芜东北）相遇。齐军势力强大，而鲁军兵少力弱。当齐军开始击鼓前进时，鲁庄公也命人击鼓迎

战。谋士曹刿急忙劝阻，要鲁军按兵不动；直到齐军第三次击鼓前进，曹刿才允许鲁军击鼓进攻。没想到齐军竟然力不胜战，战败退走。此时鲁庄公想要乘胜追击，曹刿再次阻止了他，直到确认齐军不是伪装败退，才建议鲁庄公下令追击，结果鲁军大获全胜。战后，鲁庄公向曹刿请教取胜原因。曹刿回答说，齐军第一次击鼓士气最为旺盛，此时我军不宜出战。齐军再三击鼓，一直等到第三次时，士气已经衰落很多了，这时我军再出击它们，就能轻松取胜。而齐军撤军时，车辙混乱、旗帜倒拖，确实是由于失败而撤军，此时全线追击，定能大获全胜。

这是避开敌人锐气作战的一个典型案例。如果鲁军与齐军在长勺相遇，鲁军马上与齐军对战，恐怕不能取胜。而当时两军正面交战，也没有其他的战术可施，于是曹刿抓住了敌人的士气做起了文章。他洞悉战场上擂击战鼓“再而衰，三而竭”的战机，“避其锐气，击其惰归”，等敌人三次击鼓、士气低落时才全线出击，结果大获全胜。

商战谋略的阐释与应用

当今社会，市场竞争日益激烈，竞争对手林立，要想取得竞争的胜利，就要认真研究竞争对手的长处和短处，从而“避其锐气，击其惰归”，有效地击败竞争对手。

瑞士表闻名于世，堪称世界钟表业霸主。1967 年，一位日本人突然向它提出了挑战。这位日本人名叫服部一郎，是日本第二精工社的社长。他知道，瑞士钟表业的优势是机械表，要想战胜它，就必须开发不同于机械表的“新表”。最后经过一番调查研究，服部一郎把希望寄托在“石英表”的开发上。他在美国人 W.A. 马里逊于 1927 年试制成功的真空电子管式石英钟的基础上，研发成功了一种小型石英表。这种小型石英表比原来大如衣柜的石英钟体积缩小了很多，可被轻轻松松地戴在手腕上。精工牌石英表问世后，服部一郎客观地分析了自己的实力，认为仍然无法与瑞士表面对面地抗争，于是他有意识地避开了瑞士这个手表市场，而是先在本国和瑞士以外的国家试销，“瑞士表”对此没有介意。服部一郎和精工集团一面以迂回战术“包围”瑞士表，一面集中大量的人力、财力从事石英表的新技术、新产品研发。到了 1990 年，“精工”的产量已跃居世界第一位，精工集团认为时机已成熟，决定向瑞士表发起总攻，他们不惜重金买下日内瓦的“珍妮·拉萨尔”手表销售公司，以实用型、尊贵型的拉萨尔新型系列手表同瑞士表进行竞争。“瑞士表”大为震惊。决心在全世界范围内展开反攻，以期夺回市场，然而还是被老谋深算的“精工”击败了。

“精工”潜心多年研发石英表，为的是避开瑞士机械表的强大竞争优势。在销售策略上也是如此，他们没有直接进攻瑞士手表市场，而是“避其锐气，击其惰归”，最后一举击败了钟表业霸主。

从政谋略的阐释与应用

“避其锐气，击其惰归”，在政治领域，也具有十分重要的意义。尤其是在自己的实力与对手相当或不如对手的时候，就要想办法避开其锐气，而用别的办法战胜对手。

战国时，楚国上柱国昭阳带兵攻打魏国，在襄陵打败魏军，得到八座城池。昭阳喜不自禁，又要乘胜攻打齐国，齐王得到消息后，召群臣商议对策。

当时齐国的军队战斗力还很薄弱，若与楚兵交战，必定惨败，但固守城池不出，也不是长久之计，所以齐王为此很担心。

正当齐王一筹莫展之际，秦国使臣陈轸来拜见。陈轸听说此事，主动要求去劝楚王罢兵回国。齐王没有办法，只好让他去试一试。

陈轸见到昭阳后问他：“按楚国的制度，击败敌军、夺得城池的人应给予什么奖赏？”

昭阳回答说是官封上柱国。陈轸又问更高的奖赏是什么，昭阳说是令尹。陈轸还问他，回国后是否能被封为令尹，昭阳笑着说没问题。

陈轸也仰头哈哈大笑，拿画蛇添足的故事为昭阳举例说，若再进攻齐国，打下来，他的官职还是令尹；若打不下来，身死爵位被夺，那就太悲哀了。昭阳仔细想了想，果真没有攻打齐国，连夜撤兵回楚国了。

齐国没有在昭阳士气旺盛的时候准备拼死抵抗楚军，而是任用陈轸巧妙地说服其退兵，手段十分高明。

以治待乱，以静待哗

以治待乱，以静待哗，此治心者也。以近待远，以佚待劳，以饱待饥，此治力者也。无邀正正之旗，勿击堂堂之陈，此治变者也。

军事谋略的阐释与应用

东汉末年，军阀割据，中原经常处于混战状态。当时袁氏兄弟割据河北，辽东太守公孙康偏安一隅。公孙康明白，一旦中原混战结束，袁绍就会转而北向，吞并辽东，因此他对袁氏久存戒心。官渡之战，袁绍兵败，曹操从容地占据了冀、青、幽、并四州。袁尚、袁熙逃往辽东依附公孙康，公孙康出于对当时局势的考虑，留下了袁氏兄弟。公元207年，曹操攻下了乌桓，有人劝说曹操进攻辽东，灭掉袁氏兄弟，曹操却自信地认为公孙康一定会把二袁的人头送来，于是并没有攻打辽东。当时，公孙康正担心曹操会以袁氏兄弟落脚辽东为借口而兴师讨伐，想不到曹操并无此意，于是他马上想到除掉二袁，一则去除心头大患，二则可以讨好曹操。果然不出几天，公孙康便呈上了袁绍的首级。曹操不费一兵一卒就消灭了二袁、安定了辽东。

为什么曹操能轻而易举地完成这两件大事呢？主要是因为他巧妙利用了二袁与公孙康之间的微妙关系，所以拿定了主意，"以静待哗"。如果他轻易进攻辽东，公孙康与二袁势必合力抵抗，而持久战疲惫，必将成为强弩之末，胜败难料。

商战谋略的阐释与应用

美国福特汽车公司是世界著名的汽车制造商，多年以来，它一直想占领世界豪华汽车市场，可是由于竞争对手实力强大，它的这个梦想一直未能实现。特别是英国美洲虎汽车公司在研制开发新型高档车方面具有独特的优势，这更使得福特公司一筹莫展。没有办法，福特公司只好默默地等待时机。1988 年，机会终于来了，美洲虎汽车公司由于劳资关系紧张，内部管理混乱，加上生产成本上升，使得利润锐减，而英国贸易局突然宣布放弃该公司的决定性股份，这更使得美洲虎汽车公司雪上加霜。而福特公司紧紧抓住这一有利时机，及时宣布以 16 亿英镑的价格收购了美洲虎汽车公司，终于如愿以偿，实现了多年以来的梦想。

福特汽车公司试图占领世界豪华汽车市场，却受到了竞争对手——英国美洲虎汽车公司的强大阻力。福特公司没有强行与之交锋，而是"以治待乱，以静待哗"，终于在 1998 年等来了机会，从而顺利地收购了美洲虎公司。

从政谋略的阐释与应用

四川益州自古是兵家必争之地，历朝历代都派能人去镇守。张方平曾奉朝廷之命调任益州太守。正准备起程上任时，突然传来一个很坏的消息：西南少数民族中的依部川的首领四处散播谣言，说壮族首领侬智高在南诏正蓄积粮草，大队人马马上就要来侵犯四川。益州城内人心惶惶，一片混乱。

朝廷接到益州的急报，火速派兵前去支援。与此同时，朝廷又命令张方平尽快赴任，主持四川地区防御事务。张方平接到命令后，便连夜赶往四川。途中，他仔细打探消息，又经过几日仔细思考，总觉得事情有点蹊跷。众侍从忙问原因，张方平说道："南诏离四川有两千余里，道路艰险，自古飞鸟难逾。并且南诏各族之间语言不通，又没有隶属关系，难以统一指挥。如此看来，定是有人在散布谣言。"侍从们都认同此理。

在考虑妥当后，张方平遣回了援军。进入四川境内后，他又发出命令告诉四川的少数民族："如果南诏的侬智高来犯，我定会派兵抵制的。只要是良民，朝廷都会给予保护，但若要胡说八道、乱造谣言，不论是谁，一律杀头！"接着，张方平把正在修筑城墙的士兵们全部遣回，然后秘密派人去邛部的少数民族里找一个能说汉文的人。恰好当地正逢上元节，张方平下令益州城四门大开，通宵不闭，任人自由进出，观看彩灯，不受任何盘查。百姓们见此情景渐渐没有了当初的恐惧，安下心来，四川再次安定下来。

不久，派到邛部少数民族的人找到了一个懂汉语的良民。张方平向其问明原因，果然是有人故意制造混乱。于是下令将最先散布谣言的人处斩。至此，益州之乱得到圆满解决。

从张方平处理事情的整个过程来看，他在听到那个坏消息后，并没有自乱阵脚，而是"以治待乱，以静待哗"，认真分析事情的原委，并遣回援军，大开城门，最终稳定了民心，平息了混乱局势。

用兵之法，穷寇勿迫

故用兵之法，高陵勿向，背丘勿逆，佯北勿从，锐卒勿攻，饵兵勿食，归师勿遏，围师必阙，穷寇勿迫。此用兵之法也。

军事谋略的阐释与应用

东魏孝静帝武定五年（公元 547 年），东魏高欢死，长子高澄继位。部将侯景不想受高澄辖制，占据颍川举兵反叛，为了保存自己的实力，免遭讨伐，随后又投降梁朝。侯景投降梁朝后不久，与梁朝合兵围攻东魏的战略要地彭城。高澄派大将慕容绍宗率兵讨伐，慕容绍宗认为梁军战斗力强、士气旺盛，不宜强攻，决定采取诱敌之计。他准备与梁军交战时，佯装败走，诱梁军追击，然后命部将率军从背后攻击他们。战前梁军将领侯景曾经预料到了这一点，但其前敌将领不听告诫，乘胜追击，孤军深入，追至半路突然伏兵四起，梁军顿时乱成一片，大败而归。

"兵以诈立，兵不厌诈"，为了获得战争的胜利，战争中的双方会采取一切可能的手段，来迷惑或麻痹对方。如果中计，那么将会使自己遭受损失，使敌人达到目的。魏军与梁军的交战就是一个很好的例子。梁军前敌将领不听侯景的告诫，孤军深入，违背了"饵兵勿食"的作战原则，结果大败而归。

商战谋略的阐释与应用

商战中，经营者一定要认清企业所处的内外形势，不要与强大的竞争对手进行正面交锋。另外，在实力不足的情况下要避开市场竞争的热点，专注于自身的优势。

1964年，日本松下通信工业公司突然宣布放弃大型电子计算机业务，对此决定公司上下全都感到震惊。公司已在计算机领域投入了巨额研究经费，眼看就要进入最后阶段，却突然宣布全盘放弃，这不得不令人感到费解。松下幸之助认为当时大型电脑市场竞争相当激烈，万一出了差错，将对松下公司产生致命的打击。事实上，当时大型电脑市场几乎全被IBM垄断，像西门子、RCA这种世界性的大公司也都相继放弃大型电脑的生产，而富士通、日立等公司也几乎倾尽了全部的财力去抢滩电脑市场。在竞争这么激烈的情况下，松下的决定无疑是明智的。

松下幸之助深知“锐卒勿攻”的道理，没有强行与IBM抗争，也没有与富士通、日立为伍，而是专注于发展企业传统产品，走出了松下的特色之路。

从政谋略的阐释与应用

俗话说，“兔子急了也会咬人”。所以在政治斗争中，要适可而止，在没有充分把握的情况下，不要把自己的对手逼上绝路。

吴起是战国时期的一位军事家、改革家，为了追求功名，他遍访诸国，希望能受到重用，却遭受了一连串的挫折。最后，他来到了楚国，深得楚王的倚重，任命他为相国，主持楚国的变法。他变法的一个主要内容就是要把矛头指向在楚国根深蒂固、势力雄厚的贵族，剥夺他们的田产，废除他们的特权，并将他们迁移到偏远的地区去开荒种地。

经过变法，楚国强大了，而吴起却被孤立了，他遭到了旧贵族势力的强烈反对和憎恨。公元381年，楚悼王死后，吴起失去了后台，那些仇恨积压已久的旧贵族们立即对吴起群起而攻之，将他乱箭射死。

中国历史上，历代的变法者都没有得到好的下场，原因何在？是因为变法错误吗？不是，事实上几乎每一次变法都推动了社会向前发展，但是每一位变法者又都难逃厄运，原因就在于他们所要革除的是一帮“穷寇”，是一群守旧落后的顽固势力，而这股势力是不甘心被逼迫的，他们急了是会咬人的。

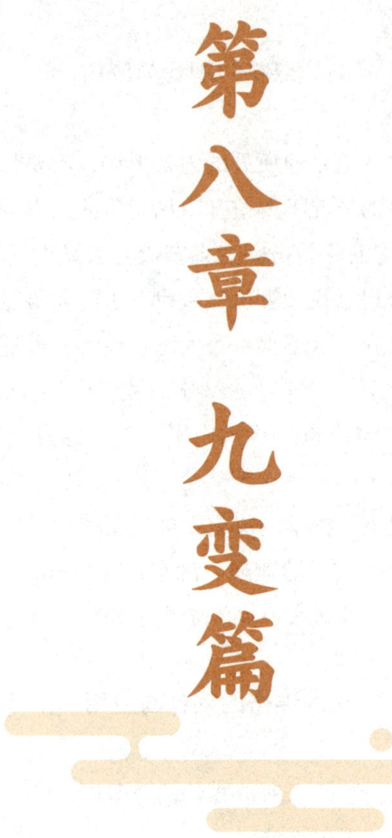

第八章 九变篇

※原文

孙子曰：凡用兵之法，将受命于君，合军聚众，圮地无舍，衢地交合，绝地无留，围地则谋，死地则战；涂有所不由，军有所不击，城有所不攻，地有所不争，君命有所不受。故将通于九变之地利者，知用兵矣；将不通于九变之利者，虽知地形，不能得地之利矣。治兵不知九变之术，虽知五利，不能得人之用矣。

是故智者之虑，必杂于利害。杂于利而务可信也；杂于害而患可解也。

是故屈诸侯者以害；役诸侯者以业；趋诸侯者以利。

故用兵之法，无恃其不来，恃吾有以待也；无恃其不攻，恃吾有所不可攻也。

故将有五危：必死，可杀也；必生，可虏也；忿速，可侮也；廉洁，可辱也；爱民，可烦也。凡此五者，将之过也，用兵之灾也。覆军杀将，必以五危，不可不察也。

※译文

孙子说：大凡用兵打仗的方法，将帅接受国君的命令，征集民众、组织军队，然后出征。出征时遇到沼泽连绵的“圮地”，不可驻扎；在多国交界四通八达的“衢地”上应结交邻国；遇到“绝地”不要停留；遇上“围地”要巧设奇谋尽快离开；陷入“死地”要殊死战斗。有的道路不要通行；有的敌军不能攻打；有的城邑不要攻取；有的地方不能争夺；国君的命令有的不要执行。所以，将帅如果能够精通以上九种机变的利弊，就是懂得用兵了；将帅如果不能精通九种机变的利弊，那么，即使熟悉地形，也不能够得到地利。指挥军队而不知道九种机变的方法，那么，即便知道“五利”，也是不能充分发挥军队的战斗力的。

所以，聪明的将帅考虑问题，必须同时兼顾利害两个方面。在不利的情况下要看到有利的条件，大事便可顺利进行；在顺利的情况下要看到不利的因素，祸患就能预先排除。

所以，要使别的诸侯国屈服，就要用他们害怕的事情去威胁他们；要使各国诸侯听从我们的驱使，就要用各种事物去烦扰他们；要使各国诸侯被动奔走，就要用小利去引诱他们。

所以，用兵的法则是，不要寄希望于敌人不来袭击我们，而要依靠自己所做的充分准备；不要寄希望于敌人不进攻，而要依靠自己拥有的使敌人无法进攻的力量。

所以，将帅有五种危险：只知道死拼蛮干，就可能被敌人诱杀；一味贪生怕死，就可能被俘虏；急躁易怒，就可能中敌人凌辱的奸计；过分重视名誉，就可能陷入敌人污辱的圈套；不分情况讲究仁爱部属，就可能导致烦劳而不得安宁。以上五点，都是将帅的过错，也是用兵的灾难。军队遭到覆灭，将帅被敌擒杀，都是由于这五种危险引起的，不可不予以充分的重视啊！

※评论与点评

本篇论述将帅指挥作战应根据各种具体情况灵活机动地处理问题，不要由于因循守旧而招致失败，此外，还就战争中面临的具体问题对将帅提出了要求。孙武强调，将帅处置问题时必须做到：第一，考虑问题要兼顾利与害两个方面。在有利的情况下要想到不利的因素，在不利的情况下要想到有利的因素。第二，要根据不同的竞争目标，采取不同的竞争手段。第三，自己要立足在充分准备，使敌人不可攻破的基础上，不能心存侥幸。第四，要克服偏激的性情，全面、慎重、冷静地考虑问题。只有做到以上这些，方能“得地之利”“得人之用”。孙武认为，将帅要从实际出发来处置问题才能战胜敌人，所以对于国君违背实际情况的命令可以不执行，对此他大胆地提出了“君命有所不受”的军事名言。

地有所不争，君命有所不受

孙子曰：凡用兵之法，将受命于君，合军聚众，圮地无舍，衢地交合，绝地无留，围地则谋，死地则战；涂有所不由，军有所不击，城有所不攻，地有所不争，君命有所不受。

军事谋略的阐释与应用

公元前154年，吴、楚七国叛乱，汉景帝派周亚夫率兵平叛。周亚夫行军至霸上，准备经崤山、渑池至洛阳。但是他的下属赵涉提醒他说，吴王知道将军的动向，必定会在崤、渑之间设置伏兵阻止军队前进。他建议周亚夫放弃原路线，改走经蓝田出武关至洛阳的路线，这样虽比走原路线会多用一两天时间，但却可以悄无声息地安然抵达洛阳，控制军械库。周亚夫听从了这一建议，改变了原来的行军路线，迅速由蓝田出武关，经南阳至洛阳，并派兵抢先占领了荥阳要地，控制了武库和粮仓。

如果周亚夫按原定路线进军，经崤山、渑池至洛阳，必定遭受敌人伏击，从而影响大军行动计划。周亚夫听从赵涉建议"涂有所不由"，最终安然抵达洛阳。

周敬王十三年（公元前507年）冬，吴王阖闾亲自率其弟夫概与伍子胥、孙武等倾全国之兵，与楚军夹江对峙。楚国令尹子常贪功心切，擅自率军渡过汉水攻击吴军。吴军由汉水东岸后退，企图把楚军引至不利地形，然后待机决战。子常不知是计，于是紧追不舍。楚军抵挡不力，屡屡受挫，锐气大减。吴军于是停止后退，与楚军对阵于柏举。阖闾的弟弟夫概得知子常不得人心，而楚军又连连受挫、士气低落，于是主张先发制人，一举击溃子常军，然后率大军随后出击，一定能打败楚军，但是吴王阖闾并不赞成这样做。夫概只好见机行事，亲率所部5000人猛攻子常部。子常军一触即溃，楚军大乱。

吴王阖闾之弟夫概，在与楚国子常交战的过程中认真分析当时的战势，把握有利的战机，一举击败了子常部。然而当他向吴王夫差提出要先发制人的策略时，却遭到了夫差的反对，但是夫概并没有放弃战机，而是见机行事，突袭子常部，最后获得了战争的胜利。他虽然违背了吴王的命令，但却打败了敌人，保卫了国家。

商战谋略的阐释与应用

1956年，日本商人盛田昭夫带着刚刚问世不久的袖珍收音机来到了美国。美国人看到这种新玩意儿，一下子就被吸引住了。经销商纷纷前来，不久，盛田昭夫就接到了 1 万台的订货单。这时，美国一家大公司——布罗瓦公司看中了这款袖珍收音机，他们想从盛田昭夫这里订购 10 万台。但他们也提出了一个条件：把索尼的牌子换成美国的商标。他们的理由就是布罗瓦公司在美国有 50 年的品牌历史，而索尼这个牌子在美国几乎是无人知晓。事实上，如果接受这一建议无疑会给索尼公司带来丰厚的利润，这的确是一个强烈的诱惑。可是盛田昭夫以企业家机敏的眼光看穿了这背后隐情：如果接受了条件，将会永远寄人篱下，失去独立发展的自由。经过深思熟虑之后，他坚决回绝了这一建议。事实证明，盛田昭夫当初的决定是正确的。50 年后的今天，索尼的名气已远远超过了布罗瓦公司。

盛田昭夫在创业之初，没有被布罗瓦公司放在他眼前的丰厚利益所蒙蔽。他明白在瞬息万变的市场竞争中“地有所不争”的道理，毅然坚持了自己的独立发展路线，这才造就了索尼今天的辉煌。

从政谋略的阐释与应用

唐宪宗时期，柳公绰任职京兆尹，他刚直不阿、正气凛然。上任之初，就杖杀了皇帝宠幸的神策小将，唐宪宗满脸怒气地责问柳公绰。

柳公绰回答：“陛下因不认为臣下不贤，才让我担任京兆尹。京兆府是京都所在地的府治，当为表率。现在我刚刚上任，小将就敢这样轻率冲犯，这不仅仅是怠慢臣下，也是轻视陛下的诏令。臣下只知道打击不懂礼法之人，并不管他是什么神策小将。”

唐宪宗又质问他为什么事先不奏明。

柳公绰回答说：“按我府尹的职权，只该打死他，不负责上奏。”

唐宪宗又问他：“谁应当负责上奏？”

柳公绰回答：“管辖他的部队应上奏；若是死在大街上，金吾街使应该禀奏；若是死在巷里，左右巡使应该禀奏。”

唐宪宗被顶得无话可对，只好退朝。

按理说，宪宗皇帝潜意识中不希望柳公绰杀死自己宠爱的神策小将，即便他犯了不可饶恕的错误。可是柳公绰身为京兆尹，有自己独立的权力。虽然他的做法不符合皇帝的喜好，但毕竟符合国家的法令制度，也符合唐宪宗皇帝统治的根本利益。因此，他连皇帝的责问都敢顶撞。

通于九变之地利者，知用兵矣

故将通于九变之地利者，知用兵矣；将不通于九变之利者，虽知地形，不能得地之利矣。治兵不知九变之术，虽知五利，不能得人之用矣。

军事谋略的阐释与应用

南宋绍兴三十一年（公元1161年）十月，宋、金两军船队在胶西海域相遇，完颜郑家率金军停泊在陈家岛，李宝率宋军停在石臼岛，两岛只隔一山，相距30余里。金军数倍于宋军，完颜郑家似乎感觉胜券在握，且认为两军距离尚远，因此未作临战准备。李宝得知金军军心不齐，且不习水战，已有好多兵士昏睡舱中。于是决定乘其不备，先发制人。李宝先以部分战船切断金军退路，随即命前锋船队借助风势，以火药器向金军船队猛攻。金军舰船皆以松木制造，以油绢为帆，顿时火光冲天，大部舰船被烈火吞没，损失惨重。宋军趁机进攻，只有少数金军战船逃脱，其余大部被歼。

金军船舰陈兵胶西海域，人多势众，占据天时、地利，但是其将帅不通九变之利，其将士不习水战。相反，宋军将领李宝审时度势，全面侦悉了敌情，因势利导，采取了火攻的方式大败金军。

商战谋略的阐释与应用

商场形势是复杂多变的，因此企业也需要灵活多变的经营方式。没有任何一种固定的经营模式可以保证企业长盛不衰，所以经营者一定要从市场实际出发，随机应变，适时采取恰当的经营战略，从而保证基业稳固。

众所周知，在中国的电子产业中，VCD曾经上演过一幕精彩的竞争短剧，这多多少少为人们留下了一些思考。VCD行业起步于中国一家民营企业——安徽万燕公司。1992年4月，万燕现代电视技术研究所所长姜万勐，在美国的一次电视技术展览会上发现了MPEG解压缩技术。他及时把握商机，运用这一技术开发了家用VCD机。与此同时了解这一技术的还有胡志标，可胡志标并没有急于投资开发新产品，而是一直冷静观望。姜万勐耗费巨资开发了VCD这一新产品，又倾力确立了一个独一无二的品牌。可是由于前期投入过多，导致早期产品成本过高，这为以后的市场份额留下了致命的隐患。1995年4月，胡志标筹资80万元在广东省中山市东升镇成立爱多公司，专门生产VCD整机。推出产品之前，胡志标又投入大量资金大力为爱多VCD做广告宣传，后又以巨资夺取了中央电视台电子类广告的标王，把“爱多VCD”推到全国各地的消费者面前。爱多成功的营销策略，为他们赚取了近12亿元人民币的利润。而万燕同样投入了巨额资金，却因为只关注技术开发，无视营销策略，结果大部分的市场份额被“爱多”“万利达”“新科”等几个品牌占领。

万燕以雄厚的技术实力开创了中国的 VCD 时代，而爱多却以广泛而深入的宣传赚取了 12 亿人民币。谁是市场的赢家？原因何在？从经济效益的角度来讲，爱多当然是胜者。两者相较就看谁“通九变之利”了！

从政谋略的阐释与应用

官场的形势比战场更为复杂，也更为严峻。因此处在官场之中，更需要懂得“变通”之术。只有因势变通，才能在复杂的官场游刃有余。

晋朝时，司马睿的叔父被成都王司马颖杀害，司马睿跟随晋惠帝住在邺，害怕灾难祸及自己，便秘密出逃。由于司马颖事先通知各关卡、渡口，不准贵族通过。所以，当司马睿来到河阳时，被渡口官员挡住，司马睿的随从宗典在主人之后赶到，见此情景，心生一计。他急匆匆跑到司马睿跟前，举起马鞭说：“怎么？你这小小的驿站长，也在被禁之列吗？”说完之后，哈哈大笑起来。管理渡口的官员以为司马睿真的是驿站的小站长，便放他过去了。司马睿和随从宗典顺利地通过了渡口。

如果不是宗典随机应变，恐怕司马睿早就没命了。

智者之虑，必杂于利害

是故智者之虑，必杂于利害。杂于利而务可信也；杂于害而患可解也。

军事谋略的阐释与应用

东汉建安十一年（公元 206 年），袁氏兄弟被曹操打败后，只好率残部投靠乌桓。曹操恐留有后患，准备率军攻打乌桓，一举消灭袁氏势力。其部将劝曹操说，攻打乌桓路途遥远，而且刘备还有可能趁发兵乌桓之际，乘虚攻打许都，所以不赞成出兵，众人也都认为言之有理，力劝曹操撤回许都。只有郭嘉力主不能回师，而主张乘胜追击袁氏兄弟，消灭乌桓。郭嘉认为刘备不足为患，刘备才能高于刘表，而投靠刘表也是出于无奈，刘表嫉贤妒能，必定不会重用刘备，既然刘备没有发挥才能的余地，也就不值得顾虑。因此，追击二袁机不可失，乃为上策。曹操听后，认为郭嘉所言极是，于是整顿人马，出兵乌桓。不久，乌桓兵败，二袁被迫逃往辽东。

有利必有害，有害必有利。优柔寡断、顾此失彼，就有可能贻误战机。曹操的部将，只看到了攻打乌桓的可能会带来的危害，而看不到当时出兵乌桓的有利战机。只有郭嘉既看到了刘备投靠刘表给他自己带来的不利因素，又看到了当时乘胜追击袁氏兄弟的好处。所以他极力劝曹操出兵，最后灭掉了乌桓。

商战谋略的阐释与应用

1988 年 4 月 27 日，美国阿哈罗航空公司的一架波音 737 客机从机场起飞后不久，突然发生事故——飞机机舱顶盖被气流掀开一个大洞，一名空姐当即被掀出机外。驾驶员立即采取紧急措施，把飞机降落在附近的机场。万幸的是：除了那名不幸的空中小姐外，全机 89 名乘客和其他机组人员无一伤亡。有关人员立即赶赴现场，对飞机发生事故的原因进行调查。波音公司面对严峻的考验，毫不惊慌，他们派出高级技术人员协助调查，并随着调查的深入，借助各大新闻媒体对空难事件大加宣扬。波音公司解释说：按照技术规定，这架客机早该退役，事故发生主要是由于金属疲劳造成的。但即便如此，这架客机还能保证乘客无一伤亡，这证明波音公司的飞机质量的确是上乘可靠的。由于波音公司处变不惊，从容查清空难原因，并借机巧妙宣传，这不但没有损伤波音公司的形象，反而使公司的订货量成倍增加。

化害为利，是波音公司在处理这次事故中运用的主要手法。波音公司面对这次空难，积极应对，巧妙宣传，不仅“杂于害”，而且“杂于利”，最终不仅化解了危机，而且赢得了更多的订货。

从政谋略的阐释与应用

唐肃宗时，其子李琰被封为建宁王。李琰生性英明神武，而且文韬武略兼备，于是唐肃宗决定任命其为兵马大元帅，率领唐军远征。可是丞相李泌知道后对唐肃宗说：“建宁王的确具有元帅的才能，可是建宁王的哥哥广平王还未被立为储君，如果让建宁王率军去东征，取得了战功，那么天下人就会以为建宁王劳苦功高，而对广平王立为储君不服气。”唐肃宗听罢，认为李泌把事情看得太严重了。李泌回答说：“现在，广平王还未被立为储君，而元帅的位置，就广受世人的瞩目。也就是说谁成了元帅谁就有可能成为太子。如果建宁王被任命为元帅，而且立了战功，到时不立他为太子都难了，即使他本人不做太子，他带领的将士们也不会同意。”唐肃宗听了李泌的一席话，才恍然大悟，最终撤销了任命。

丞相李泌的担心不是多余的，因为争夺皇位而发生的宫廷政变，历史上的例子并不在少数。所以对于真正大智大勇的政治家来讲，在做出重大决定之前必定要“杂于利害”，认真考虑一切利弊得失。

用兵之法，无恃其不来

故用兵之法，无恃其不来，恃吾有以待也；无恃其不攻，恃吾有所不可攻也。

军事谋略的阐释与应用

明太宗洪武八年（公元 1375 年）十二月，原元朝太尉纳哈出率兵侵扰明辽东边境。朱元璋命辽东都指挥使马云坚壁清野、设险阻击。马云派吴立、张良佐在盖州（辽宁盖县）严阵以待，坚守勿战。纳哈出率军到达辽东盖州后，见明军守备森严，没敢进攻，可是又不甘心空手而归，于是越过盖州直奔兵力较少的金州（辽宁金县）。金州兵力较少、城墙也没有修完，纳哈出以为可以趁机攻打金州城，但金州城守城将士团结一致，奋力抗敌，给元军以沉重打击。纳哈出在金州失利后，担心明援军到来后腹背受敌，便迅速撤军。因为盖州城也早有防备，元军后撤时只好迂回城南绕过盖州。明军叶旺部事先料定元军撤退时必绕道盖州城南，于是在元军必经之路设下伏兵。元军退至盖州城南时，遭到伏击。盖州城内明军乘势杀出，元军大败，纳哈出只身逃脱。

纳哈出连战连败，而明军却捷报频传，原因何在？除了明军将士奋勇杀敌之外，最重要的原因当属明军积极防守、严阵以待。而纳哈出就不同了，他并没有充分了解明军的防守情况，而是误撞误打、企图顺手牵羊捞取利益，撤退后又陷入明军埋伏，结果大败而归。

商战谋略的阐释与应用

本田公司是世界著名汽车制造商，全球每八十辆轿车中就有一辆是“本田”轿车。在竞争如此激烈的轿车市场，本田公司能取得如此好的成绩，靠的是“本田式的危机管理”。当初本田在世界范围内打开市场靠的不是轿车而是摩托车，最初本田生产的轿车并没有多大名气，而其摩托车却在世界上首屈一指。20 世纪 70 年代，本田摩托车在美国市场上正走俏时，本田宗一郎却突然提出了“东南亚经营战略”，建议开发东南亚市场。此时，欧美摩托车市场角逐正激烈，而东南亚的经济刚刚起步，人们对这一高档消费品还有些敬而远之。所以公司总部大部分人不赞成这一提议。然而本田宗一郎却拿出了一份详尽的调查报告，证明美国将进入新一轮的经济衰退，这将对摩托车市场产生不良影响。一年以后，美国经济果然急转直下，本田摩托车大量积压。而与此同时，东南亚对摩托车的需求量却开始稳步上升，本田宗一郎立即根据当地的条件，对库存产品进行改装后销往东南亚。由于提前做了打算，本田摩托车投放东南亚市场后，销量剧增。

没有永久赢利的产品，也没有一成不变的市场。本田宗一郎准确洞察市场先机，在美国经济即将进入新一轮衰退的情况下，提前做好了战略转移的准备，结果非但没有受到不良影响，而且还创下了销售新高。

从政谋略的阐释与应用

唐玄宗晚期，宰相李林甫与外戚杨国忠争权夺利，水火不容，一个是执政多年的奸相，一个是依恃杨贵妃的新贵，双方都想压倒对方。

一次西南边境发生战乱，奸相李林甫奏请唐玄宗由杨国忠去坐镇指挥，想借机将杨国忠挤出朝廷。杨国忠为避免自己离开朝廷后，李林甫对他进行诬陷，临别时哭泣着请求唐玄宗保护他，杨贵妃也为他出面求情。最后，唐玄宗答应了他们。

有了杨国忠的预先安排，李林甫谗言难进，一筹莫展。他看出杨国忠代他为相的大局已定，于是原有的病情加重，不久就离开了人世。

李林甫奸诈无比，杨国忠技高一筹。杨国忠料想到李林甫将自己挤出朝廷的动机，于是事先做好了安排，结果李林甫不但阴谋未能得逞，反而葬送了自己的生命。

将有五危

故将有五危：必死，可杀也；必生，可虏也；忿速，可侮也；廉洁，可辱也；爱民，可烦也。凡此五者，将之过也，用兵之灾也。覆军杀将，必以五危，不可不察也。

军事谋略的阐释与应用

公元450年，魏永昌王库仁真率8万骑兵与宋将刘康祖8000人马对峙。刘康祖军副使胡盛之欲附山依险，与敌人对峙。刘康祖大怒，认为他受命肃敌，兵器精练，且援军可随时到达，于是决定与敌人拼死一战。结果库仁真8万大军从四面围攻宋军，宋军寡不敌众，顿时溃败，刘康祖也中流矢而死。面对十倍于己的兵力，刘康祖不听副使劝告，与敌人拼死一战，殊不知兵法所言“必死，可杀也”的忠告，最后落得个几乎全军覆没的下场。

公元357年，姚襄进据黄落，前秦派苻黄眉、苻坚及将军邓羌等率军前去救援，姚襄深沟高垒，固守不战。邓苻向苻黄眉献策说，姚襄被桓温杀败，锐气大减，所以拒不出战，然而他性格刚烈，可以鼓噪扬旗、逼其营垒，激其出战。然后再在三原设伏，一定能大败姚襄。姚襄果然大怒，全线出击，邓羌且战且退，将姚襄引至三原，然后与伏兵一起全力出击，姚襄所部顿时溃不成军，其本人也被擒斩首。姚襄本来可以坚守阵地，拒不出战，从而保存自己的实力，可是他却禁不起邓羌挑逗，大怒出兵，结果兵败被斩，实在可惜。

以上两则战例中的刘康祖、姚襄，都违背了孙子"将有五危"的忠告。刘康祖"必死"，结果被杀；姚襄"忿速"，结果被诱击，也丧失了性命。

商战谋略的阐释与应用

艾柯卡是美国众人皆知的风云人物。他在短短几年内使濒临倒闭的美国克莱斯勒汽车公司起死回生，以成功的经营方法和卓越的公关才能创下了营销佳绩。艾柯卡于1979年接任克莱斯勒汽车公司总裁时，公司已经亏损严重，艾柯卡只好求助于政府的担保，准备从银行贷款10亿美元用于研发新型轿车。此举引来了美国各界的不满，因为他们认为这种做法违背了自由竞争的原则。艾柯卡经过冷静的分析后，采取了"各个击破"的战术，最终争取到社会各界的同情与支援，然后用这来之不易的10亿美元贷款一举开发出几种新车型。从1982年起，克莱斯勒公司开始扭亏为盈，第二年就赚取了近10亿美元的利润，创造了该公司有史以来盈利的最高纪录。

艾柯卡不愧为一个优秀的管理者，他受命于危难之际，为了研发新车型，不得不争取政府担保下的信用贷款，可是却遭受了重重的阻力。艾柯卡没有被这些困难和挫折所击败，而是采取正确的态度和策略为克莱斯勒成功赢得了贷款。

从政谋略的阐释与应用

公元前659年夏天，晋国兴兵攻伐虢国。伐虢就必须经过虞国，但是如果虞国不借道给晋国，晋国就束手无策。大臣荀息建议晋献公把自己国家的两件国宝——千里马和玉璧送给虞国国君虞公。

晋献公接受了荀息的建议，派人把千里马和玉璧送给虞公，虞公不听谋臣宫之奇的劝告，借路给晋国。晋军经虞国到达虢国，攻占了虢国的都城，迫使虢国迁都到上阳。

公元前655年，晋国聚集精兵良将，再次向虞国借路攻伐已迁都上阳的虢国。宫之奇劝说虞公道："虢、虞两国相互依存，虢国灭亡了，虞国也就日薄西山了。所谓

‘辅车相依，唇亡齿寒’说的正是虢、虞两国今天的形势。还请大王三思而行。”

可是虞公再次拒绝宫之奇的劝告，借路给了晋国。宫之奇知道大难不久将会来临，只好携带家眷、带领族人，逃离了虞国。

是年 8 月，晋国大军经虞国进入虢国，迅速攻克虢国国都上阳，虢国灭亡。凯旋途中，晋军趁虞公毫无防备之际，又一举消灭了虞国，虞公成了晋军的俘虏，千里马和玉璧也都重新回到晋献公手中。

荀息抓住了虞国国君虞公爱财的弱点，投其所好，使其放松了警戒，从而达到了借道的目的。而虞公在助纣为虐的同时，也葬送了自己的国家，实在可悲。

第九章 行军篇

※原文

孙子曰：凡处军相敌：绝山依谷，视生处高，战隆无登，此处山之军也。绝水必远水；客绝水而来，勿迎之于水内，令半济而击之，利；欲战者，无附于水而迎客；视生处高，无迎水流，此处水上之军也。绝斥泽，惟亟去无留；若交军于斥泽之中，必依水草而背众树，此处斥泽之军也。平陆处易而右背高，前死后生，此处平陆之军也。凡此四军之利，黄帝之所以胜四帝也。

凡军好高而恶下，贵阳而贱阴，养生而处实，军无百疾，是谓必胜。丘陵堤防，必处其阳而右背之。此兵之利，地之助也。上雨，水沫至，欲涉者，待其定也。凡地有绝涧、天井、天牢、天罗、天陷、天隙，必亟去之，勿近也。吾远之，敌近之；吾迎之，敌背之。军行有险阻、潢井葭苇、山林翳荟者，必谨复索之，此伏奸之所处也。

敌近而静者，恃其险也；远而挑战者，欲人之进也；其所居易者，利也。众树动者，来也；众草多障者，疑也；鸟起者，伏也；兽骇者，覆也。尘高而锐者，车来也；卑而广者，徒来也；散而条达者，樵采也；少而往来者，营军也。辞卑而益备者，进也；辞强而进驱者，退也；轻车先出居其侧者，陈也；无约而请和者，谋也；奔走而陈兵车者，期也；半进半退者，诱也。杖而立者，饥也；汲而先饮者，渴也；见利而不进者，劳也。鸟集者，虚也；夜呼者，恐也；军扰者，将不重也；旌旗动者，乱也；吏怒者，倦也；粟马肉食，军无悬缻，不返其舍者，穷寇也。谆谆翕翕，徐与人言者，失众也；数赏者，窘也；数罚者，困也；先暴而后畏其众者，不精之至也；来委谢者，欲休息也。兵怒而相迎，久而不合，又不相去，必谨察之。

兵非益多也，惟无武进，足以并力、料敌、取人而已；夫惟无虑而易敌者，必擒于人。

卒未亲附而罚之则不服，不服则难用也；卒已亲附而罚不行，则不可用也。故令之以文，齐之以武，是谓必取。令素行以教其民，则民服；令不素行以教其民，则民不服。令素行者，与众相得也。

※译文

孙子说：凡是部署军队和观察敌情，在通过山地时，要靠近有水草的山谷行进，要驻扎在地势高的地方，不要去仰攻占领了高地的敌人，这是在山地部署军队作战的原则。横渡江河，必须在远离江河的地方驻扎军队；敌人渡水前来进攻，不要在他刚到水边时便予以迎击，而要等他渡河渡到一半时再进行攻击，这样才有利；如果想要同敌人决战，不要选择在紧挨水边处布兵列阵；军队也应该驻扎在高处，而且不能处于河的下游，这是在河川地带部署军队的原则。通过盐碱和沼泽地带，应该迅速离开，不要停留；倘若同敌人在盐碱沼泽地带相遇，那就一定要抢占靠近水草、背靠树林的有利地形，这是在盐碱沼泽地带部署军队作战的原则。在平原地带要选择平坦开阔地域驻扎，而侧翼则应依托高地，做到前低后高，这是在平原地带部署军队作战的原则。以上四种部署军队求取胜利的原则，正是黄帝之所以能战胜其他“四帝”的原因。

大凡军队驻军，总是喜欢干燥的高地，厌恶潮湿的洼地；重视向阳的地方，轻视阴湿的地方；还要靠近水草丰茂、军需供应充足的地方，所以将士百病不生，这样才能每战必胜。在丘陵堤防地域，一定占领朝南向阳的一面，而将主要的侧翼背靠着它，这些对于用兵作战有利的措施，是利用有利的地形做辅助条件的。上游下雨涨水，洪水骤至，若想要涉水过河，得等待水流平稳后再通过。凡是遇上绝涧、天井、天牢、天罗、天陷、天隙这六种地形，一定要迅速离开，不要靠近。我军远远离开它们，而使敌人去接近它们；我军要设法面向它们，而让敌人去背靠它们。行军过程中如遇到有险峻的隘路、湖沼、芦苇、山林和水草丛生的地方，一定要谨慎地反复搜索，因为这些地方都是敌人可能设下伏兵和隐藏奸细的地方。

敌人逼近我军而能保持安静的，是倚仗他占领着险要的地形；敌人离我军很远而前来挑战的，是想引诱我军轻进；敌人在平坦地带驻扎，是因为这样做对他们有利；许多树木摇曳摆动，这是敌人要来了；草丛中有许多遮障物，这是敌人故布疑阵。鸟雀惊飞，说明下面有伏兵；野兽骇奔，这是敌军大举突袭。尘土高扬而又细长，这是敌人的兵车驰来；尘土飞起很少而面积宽广，这是敌人的步兵开来；尘土四散有致，这是敌人在砍柴伐木；尘土稀薄而又时起时落，这是敌人正在结寨扎营。敌人的使者措辞谦卑却又在加紧战备的，这是想要进攻；敌人的使者措辞强硬而军队又做出前进姿态的，这是在准备撤退；敌人的战车先出动，部署在侧翼的，这是在布列阵势；敌人并未受挫而主动前来讲和的，必定是藏有阴谋；敌人急速奔跑，并摆开兵车列阵的，是期望能同我军决战；敌人半进半退的，是企图引诱我军。敌兵倚着兵器站立，这是缺粮饥饿的表现；敌兵打水的人自己先喝的，这是干渴缺水的表现；敌人看见有利局面而不进兵争夺的，这是疲劳的表现。敌军营寨上方飞鸟群集，表明这是座空营；敌人夜间惊慌叫喊，这是他们恐惧的表现；敌营惊扰纷乱，这是敌将没有威严的表现；敌阵旗帜挥动不整齐，这是敌人队伍已经混乱的表现；敌人军官易怒烦躁，表明敌军已经疲倦；敌人用粮食喂马，杀牲口吃肉，收拾起炊具，不再返回营寨，这是决定要拼死突围。敌将低声下气同部下讲话，这表明敌将已经失去人心；接连不断地犒赏士卒，这说明敌人已无计可施；一而再地处罚部下，这表明敌军处境困难；敌方将领起初对部下凶暴，后又害怕部下叛变，这是最不精明的表现；敌人派遣使者前来送礼言好，这是企图休兵息战；敌人气势汹汹来同我军对阵，可是久不交锋但又不撤退的，就必须审慎地观察以摸清他的意图。

兵力并不是愈多愈好，只要不是轻敌冒进，能够做到集中兵力、判明敌情、取得部下的信任和支持，就足够了。那种既不深谋远虑而又轻敌的人，一定会被敌人所俘虏。

士卒还没有亲近依附主帅就施行惩罚，那么，他们就会不服，不服就难以驱使。士卒已经亲附，却不施行刑罚，那也无法命令他们去作战。所以，主帅要用怀柔宽仁的手段去教育他们，用军纪军法去管束他们，这样就必定会取得部下的敬畏和拥戴。平时能要求严格执行命令，管教士卒，士卒就会养成服从命令的习惯；平时不能要求严格执行命令，管教士卒，士卒就会养成不服从的习惯；平时命令能够严格贯彻执行，这正是将帅同士卒之间相处融洽的表现。

※评论与点评

本篇论述了在行军作战中要如何安置军队和判断敌情的问题，和军队在山地、江河、沼泽地、平原等四种地形上的不同处置办法，还论述了军队遇到绝涧、天井、天牢、天罗、天陷、天隙等特殊地形的处置办法。孙武提出了 31 种观察、判断敌情的方法，只有通过这些方法，把看到、听到和侦察到的各种现象加以分析，掌握真实的敌情，才能制订出正确的作战方案，最终获得胜利。孙武在本篇还提出了“令之以文，齐之以武”的文武兼用之治军原则，即要用道义来教育士兵，用法纪来统一步调，这样的军队打起仗来一定能取得胜利。

半济而击之，利

绝水必远水；客绝水而来，勿迎之于水内，令半济而击之，利。

军事谋略的阐释与应用

孙子在这里论述了在江河地带行军作战的方法。己方军队如果横渡江河，一定要在远离河边的地方驻扎，避免陷入不利境地；敌方军队渡水来战，一定要“半济而击之”，即要等敌人处于不利的战势时再进攻它。

公元1851年夏，太平军为了粉碎清军的围攻，主动撤出江口圩，退往象州中坪。此时，清军都统乌兰泰率军4000人扼守中坪西北的梁山村，提督向荣率军进驻中坪东北；广西巡抚周天爵率兵坐守中坪东南，太平军陷入清军的三面包围，形势十分危急。太平天国首领洪秀全命令石达开迅速解除中坪之围。石达开对中坪地区地形进行了全面侦察，侦察后发现中坪与梁山村之间有一条大河相隔，如果能诱敌过河，并设下伏兵，“半济而击之”，其首尾必不能相顾。于是，太平军首先在河边埋伏重兵，然后派部分兵力渡河引诱乌兰泰军，清军果然中计，见太平军败走，马上派兵渡河追击。谁知刚渡河一半，却发现四周伏兵四起、杀声震天，清军官兵猝不及防，一片混乱，损失惨重。

太平军兵败后北撤中坪而陷入清军的三面包围，危在旦夕。太平军将领石达开认真侦察中坪地形，决定诱使清军渡河，然后“半济而击之”，清军乌兰泰果然中计渡河，太平军趁机重兵伏击清军，清军大败。石达开击败了乌兰泰，为全面解除中坪之围奠定了基础。

商战谋略的阐释与应用

市场竞争复杂多变，对竞争对手的新举措迅速反应固然重要，但有时“半济而击之”往往也能起到后发制人的效果。竞争对手急于推出新产品时，往往考虑不周全，此时若能静观其变，充分了解新产品的市场反应，总结分析其优缺点，然后再研制出更完善的产品推向市场，不失为一种良策。

1969年，索尼公司成功研制出世界上最早的家用小型录像机，这种新产品一上市，马上风靡市场，占据了很大的市场份额。当时的松下公司实力相对弱小，如果他们也相继推出同类型的产品，也许市场行情并不看好。所以他们没有急于步其后尘，而是对这种新产品和市场反应进行认真的分析和研究，针对新录像机的弱点和市场需求的变化，研制出了更受消费者喜爱的松下录像机。这种新机型比索尼产品的录影时间长，而且价格也便宜了不少。所以松下的这种新机型一上市，销量很快就超过了索尼。

松下公司面对实力强大的索尼公司，没有硬碰硬，而是静观其变，然后“半济而击之”，最后大获全胜。

从政谋略的阐释与应用

“半济而击之”，就是在对手开始行动而未达到目的的时候下手，这个时候进攻对手不仅理由充足，而且取胜的把握也比较大。

两晋末年，幽州都督王浚企图谋反篡位，晋朝名将石勒准备剿灭王浚。但是王浚势力强大，恐一时难以取胜。石勒认为时机还不成熟，决定采用“欲擒故纵”之计，麻痹王浚。他派门客王子春带了大量珍珠宝物，敬献王浚，并写信向王浚表示准备拥戴他为天子。信中言辞恳切，对王浚一番吹捧。王浚信以为真。正在这时，王浚的部下游统伺机反叛王浚，准备投靠石勒，石勒却杀了游统，并将游统首级送给王浚。这使得王浚对石勒更加放心。

公元 314 年，石勒探听到幽州遭受水灾，百姓们粮食断绝，而王浚却不顾百姓死活，苛捐杂税，有增无减，致使民怨沸腾，军心摇动。石勒见时机成熟，亲自率军攻打幽州。当年 4 月，石勒率部来到幽州城，王浚还蒙在鼓里，以为石勒来拥戴他称帝，根本没有准备应战。等到大梦初醒时，已经身首异处了。

王浚刚开始谋反时，石勒并没有实力歼灭他，而且当时不易获得当地军民的全力支持，于是他首先设计稳住了王浚，然后暗中积蓄力量，伺机而动。等到幽州遭受水灾，而王浚又激起民愤时，石勒才借机一举歼灭了他。

凡军好高而恶下，贵阳而贱阴

凡军好高而恶下，贵阳而贱阴，养生而处实，军无百疾，是谓必胜。丘陵堤防，必处其阳而右背之。此兵之利，地之助也。

军事谋略的阐释与应用

行军打仗，离不开安营扎寨。因此孙子在这里提出了军队的驻扎问题，他认为行军打仗时，军队驻地必须选择在高处、向阳处和物资丰饶处，这样既有利于军队休整，也有利于防守和进攻。占据了这些有利条件，胜利才能有所保障。

唐昭宗乾宁四年（公元 893 年），淮南节度使杨行离割据一方，兴师作乱。汴州刺史、宣武节度使朱全忠大举兴师讨伐淮南节度使杨行离。朱全忠命令庞师古攻扬州，葛从周攻寿州。庞师古率兵 7 万驻清口，部属认为清口地势低洼，不宜驻军，但庞师古以为自己兵力强大，所以不以为然。杨行离率军至楚州迎击，命朱谨在渭水滩河上堵水截流，准备水淹朱全忠大军。军中探子侦悉了这一情况，遂报告给庞师古，庞师古认为这是妖言惑众，不足为信。一天，朱谨率军 5000 人，打着汴州军旗号，混入敌军，将汴军杀得措手不及，随后杨行离又决堤放水，淹死汴军无数，继而又亲率大军击杀，庞师古部全军覆没。葛从周见庞师古全军覆没，失去了左翼，只好撤退，杨行离又乘胜追击，汴军大败。

“低洼之地，不宜驻军”，这是显而易见的道理。可是庞师古却过于自负，不听部属劝告，明知军法大忌，却故意违犯，结果给了杨行离以可乘之机。而杨行离紧紧抓住这一有利战机，堵水截流，水淹汴军，轻而易举取得了战争的胜利。

商战谋略的阐释与应用

市场经济，竞争激烈，企业如果想要长远立足，首先要有准确的市场定位。准确的市场定位不仅有利于企业树立一个科学合理的发展目标，而且还能使企业充分发挥自身优势，为消费者提供更为有效的服务。

20 世纪 80 年代初期，美国高浦勒斯公司在经营上遇到了很大的困难。此时，弗兰西斯接任公司的总经理，主持产品开发和市场营销。他认为在市场经济初期阶段，产品的竞争主要是价格和质量的竞争，而现代市场竞争，产品必须富有个性，形象鲜明独特，这样才能吸引消费者，广开销路。有了这一合理的市场定位，弗兰西斯要求设计人员以“销售感情胜于销售鞋子”为宗旨，充分发挥每个人的想象力，设计出多种多样、富有个性的鞋，以此来刺激人们的购买欲。在这一市场理念的指导下，该公司相继推出了“男性情感”“女性情感”“轻盈感”“沉稳感”等各种主题的鞋子。这种带有不同感情主题的鞋子一上市，便在不同的消费群体中引起了强烈的反响，订货商也蜂拥而至。当然，此举为高浦勒斯公司带来了丰厚的利润。

战争中选择有利的地势，就能有效地把握战争的主动权；商战中有了准确的市场定位，就可以使经营变得如鱼得水。弗兰西斯认真分析了高浦勒斯公司当时所处的形势，然后对经营方向进行了准确的市场定位，适应了消费者的口味，从而使公司的利润滚滚而来。

从政谋略的阐释与应用

政治权力，如同金钱财物一样是一种稀缺资源。但是这种资源不能与其他资源进行交换，否则就会失去它本来的意义。很多人正是不能逃脱这个怪圈，才招致了一身祸患。为官者，只有洁身自好，才能令臣民信服。

东汉桓帝永寿元年（公元 155 年）的秋天，南匈奴造反。管辖这一地区的安定国都尉张奂刚到任不久，军营也只有 200 多名士兵，于是张奂就带着军队进驻在长城一带，准备实行战略防御。

他一面整编部队，扩充兵员，一面派遣使者去说服东羌前来支援。经过一番游说，东羌的几个部落答应支持张奂，一起攻打匈奴。有了东羌的援助，张奂不久就击败了匈奴。

战争结束后，东羌的酋长们送给张奂 20 匹骏马和 8 枚黄金臂镯。张奂端起酒杯，把酒洒在地上说："我把马看成像羊一样普通，不把它关进马厩来当成私人财产，也把黄金看作跟粟米一样廉价，不把它纳入自己的腰包里。"说罢，便将马匹和金器都还给了羌人。

在张奂之前的几位都尉，都贪图财物，使羌人十分头疼，直到张奂这位正直、廉洁的都尉上任，才使边疆民族心悦诚服，而他个人和汉室的声威也响彻边疆。

张奂在反击匈奴的过程中得到了东羌的大力支持，事后东羌送来金钱财物，都被他如数奉还，这不仅使他赢得了羌族人的尊敬和爱戴，还为汉室赢得了崇高的声望。

谨复索之

凡地有绝涧、天井、天牢、天罗、天陷、天隙，必亟去之，勿近也。吾远之，敌近之；吾迎之，敌背之。军行有险阻、潢井葭苇、山林翳荟者，必谨复索之，此伏奸之所处也。

军事谋略的阐释与应用

孙子在这里列举了几种具体的行军地形，提出遇到这几种危险的行军地形，要赶紧离开，想办法让敌人靠近它。而遇到险恶可疑的境地，要反复地进行搜索，避免陷入敌人的埋伏。总之，要根据不同的地形，采取不同的应对策略，以免陷入绝境。

公元 1863 年 5 月初，太平天国翼王石达开发兵四川，攻打花园津至德昌等地，可是后发现渡口有清军把守，不宜强攻，于是派部将攻打紧打地。紧打地地势险要，其间左有松林小河，右有老鸦漩河，前面有更加汹涌的大渡河。山高水急，峭壁绝涧，凶险异常。遇到这种极为不利的地形，石达开本应率部迅速离开，可是其妻当夜产下一子，石达开兴奋至极，遂犒赏三军，休息三日。石达开延缓撤离，给了清军以可乘之机，清军迅速集结兵力，占据险隘，拆去索桥。5月21日，石达开抢渡大渡河没有取得成功，于是改由泸定桥到天全，试图渡过松林小河，又没有成功。5月29日，清军地方势力夜袭马鞍山，断绝了石达开的粮道。后太平军再次抢渡，又遭到清军阻击，石达开只好率少数人马退至老鸦漩，又遭地方势力阻击，其妻妾部属携手投河。石达开率全营誓死抵抗，后全军覆没。

太平军也曾打过无数胜仗，甚至大败曾国藩的湘军。石达开本人也曾叱咤风云，威风一世，可是却被一时的胜利冲昏了头脑，为庆贺喜得贵子却置兵法大忌于不顾，结果身陷绝境，全军覆没，而其本人也被清军斩首，实在令人痛惜。

商战谋略的阐释与应用

经营者在开发新产品之前，首先要对市场进行深入细致的调查和研究，对消费的动向以及市场前景做全面的分析和预测。只有做好了这些准备工作，才能有效地防止经营计划的失败。

著名影像产品企业柯达公司在研制新产品时，非常注重市场调查。他们每生产一款新产品，都要先征集消费者的意见和建议，不断改进新产品，然后再正式将其推向市场。例如，他们在生产碟式相机时，首先是进行广泛的市场调查，然后提出新产品开发构想，再设计出相机的模型，并对相机的各项性能进行分析和论证。由生产部门造出样机后，公司再进行第二次市场调查，找出样机与消费者期望之间存在的差距，再加以改进。而改进后的相机还要交由消费者试用，在得到大多数消费者的认同后，才将最后结果上报总公司，总公司批准后再交给工厂试产。这种试产品还要交给市场开发部门做进一步调查，最后才能投产推向市场。

柯达公司对推出的新产品异常谨慎，看起来甚至有些烦琐。但他们这种谨慎做事的态度，不仅使他们的新产品广受欢迎，而且还有效地避免了各种市场风险。

从政谋略的阐释与应用

官场险恶，人心难测，处处充满了陷阱，因此一定要小心行事。否则等到阴沟翻船，悔之晚矣。

宋高宗赵构因秦桧“护国”有功，赋予他极大的权力，由他独任宰相近十年，并加封他为太师。朝廷的内政外交，全由秦桧做主，而秦桧的两个儿子也被封为高官。

表面上看来，宋高宗对秦桧百般宠爱，无所猜忌。可事实上，宋高宗身边的贴身侍从和御医都是秦桧耳目。宋高宗的一举一动都在秦桧势力的监视之下。因为秦桧有金人做后台，宋高宗也对他奈何不得。反倒是宋高宗自己为防不测，每次上朝时，都在靴中藏着一把利刃。

绍兴二十五年（公元 1155 年），秦桧病重，宋高宗立即起草诏书，解除了秦桧祖孙三人的一切职务。第二天秦桧就一命呜呼了，直到这时，宋高宗才长吁一口气，从靴中取出了利刃不再佩带它了。

身为一国之君，却时刻在朝靴里藏着一把刀，来提防朝臣，似乎有些可笑。但事实上，宋高宗并非多此一举，因为在当时的情况下，宋高宗稍有触怒秦桧的言行，便会有性命之忧。

辞卑而益备者，进也

辞卑而益备者，进也；辞强而进驱者，退也；轻车先出居其侧者，陈也；无约而请和者，谋也；奔走而陈兵车者，期也；半进半退者，诱也。

军事谋略的阐释与应用

孙子在这里强调用兵作战，一定要具备敏锐的眼光，善于识破敌人的阴谋诡计，不要被敌人布置的假象所迷惑，这样才能制定出正确的战略决策。

宋朝时，曹璋镇守渭州，号令严明，智勇双全，西夏人都很怕他。有一次，曹璋正和客人下棋，属下来报说：有数十名士兵叛变，逃往西夏。听到这个消息，许多将官都大惊失色。而曹璋和平时一样谈笑自如，他不慌不忙地告诉来人说：“是我命令他们这样做的。”众人看到曹璋镇定自若的神态，皆信以为真。这个消息很快传到了西夏，西夏王听说了此事，以为叛兵是被派去偷袭他们的，于是便把数十名叛兵全部杀死。

曹璋面对危险，并没有惊慌，而是因势利导，借刀杀人，故意将假消息借众人之口，传给西夏王。那些叛兵，怀着对西夏的一腔热血，却不明不白地死在了他们的屠刀之下。

明朝初年，元朝旧有势力不甘心退出历史舞台，屡次侵扰明朝西北边境。公元

1376年3月，明将汤和被派往延安守边。元朝旧将伯颜帖木儿派使者前来请和。无故而请和，这其中必有诡诈。明太祖朱元璋听说后，一面假装显示议和诚意，将诸将全部召回，同时又暗地留下大将傅友德继续留守防备，并指示傅友德：敌人无故而请和，乃兵法所忌，定要小心谨慎！同年4月，伯颜帖木儿见明朝已召回大军，以为有机可乘，于是发兵越境，准备乘虚而入。哪料明军早有防备，傅友德事先已安排精兵埋伏，等敌人大军一到，伏兵四起，伯颜帖木儿大军顿时乱了阵脚。明军趁机追杀，敌人死伤无数。

"无约而请和者，谋也。"朱元璋不愧是戎马出身，当元朝旧将伯颜帖木儿一提出请和要求，朱元璋就认定这其中必有诡诈，于是将计就计，一面假装撤兵，一边积极备战。而对于明军的这些准备，伯颜帖木儿全然不知，却急于搬起石头，结果砸了自己的脚。

商战谋略的阐释与应用

商业竞争中，为了更好地达到商业目的，经常要运用一些竞争手段来迷惑竞争对手或者取悦消费者。比如市场的暂时撤退、产品的让利行为、竭诚的服务等。

希尔顿的微笑服务就是这样的一个例子。1919年，希尔顿怀揣5000美元，只身来到得克萨斯州，果断地买下他的第一家旅馆——梅比莱旅馆，从此开始了他的创业历程。他苦心经营，很快资产就达到了5100万美元。他很自豪地把此事告诉了母亲，母亲却告诉他留住顾客比钱更重要。究竟有什么办法可以留住顾客呢？希尔顿冥思苦想，最后想到了两个字——微笑。从此他就用"微笑"这两个字作为他最重要的经营理念，他开始对他的雇员进行微笑培训，也把"微笑"作为检查雇员工作的唯一标准。经过多年的努力，1925年8月，希尔顿饭店竣工。此时，美国正好爆发了经济危机，希尔顿旅馆也受到了冲击，可是希尔顿凭着"一流微笑"的服务，最终渡过了难关，并逐步进入了黄金时期，他又趁机扩大了经营规模。"一流设施，一流微笑"支持着希尔顿的事业蒸蒸日上。1946年5月，希尔顿成立了他的希尔顿旅馆集团公司，第二年公司在纽约证券交易所上市。1949年他又买下了纽约最大的饭店。但是他并不满足于国内市场，20世纪50年代，他开始在世界范围内开创他的"旅馆帝国"。如今，希尔顿已拥有数十亿美元的资产，可是谈起他的成功秘诀时他却说是：一流设施，一流微笑。

希尔顿以其"一流微笑"的经营理念，一步步地创建了他的希尔顿帝国。以"一流微笑"竭诚为顾客服务，其实正是"辞卑而益备者，进也"的兵法思想在商战服务领域的体现。

从政谋略的阐释与应用

俗话说，“能屈能伸大丈夫”。在政治上也需要韬光养晦、恬退隐忍。退是为了进，必要时的弯曲是为了将来能更好地伸展。

战国时，魏王送给楚王一名美人，楚王十分喜爱。楚王的妃子郑袖看到楚王如此喜欢这名美人，就极力对这位美人表示好感，还将自己最喜欢穿的衣服送给她，自己最喜欢玩的东西让她玩。不仅如此，她还根据这美人的爱好口味，给她兴建宫室，添置卧具，表现得比楚王还喜爱她。这不仅换取了美人的信赖，而且还赢得了楚王的赞赏。

郑袖知道楚王和美人消除了对自己的心理防线，便去对那位美人说：“大王特别喜爱你的美貌，但是不大爱看你的鼻子。以后你见到大王，一定要将鼻子掩起来。”

这位美人听从了郑袖的话，一见到楚王，就慌忙用袖子掩住自己的鼻子，楚王觉得很奇怪，就问郑袖是何原因。

郑袖故作难为情地说：“她嫌你臭！”

楚王勃然大怒，下令立即将美人的鼻子割掉。

为了有效打击楚王宠幸的美人，郑袖可谓费尽了心机。她从一开始就十分厌恶和妒忌那位美人，可是找不到合适的机会来惩治她，于是只好卑躬屈膝、投其所好地讨好美人，直哄得美人和楚王不知道东西南北。可怜那位美人不懂得“辞卑而益备者，进也”的道理，结果上了郑袖的当，不仅毁掉了自己的容貌，而且最终也失去了楚王的宠幸。

兵非益多也

兵非益多也，惟无武进，足以并力、料敌、取人而已。夫惟无虑而易敌者，必擒于人。

军事谋略的阐释与应用

兵力的多少是战争能否取胜的一个重要因素，但行军打仗也并非兵力越多越好，如何科学合理地用兵和运兵才是最关键的。因此，孙子在这里提出了“兵非益多”的作战思想，指出只要集中兵力、准确判断敌情就能够完全战胜敌人。如果做不好这些，那就只有失败的命运了。

周定王十八年（公元前589年）六月，晋国联合鲁国、卫国准备发兵攻打齐国。齐顷公认为晋军不堪一击，所以对晋国联合发兵的举动并不感到惊慌，他派使者向晋国表示与晋军必有此战。两军交战时，齐顷公还纵容大夫高固冲入晋军，用石头投掷晋军，而且还捕获了一些晋军士兵，以此表示齐军的英勇。次日，两军在鞍地严阵以待。齐顷公求胜心切，扬言要一举消灭晋军，然后班师回朝庆贺。于是他命士兵火速上阵，连马的铠甲都来不及配备，就领兵驰向晋军。晋军奋勇拼杀，最后齐军大败。晋、鲁、卫联军乘胜追击，齐顷公侥幸率残部逃脱。晋、鲁、卫联军一直逼至齐国国都临淄，齐国被迫向晋国割地求和。

齐国在当时实力较为强大，所以齐顷公对晋国的进攻不以为然，这且不说，他还故意派人挑逗晋军，想借此表示齐军的英勇。晋军本来就是有备而来，加之齐军的行为激怒了他们，于是上下一心，发誓与齐军决一死战。可怜的齐顷公不仅不积极备战，还如此轻敌，最后落得个兵败、割地求和的下场，已经很不错了，这都是缘于齐顷公不明白“夫惟无虑而易敌者，必擒于人”的道理。

商战谋略的阐释与应用

在商战中，企业能否在竞争中取得胜利，关键不在于企业规模的大小、资源的多寡，而在于企业是否能集中优势资源，集中力量把小事情做好。

欧洲有一家规模较小的航空公司，它无论在规模上还是资源上都处于劣势，但公司起初在北大西洋航线上，采用了以不提供非必要服务为基础的低成本战略，从而使公司能够集中有限的资源把目标对准那些普通旅客，因此取得了不小的成功。然而，随着赢利的增加，公司想进一步扩大规模，以提高市场竞争力。于是开始增加新的服务项目，并且开辟了新的航线，这两项举措的实施使运营成本增加，因此不得不提高机票的价格，这使得公司的低价形象大受影响。而且，在人力、物力、财力有限的情况下，他们的服务和运输系统也无法与大航空公司相比。最后，随着公司普通客户的渐渐流失，这家航空公司只好停止营业。

很多企业在营运状况刚有起色之时，就开始盲目扩大经营规模，进行所谓的“集团化”经营，结果不仅造成了公司资源的严重不足，而且还导致了原有客户的大量流失，最后只好关门大吉。

从政谋略的阐释与应用

我们都知道“兵在精而不在多”。在军事方面，这句话是指士兵作战在于战斗力的强弱，而不在于数量的多寡。在政治方面则是指组织者领导才能的大小。

汉高祖刘邦曾经与韩信谈论将领们的才能高下。在谈完诸将领们的各种情况之后，刘邦忽然问韩信道：“你看，像我能带多少兵？”

韩信说：“陛下只能带 10 万人马。”

刘邦又问：“那你能带多少？”

韩信说：“我是越多越好啊！”

刘邦笑起来，反问道：“你说越多越好，为什么你却被我指挥呢？”

韩信说：“陛下虽不善于带兵，可擅长使用将领呀！这就是我韩信被陛下指挥的原因。”

“韩信将兵多多益善”，别说 10 万，100 万都不为过。可是刘邦带兵的能力却不及韩信的十分之一，表面上看来，似乎刘邦带兵不如韩信，可是别忘了这一点：刘邦领导着韩信呢！也就是说韩信将兵再多，也跳不出刘邦的手掌心。

令之以文，齐之以武

卒已亲附而罚不行，则不可用也。故令之以文，齐之以武，是谓必取。

军事谋略的阐释与应用

用兵作战，必定要使士卒上下一心、齐心协力，这才能够充分发挥整体战斗力。因此孙子提出了“令之以文，齐之以武”的治军原则。其核心思想是以政治道义来教育士卒，用军纪军法去规范他们，这样的军队才能够打胜仗。这种恩威并举的治军原则，为历代兵家所推崇。

魏太和二年（公元 228 年），诸葛亮北伐出兵祁山，他没有听从刘备临终前的劝告，任命马谡为参军。可是马谡却违背了诸葛亮的指挥调度，结果导致街亭失守，使蜀军由主动转为被动，遭受重大挫折。诸葛亮为了严明军纪，挥泪斩了自己一直器重的马谡，而诸葛亮本人也上书请求降级。其实在街亭之战中，副将王平曾一度规劝马谡，可是马谡并不听从。王平见马谡不听劝阻、一意孤行，只好率领本部人马布下疑阵，使魏军不敢贸然进攻，这一举动不仅保存了本部人马，还收容了大批失散的蜀军官兵。虽然街亭失守，但由于王平的努力，使得蜀军避免了一些损失。诸葛亮及时行赏，提拔王平为参军，后官至讨寇将军。

读过《三国演义》的人都知道，诸葛亮十分器重马谡，但是马谡却违背了军法，虽然大敌当前，诸葛亮还是挥泪斩了马谡。街亭失守之后，诸葛亮意识到应当精兵简政，明令赏罚，反省过错。为此，他及时提拔了王平，也深刻反省了自己。他亡羊补牢，“令之以文，齐之以武”，最终这些措施也都收到了一定的成效。

商战谋略的阐释与应用

企业是人、财、物的组合，其中人是最关键的因素。企业的内部管理，在一定程度上就是对人的管理，要使每个人都能发挥最大潜能，就要对他们“令之以文，齐之以武”。

梅考克是美国著名的企业家，他十分注重对内部员工的管理。梅考克在公司内制定了严格的规章制度，违者必罚，决不姑息。有一次，一位跟随梅考克 20 多年的老工人喝醉了酒，在车间与工头闹事，工头将此事报告给了梅考克。梅考克毫不留情地说：“立即开除。”

老工人是梅考克创业之初的患难之交，曾为公司的发展立下了汗马功劳。对于这样一位“功臣”，梅考克实在不舍得开除他。于是他找到了老工人，与他谈心。原来老工人的妻子刚刚去世不久，而留下的孩子又出了车祸，老工人心情不好，只好借酒浇愁，恰好被工头发现，工头把他臭骂一顿，他气不打一处来，于是就和工头大闹起来。梅考克拿出厚厚一叠钞票，塞给老工人说：“回家好好料理料理家务吧！”老工人非常感激，以为梅考克不再开除他了。可是梅考克却说：“说出的话是不能收回的，你家中有困难可以尽管找我。”他毅然辞退了老工人，这令全公司的员工惊叹不已。不过，不久梅考克又为老工人在其他地方找到了一份工作。

梅考克因为老工人违反了公司的规定，不顾多年的交情，毅然辞退了他，然后他又想办法为老工人谋得了另一条生路。他这种“令之以文，齐之以武”的做法，受到了公司员工的衷心拥戴。

从政谋略的阐释与应用

“恩威并举，软硬兼施”是中国古代统治者惯用的统治手段，也是一种行之有效的统治策略。

西汉时期，匈奴力量相对强大，对汉朝的边防安全构成了极大的威胁，经过汉武帝对匈奴的不断征战，匈奴受到沉重打击，但其威胁仍不可忽视。

为了进一步巩固边防安全，汉宣帝派赵充等五路大军联合乌孙夹攻匈奴。经过这次征讨，匈奴损失惨重，势力更加衰弱。不久匈奴分裂，分为东、西两匈奴。东匈奴迫于汉朝的强大，向汉朝臣服。汉朝为了维护边防安定，对东匈奴进行安抚，同时继续打击西匈奴。东匈奴决心进一步向汉朝靠拢。汉元帝时，东匈奴又到汉朝朝拜，并提出愿和汉室通婚结为亲戚。汉元帝恩准，让王昭君出嫁东匈奴。

王昭君当时为汉宫的一名宫女，她深明大义，主动要求远嫁匈奴。王昭君出嫁匈奴，进一步密切了两族人民的友好往来，这使得边境出现了少有的安定繁荣的局面。王昭君出嫁后，匈奴非常感激，主动向汉廷请求守边任务，但汉朝廷从长计议，出于战略考虑，谢绝了这一请求。

汉朝就这样在以武力为后盾的情况下，积极发展同匈奴的友好关系，终于换来了边境地区长久的和平与安定。

西汉王朝的统治者，总体上倾向于中庸。汉初统治者，推崇黄老之学，实行“无为而治”；汉武帝时期，又“罢黜百家，独尊儒术”，对外征战匈奴，兼具法家和兵家的思想倾向。这多种思想的综合运用，使得汉朝的统治者形成了一种圆润的统治风格。尤其是在处理与匈奴的关系上，表现得最为明显。对匈奴“令之以文，齐之以武”，以武力作后盾，实行和亲政策，令匈奴臣服，王道天下，颇具儒家风范。

令素行以教其民，则民服

令素行以教其民，则民服；令不素行以教其民，则民不服。令素行者，与众相得也。

军事谋略的阐释与应用

孔子曾经说过：“其身正，不令而行；其身不正，虽令不从。”这就是我们通常所说的以身作则。孙子在这里也对这种思想进行了阐述，他认为作为一名军事指挥者，自身的行为也就是属下的榜样，如果指挥者能够严格执行法令，那么士卒就会服从命令。孙子还认为士卒能够严格执行法令，说明将帅与士卒的关系相处得好，有了这种良好的关系，军队的凝聚力和战斗力将会大大增强。

李光弼是唐朝中期的著名军事将领，他刚直不阿、智勇双全，而且治军严整，具有非凡的指挥才能。李光弼在统军作战期间，执法严明、威振三军。公元 756 年，唐肃宗继位，诏令李光弼率军赴灵武，并加任户部尚书职务。当时太原节度使王承业政令不行，由侍御使崔众统率太原驻军，唐肃宗皇帝诏令崔众，让他将兵权交给李光弼。然而崔众依仗皇上重用，狂妄自大、傲慢无礼，故意为难李光弼，拒不交出兵权。李光弼见崔众故意违抗军令，于是命属下将其捆绑，准备以军法论处，可是此时唐肃宗皇帝又派人传诏命崔众为御使中丞。属下看到这种情形，劝说李光弼放了崔众，可是李光弼却说："崔众故意违抗皇上诏令，拒不交出兵权，理应当斩，纵使他被宣为御使中丞也应当依国法军纪将其斩首。"使者见此情形，未敢宣布诏令。李光弼执法如山斩御使，在全国影响非常强烈，他所统率的士兵也受到很大的震动。全军将士从中吸取教训，谁也不敢违背军纪了。

李光弼执法如山斩御使，执法严明，这或许是他成为中唐著名将领的一个内在原因。试想，如果当初皇上命令崔众交出兵权，而崔众故意违犯这一诏命，李光弼却又因为崔众深受皇上重用而对其奈何不得的话，那么他所统率的部下会怎么认为？他们还能够心服口服地执行李光弼的命令吗？"令素行以教其民，则民服；令不素行以教其民，则民不服。"如果真是那样的话，恐怕李光弼也就不能成为中唐名将了。

商战谋略的阐释与应用

芬兰有一家名叫索尔的清洁公司，这家公司拥有 2500 名员工，其主要业务是为机场、车站、商店、公司等提供清洗服务。公司在芬兰全国各地设有一千多个服务点，其营业收入在同行中排行第二。该公司员工常常一个人在没有任何监督的情况下独立工作，而且能够为客户提供优质的服务。为什么在没有任何监督的情况下员工还能提供优质的服务呢？原来，公司对其员工采取了"成果导向"的评价方式。这种方式是由公司设计出工作指标，然后再用这种指标衡量员工的工作成果，最后再根据衡量结果支付员工薪酬。另外，公司还向客户发送服务满意度调查表，由客户每人填写对服务工作的满意程度及希望或要求。在调查表的下端有喜怒哀乐的脸谱栏，其表情从大笑到愤怒，分别表示满意、较满意、一般、不太满意及不满意。客户根据员工的服务质量，可在相应的脸谱上钩选记号，作为评量。而公司则根据这种调查表，决定员工资金的发放数额。这一套成果管理方式果然激发了员工的自觉性，也赢得了客户的满意，公司的业务越做越大。

有了科学合理的管理制度，员工就会有章可循，而他们的劳动成果也会得到正确的评价。在这种情况下，员工的利益与公司的目标就会最大限度地达到一致。这样"素行以教其民"，当然会"民服"了。

从政谋略的阐释与应用

昭平君是汉武帝的胞妹隆虑公主唯一的儿子，而且是晚年得子，众人无不对其宠爱有加，后来昭平君娶汉武帝之女夷安公主为妻。昭平君平日被娇宠惯了，行为有些不羁，隆虑公主病危临终之际，怕昭平君将来惹下祸患，特地献出百万钱财，请求汉武帝同意以此替昭平君预先赎死罪。

汉武帝顾惜兄妹之情，不忍拒绝，只得含泪答应了隆虑公主。

不出隆虑公主所料，昭平君后来果然闯下大祸。在隆虑公主死后，失去约束的昭平君日益骄横放纵，一次醉酒后，竟将侍奉公主的老大夫给杀了，廷尉署将他收押到内宫的监狱内待审。

昭平君是公主之子，属八议范围。按制，八议范围内的犯罪当被判处死刑时，一般的司法官吏无权审理裁决，只能将其奏报公卿，由公卿议定后再奏明皇帝裁决。这实际上就是给以从宽处理的考虑机会。因此，廷尉将此案以公主之子为由上请汉武帝。汉武帝左右亲信侍臣皆劝其手下留情。

汉武帝沉吟片刻，左右为难，想起妹妹临终的遗言，悲伤流泪，叹息不已。

良久，汉武帝却断然说道："先帝造法有云，自天子至于庶民皆平等待之，如果朕因此违反了先帝本意，庙堂之上有何颜面立之？"

于是下令处斩昭平君。

"王子犯法，与庶民同罪"，这是评价明君与清官的传统标准，不知影响了多少代人。汉武帝挥泪斩亲，执法不徇私情，实在难能可贵。如此决断，虽失信于妹妹，但却赢得了天下民心，对于一位皇帝来讲，还有什么比这更重要的呢？

第十章 地形篇

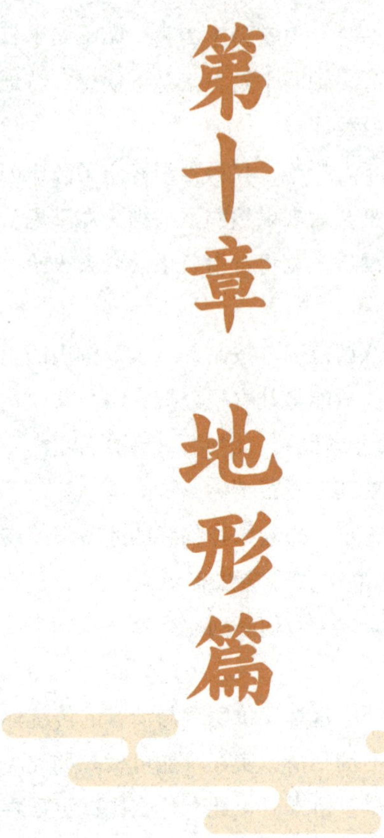

※原文

孙子曰：地形有通者，有挂者，有支者，有隘者，有险者，有远者。我可以往，彼可以来，曰通；通形者，先居高阳，利粮道，以战则利。可以往，难以返，曰挂；挂形者，敌无备，出而胜之；敌若有备，出而不胜，难以返，不利。我出而不利，彼出而不利，曰支；支形者，敌虽利我，我无出也；引而去之，令敌半出而击之，利。隘形者，我先居之，必盈之以待敌；若敌先居之，盈而勿从，不盈而从之。险形者，我先居之，必居高阳以待敌；若敌先居之，引而去之，勿从也。远形者，势均，难以挑战，战而不利。凡此六者，地之道也；将之至任，不可不察也。

故兵有走者，有弛者，有陷者，有崩者，有乱者，有北者。凡此六者，非天之灾，将之过也。夫势均，以一击十，曰走。卒强吏弱，曰弛。吏强卒弱，曰陷。大吏怒而不服，遇敌怼而自战，将不知其能，曰崩。将弱不严，教道不明，吏卒无常，陈兵纵横，曰乱。将不能料敌，以少合众，以弱击强，兵无选锋，曰北。凡此六者，败之道也；将之至任，不可不察也。

夫地形者，兵之助也。料敌制胜，计险阨远近，上将之道也。知此而用战者必胜，不知此而用战者必败。故战道必胜，主曰无战，必战可也；战道不胜，主曰必战，无战可也。故进不求名，退不避罪，唯人是保，而利合于主，国之宝也。

视卒如婴儿，故可与之赴深谿；视卒如爱子，故可与之俱死。厚而不能使，爱而不能令，乱而不能治，譬若骄子，不可用也。

知吾卒之可以击，而不知敌之不可击，胜之半也；知敌之可击，而不知吾卒之不可以击，胜之半也；知敌之可击，知吾卒之可以击，而不知地形之不可以战，胜之半也。故知兵者，动而不迷，举而不穷。故曰：知彼知己，胜乃不殆；知天知地，胜乃不穷。

※译文

孙子说：在行军打仗的过程中，遇到的地形有“通”“挂”“支”“隘”“险”“远”等六种。我们可以去、敌人也可以来的地域叫作“通”；在“通”形地域上，抢先占领开阔向阳的高地，有利于粮草供应的畅通，这样对敌作战就有利。可以前进，却难以返回的地域，称作“挂”；在“挂”形地域上，假如敌人没有防备，我们可以发起突袭战胜他们；倘若敌人已有防备，我们突袭就不能取胜，而且我军难以返回，这就不利了。我军出击不利，敌人出击也不利的地域叫作“支”；在“支”形地域上，敌人即使以利相诱，我们也不要轻率出击，而应该率军假装退却，诱使敌人出击一半而后回师反击，这样就有利。遇到“隘”形地域，我们应该抢先占领，然后用重兵封锁隘口，以等待敌人的进攻；如果敌人已经抢先占据了隘口，并用重兵把守，我们就不要去攻击；如果敌人没有用重兵据守隘口，那么，我们就可以进攻。在“险”形地域上，我军如果先敌人一步占领，一定要控制开阔而又向阳的高地，以等待敌人来犯；如果敌人先我一步占领，就应该率军撤离，不去攻打他们。在“远”形地域上，敌我双方势均力敌，就不应该去挑战，勉强出战，就很不利。以上六点，是利用地形的原则。这是将帅最重大的责任所在，不可不认真考察研究。

军队打仗有“走”“弛”“陷”“崩”“乱”“北”等六种情况。所有这六种情况的发生，都不是由于自然的灾害，而是由于将帅自身的过错。在势均力敌的情况下，因以一击十而导致失败的，叫作“走”；士卒强悍，将帅懦弱而造成失败的，叫作“弛”；将帅强悍，士卒懦弱而导致溃败的，叫作“陷”；高级将官怨愤，不服从指挥，遇到敌人愤然擅自出战，主将又不了解他们用兵的能力，因而导致失败的，叫作“崩”；将帅懦弱无能，训练教育没有章法，官兵关系混乱紧张，列兵布阵杂乱无章，因此而导致失败的，叫作“乱”；将帅不能正确判断敌情，以少击众，以弱击强，作战的时候又没有选择精锐先锋部队，因而败北的，叫作“北”。以上六种情况，都是导致失败的原因。这是将帅的重大责任所在，是不可不认真考察研究的。

有利的地形是用兵打仗的辅助条件。能够正确判断敌情，考察地形险恶，计算道路远近，这些都是有智慧的将领必须掌握的方法。懂得用这些道理去指挥作战，必定能够取得胜利，不了解这些道理去指挥作战的，必定失败。所以，根据战争规律进行分析，有必胜把握的，即使国君主张不打，坚持去打也是可以的；国君主张一定要打，但是根据战争规律进行分析，没有必胜把握的，不打也是可以的。前进不谋求名声，后退不回避违命的罪责，只求保全士卒性命，而这也符合国君利益，这样的将帅，是国家的宝贵财富啊！

对待士卒就像对待婴儿一样关心，那么，士卒就可以同将帅共赴患难；对待士卒就像对待爱子一样保护，那么，士卒就可以跟将帅同生共死。如果对士卒厚待而不能驱使，溺爱而不能指挥，违法而不能惩治，那就如同娇惯自己的子女一样，是不可以用来与敌人作战的。

了解自己的部队可以打，而不了解敌人不能去打，只有一半取胜的可能；了解敌人可以打，而不了解自己的部队不能去打，也只有一半取胜的可能；知道敌人可以打，也知道自己的部队能够打，但是不了解地形不利于作战，取胜的可能性仍然也只有一半。所以，真正懂得用兵的人，他对每次军事行动都是非常清楚而不会感到迷惑，他的作战措施变化无穷。所以说：了解自己，了解对方，争取胜利就不会有危险。再加上懂得天时，懂得地利，就可以取得完全的胜利了。

※评论与点评

本篇论述用兵作战该怎样利用地形的问题，孙子从不同的角度说明了作战与地形的密切关系，强调将帅要重视对地形的研究和利用，以采取恰当的策略，夺取战争的胜利。他明确指出“夫地形者，兵之助也”，行军打仗如果“知彼知己”，则“胜乃不殆”，如“知天知地”，则“胜乃不穷”。

孙武分析了九种战地的特点和士兵处在这些地区的心理状态，相应地提出了在这些地区用兵的不同措施。他认为深入敌国，等于把士兵投置在危地，他们陷入绝境，因此拼死作战，发挥更大的战斗力；而且，深入敌国还可就地补充军粮，且离家太远兵士就不会逃散，会服从指挥，一心三思作战，夺得战争的胜利。

孙子认为将帅由于指挥失误会导致“走、弛、陷、崩、乱、北”六种失败的局面，此“非天之灾”，而是“将之过也”。他强调将帅要深刻认识自己对于军队、国家所承担的重大责任，要“退不避罪，唯人是保”，一切以取得战争胜利为目的。

通形者，先居高阳，利粮道，以战则利

我可以往，彼可以来，曰通；通形者，先居高阳，利粮道，以战则利。

军事谋略的阐释与应用

孙子在这一篇中主要阐述了各种各样的地形对战争胜负的影响。孙子认为，作战地形一般有“通”“挂”“支”“隘”“险”“远”六类。如果处在“通”形地区，就要先占据高处向阳的地方，并且可以确保粮草供应的畅通无阻，这样才有利于把握战争的先机。

三国时期，荆州连接魏、蜀、吴，交通便利、四通八达、物产丰富，因此成了各路兵家必争之地。孙权要一统江南，必取荆州要塞；曹操要跨过长江，实现南北统一大业，必取荆州作为跳板；刘备要夺取西州，也非要占据荆州不可。如此一来，三家为夺取荆州绞尽脑汁、机关算尽。赤壁战败后，曹操被迫逃离荆州。赤壁之战的胜利是孙、刘两家齐心协力的结果，刘备有理由将荆州占为己有，但为了孙、刘联盟，刘备采取了诸葛亮的两全之策，用“借”字占据了荆州。这样既有生存的一席之地，又不破坏两家的联盟，孙权似乎吃了哑巴亏。由于蜀国棋高一筹，刘备长时间占领荆州，并以此为根据地，向西取得了西川与汉中，孙权对此无话可说。

荆州对于魏、蜀、吴三家来讲，好似一块肥肉，一直被争来抢去。原因很简单，荆州对它们三家来讲是必争的“通地”，谁占据了荆州，谁就把握了战争的先机和主动权。蜀国棋高一筹，抢先一步从孙权那里“借”取了荆州，然后以荆州为跳板，西取西川与汉中，借此扩大了自己的地盘与势力。至于关羽大意，被孙权夺回了荆州，那自是后话，不过这同样说明了荆州这块“通地”的重要性。

商战谋略的阐释与应用

对企业来讲，有利的地理位置是成功的必要因素之一。对有些特殊行业来讲，地理位置是否优越甚至直接决定着其在市场竞争中的成败。及早地占据有利地势，就有可能走在竞争对手的前面，否则就会被对手击败。

山姆·沃尔顿是沃尔玛商业帝国的创始人，他从小商店做到了全世界最大的零售商，采取的是“农村包围城市”的发展战略。沃尔顿首先开发了阿肯色州的市场，等到这里的市场饱和后，他又转向了俄克拉荷马州，然后是密苏里州。沃尔顿一个地区一个地区地依次开发，从阿肯色州、田纳西州，一路扩展到得克萨斯州，再到内布拉斯加州。最后他又打算进军城市，于是先在大城市周围一定距离内发展沃尔玛分店，然后静候城市向外发展。随着业务的发展，山姆·沃尔顿也变得越来越繁忙，他于是买了一架飞机，穿梭于各店铺之间，及时了解各分店的业务进展。这样山姆·沃尔顿的分店越开越多，飞机变成了勘察新店开设地点的最好工具。利用这一优势，他比其他零售商更早地占据了有利地形。从空中勘察地势，山姆·沃尔顿也找到了许多理想的地点。20世纪70年代后，他迅速建立起一个真正有效益的零售实体，并为日后的腾飞奠定了坚实的基础。由于及早地占据了有利地形，在零售业上，沃尔玛的竞争对手不但没有赶上来，而且也没能阻止沃尔玛的飞速发展。

对零售业来讲，地理位置和交通条件十分重要。山姆·沃尔顿正是紧紧抓住了这一点，不惜一切成本“先居高阳”，及时占领了有利地势，才使竞争对手追赶不及。

从政谋略的阐释与应用

中国古代的仕途之路还是比较宽阔的。连儒学鼻祖孔子都曾说过“学而优则仕”。既然如此，寒窗苦读，考取功名，就成了古代学子登上仕途之路的通行做法。

唐朝诗人王维为后人留下“每逢佳节倍思亲”的佳句，已被后人传颂了千余年。他曾在科举考试中春风得意，一举成名。但谁曾想到，这却是他走后门换来的。

王维早在青少年时期，便以诗歌闻名，他在音乐方面造诣也很高，因此经常出入一些权贵人家，尤为皇族成员岐王所看重。王维准备参加科举考试，就请岐王向当时权势极大的太平公主求情，事先给主考官打个招呼，不料王维却晚了别人一步，公主已推荐了别人。

岐王为他出主意，让他把自己的好诗抄录十来篇，再编写一曲哀怨动人的琵琶曲，然后装扮成一名乐师，携了一把琵琶，来到公主的府第。王维为公主献诗作赋，公主为其才华所倾倒，最后召来主考官，改荐了王维，王维当年果然一举登第，从此踏入仕途。

在唐朝的科举制度中，允许高官显贵们事先向主考官推荐自己所看中的人选，为那些书生们提供了进入仕途的捷径。王维也不例外，面对“我可以往，彼可以来”的通地，他自然不舍得放过，硬是想办法挤掉别人，成全了自己。

挂形者，敌无备，出而胜之

可以往，难以返，曰挂；挂形者，敌无备，出而胜之；敌若有备，出而不胜，难以返，不利。

军事谋略的阐释与应用

“挂地”是一种比较危险的境地，这种地形易进难出。因此在作战过程中遇到这种地形，需要灵活处理。如果敌人没有防备就要想办法出奇制胜，如果敌人有防备就要果断地离开此地，否则打不了胜仗而且还有可能陷于绝境。

后梁开平四年（公元 910 年），梁太祖朱温得知晋王李存勖率军援赵，于是派宁国节度使王景仁率兵十万进至战略要地柏乡。李存勖率兵到达赵州，与周德威会合，双方进至离柏乡不远的野河，周德威逼近梁军军营挑战，梁军坚守不出。李存勖想要率兵进攻，周德威却认为镇州定州的军队擅长坚守城池，而不擅长在野外作战，自己的军队所依仗的正是骑兵，擅长在野外作战，如果此时硬冲入敌军营寨，根本就不能发挥骑兵的优势，再加上寡不敌众，不知道敌人的虚实，那样的话就危险了。后来周德威又劝说李存勖，先退守高邑，然后诱敌离营出战，等到敌人饥疲之时，再用精锐出击，一定能大获全胜。

李存勖见梁军坚守不出，于是便想发兵强攻。可是他哪里知道梁军阵营易守难攻，对于晋、赵联军来讲，进攻梁军无疑是进入了“挂地”，加上晋军不能发挥骑兵的优势，所以一旦进入敌军阵营，将会必败无疑。最后李存勖听从了周德威的意见，避免了损失。

商战谋略的阐释与应用

对企业来讲，选择适合的市场切入点至关重要。如果企业选择的切入点不当，将有可能造成企业资源的浪费，也会造成竞争的失败。另外，要想取得市场竞争的胜利，最好要在对手毫无防备的情况下出击，这样取胜的把握会比较大。

美国通用汽车公司是世界最著名的汽车生产商之一，多年以来，它一直以生产中档汽车为主，像雪佛莱、卡迪拉克等，早就闻名于世。它依靠这些拳头产品曾轻而易举地击败了老对手福特、克莱斯勒和其他美国汽车公司的进攻，在很长一段时期内一直主宰着汽车市场。但是，二次大战后，通用汽车公司曾遭受国际对手的强烈冲击，国际对手主要是德国和日本。战后，德、日两国主要致力于国内经济的发展和国际市场的开拓。当时，日本的丰田、本田等小型汽车和德国奔驰、宝马等高档车相继打入美国市场。通用公司对德、日的这一举动毫无防备，结果失去了很大一部分市场份额。

从这个例子可以看出，即使实力再强大的企业，如果对竞争对手毫无防备，也会迅速地陷入失败的境地。而德、日正是看到了通用公司不生产高档车和低档车的市场契机，趁“敌无备”，结果“出而胜之”。

从政谋略的阐释与应用

“挂形者，敌无备，出而胜之。”官场上的争斗复杂多变，可能今天称兄道弟的两个人，明天就形同陌路；可能今天对你点头哈腰的下属，明天就成了你的顶头上司。因此身处官场，不仅要居安思危，还要趁敌无备，出而胜之。

大文学家韩愈的仕途开始时很不顺畅，接连四次才考中进士。但还需经过吏部的考试，合格后才可授官，于是韩愈又考，不料又是一连三次的失败。此路不通，他只好开始“跑官”。可惜“跑官”的历程也同样不顺利。几番周折，他最后选中了京兆尹李实。按照老办法，他在信中对李实一番吹捧，一番巴结，直说得李实心花怒放。而事实上李实却是一个十足的奸佞之辈。可是韩愈的信还是起了作用，他果然被提拔为监察御史，成为一名京官。

李实之奸，京师之人无不切齿痛恨，以韩愈的见识，竟然看不透这个人的奸相？事实并非如此，韩愈在担任监察御史后，立即上书唐德宗，曲折委婉地道明了李实的罪状。

韩愈既然通过李实做了京官，又被皇上提拔为监察御史，那么地位就不容易逆转了。但是依韩愈的秉性，身为监察御史，他对李实坑害百姓的奸诈行为绝对不会坐视不管。因此，他向唐德宗状告了李实的罪行，这是李实当初万万没想到的。

支形者，令敌半出而击之

我出而不利，彼出而不利，曰支；支形者，敌虽利我，我无出也；引而去之，令敌半出而击之，利。

军事谋略的阐释与应用

对于对敌我双方都不利的地形，一定要慎重对待，即使敌人诱惑，也不要轻易冒险出击。不仅如此，还要想办法引诱敌人出击，这样化不利为有利，才能更加有效地打击敌人。

宋高宗建炎六年（公元1129年），金兀术统兵数十万渡江南下，企图一举吞并江南。宋高宗任命韩世忠驻守镇江，布置防御。韩世忠料知金军南下定会受挫，于是命前军驻守青龙镇，中军驻守江阴，后军驻守海口，准备在金兀术后撤时予以反击。次年，金兀术果然出师不利，被迫北撤。韩世忠出其不意，直趋镇江，屯驻长江扼守焦山寺，截断金兵退路。韩世忠虽然兵力只有8000人马，但他抢先占据了长江天险，阻止了金军渡江；后以8000人马阻隔金兀术10万大军于黄天荡48天。此战成为中国军事史上的著名战例。

长江自古以来被视为“天险”，所以为历代兵家所看重。金兀术渡江南下，企图一举吞并江南，殊不知他所率领的数十万大军跨过的是长江天险，南下一旦失利，后退都来不及。长江对当时交战的双方来讲可谓“支地”，隔江作战可能对谁都不利。韩世忠正是看到了这一点，他料定金军长驱南下，必定受挫，于是派兵扼守了长江要塞，阻断了金军的退路。结果金军出师不利，企图北撤，却屡屡受阻，最后惨败而归。

商战谋略的阐释与应用

选择合适的市场契机，直接关系着竞争的成败。如果能够抓住商家不愿开发的一些小市场、偏远市场，认真地做些文章，同样能获益匪浅。

美国的《商业周刊》《福布斯》等杂志，都是实力强大、全国发行的期刊。可是在20世纪很长一段时间内，美国地区性的杂志商业市场却长期被人们忽视。1978年，克雷恩通讯社创立了芝加哥商业周刊，该周刊主要侧重于黑人读者群。众所周知，在美国，黑人占有一定的数量，那么黑人读者的数量也一定不少。有了比较准确的市场定位，这种商业周刊获得了读者的广泛认可。如今，克雷恩创办的这种商业周刊在芝加哥拥有数以万计的订户，其续订率高达75%。当然，这数万份的发行量与《商业周刊》在全国80万份的发行量相比，实在算不上什么，但单就芝加哥地区来说，克雷恩通讯社的商业周刊是远胜过美国《商业周刊》的。

只要能够适当把握市场契机，认真开拓，竞争中的“支地”也能创造无限商机。

从政谋略的阐释与应用

在政治上，有很多时候都找不准合适的机会向对手出击，因为利害关系，双方谁都不愿意首先挑起事端。面对这种情况一定要沉着冷静，想办法引诱对方出击，然后就可以趁势达到自己的目的。

汉平帝时，王莽通过玩弄权术，掌握了朝政大权。当时的汉平帝只有十几岁，还没有立皇后。王莽便想把自己的女儿许配给汉平帝，以便使自己成为权倾朝野的皇亲国戚。为此他设计了一个立女为后的圈套。

王莽于是建议太后为汉平帝立皇后，这正中太后下怀，立即应允了王莽。一时间，许多达官显贵争相把自己的女儿选报上来。王莽又对太后说，自己无功无德，女儿也才貌平常，所以就不要让他的女儿入选了。太后没有看出王莽的用心，为王莽的至诚所感动，答应了王莽的请求。

王莽的谦逊行为在朝野引起了反响和同情。王莽的亲信、属下趁机依照王莽的意思纷纷上奏说，王莽德高望重，为国家立下汗马功劳，选立皇后之事，不应将他的女儿排除在外。太后本来就认为自己的做法有失公允，再加上这帮人的煽动，便动了心。太后觉得王莽之女很特别，最后她决定将王莽之女迎进皇宫，册封为皇后。

反过来讲，如果王莽直接举荐自己的女儿做皇后，不仅会遭到拒绝，而且还有可能会被认为居心不良。那样的话，别说得势，不被降罪就已经不错了。所以他设计圈套，等太后主动有了册封他女儿为皇后的意思之后，再命亲信们煽风点火，趁势出击，最终达到了自己的目的。

此六者，败之道也

夫势均，以一击十，曰走。卒强吏弱，曰弛。吏强卒弱，曰陷。大吏怒而不服，遇敌怼而自战，将不知其能，曰崩。将弱不严，教道不明，吏卒无常，陈兵纵横，曰乱。将不能料敌，以少合众，以弱击强，兵无选锋，曰北。凡此六者，败之道也；将之至任，不可不察也。

军事谋略的阐释与应用

宋太宗至道四年（公元 996 年），李继迁起兵反叛朝廷，宋太宗派大将白守荣押送军粮至灵州，又令田绍斌率兵前去支援。李继迁得知消息后，发兵浦洛河去拦截。白守荣欲进攻敌人，田绍斌劝说白守荣不要轻易抛弃辎重而与敌作战，应当步步为营，缓兵前进。可是白守荣却认为田绍斌是在干预自己的军务，于是拒绝了他的建议。为了夺取战功，他孤军与敌方交战，敌军伏兵四起，白守荣大败。

白守荣与田绍斌同受宋太宗派遣前去平叛，理应相互配合、齐心协力共击叛军，可是白守荣却不愿受田绍斌节制，独自出兵平叛，结果陷入了敌人的埋伏，惨遭失败。究其原因，是因为白守荣不听田绍斌的劝告，也正是孙子所说的“大吏怒而不服，遇敌怼而自战”。他违犯了兵法大忌，失败是必然的。

东汉建武十一年（公元 35 年），光武帝刘秀劝降公孙述不成，命令吴汉率军前去讨伐。起初汉军节节胜利，准备乘胜追击蜀军。汉光武帝曾告诫吴汉“成都兵马10万，不可轻进，须坚守，待机破敌”。吴汉却率领步兵、骑兵2万，副将刘尚率兵万余，进至锦江北南两岸，正准备攻击成都，刘秀又下诏指出：“汉军不占地利，兵力不及敌军，又分扎两地互不能援，万一被敌军分割包围，必败。”诏书未达，蜀帝公孙述已命谢丰、袁吉率10万大军包围吴汉，另以万人部队牵制刘尚。结果吴汉与敌军交战失利，只好退回营地，又被谢丰趁机包围。

吴汉以区区2万人马，出击公孙述10万大军，可谓“以卵击石”“以一击十”。如此，岂有不败的道理？况且刘秀早就预料到事情的后果，只可惜吴汉不听劝告。那么，等待他的也只有被围的结果了。

商战谋略的阐释与应用

在商战中，决定企业成败的因素是多方面的。不过，企业的成败主要取决于经营者的经营方法与经营能力。优秀的经营者，总是能够通过科学合理的管理制度和激励机制充分调动员工的积极性，使企业形成强大的合力，从而击败竞争对手。

威望迪的董事长玛丽·莫西尔非常注重激发和利用员工的团队精神。她曾经说过：团队一旦成立，企业领导必须确保团队能自主决策。如果利用团队让员工买管理层的账，就不会有好的结果，团队和企业的士气就会低落。建立目的明确的团队，最有效的工具是团队章程。这种章程不仅能对团队进行最有效的管理和约束，而且还能对团队的业绩进行科学的评估。这不仅最大限度地激发了员工的工作积极性，而且也使他们的工作目标更加明确、工作效率大大提高。当然，企业内部的合力增强了，企业的对外竞争力也会明显提高。

从政谋略的阐释与应用

中国历史上，朝代更替，几度兴亡。兴盛的原因有多种，但是灭亡的原因却大同小异。

历史是公正的，那些荒淫残暴、滥杀无辜、骄奢淫逸的统治者，最终走进了自己挖掘的坟墓。商纣王、秦始皇、隋炀帝都是这其中的典型。

隋炀帝也许是中国历史上最为荒淫奢侈的皇帝。商纣王不过宠幸一个妲己，而隋炀帝却在洛阳建有16院，每院皆有20名绝色女子，以供他随意临幸。其他地方的宫女则不计其数。

不仅如此，他还大兴土木，劳民伤财。在洛阳所建的西苑，周长达200里，苑内有海，海上有岛，岛上有亭台楼阁。至于他的离宫别馆，更是多得不计其数。他还让人开凿大运河，虽然客观上促进了南北经济的发展，但其主要目的还是供他个人游玩之用。

隋炀帝骄奢淫逸，不问政事，却又猜忌臣下，滥杀无辜，稍有不顺，就治罪灭族。甚至那些尽职尽责、无罪无辜之臣也难免横遭屠戮。因此，朝廷上下人心惶惶。

他的残暴统治，激起了空前激烈的反抗，李渊、李世民、窦建德、李密、翟让，纷纷举起义旗，讨伐暴君。隋炀帝自知时日不多，蜷缩在江都城内，后被自己的部将缢死。

隋炀帝好大喜功，穷兵黩武，荒淫残暴。不惜人力、物力、财力，不顾百姓的死活，大兴土木，开凿运河，最后激起了几乎所有人的反对，他不灭亡，天理难容。

地形者，兵之助也

夫地形者，兵之助也。料敌制胜，计险阨远近，上将之道也。知此而用战者必胜，不知此而用战者必败。

军事谋略的阐释与应用

孙子认为作战的地形以及环境是决定战争胜负的一个重要因素。他强调有利的地形是战争中不可缺少的辅助条件，因此要善于运用各种地形，因地制宜、扬长避短，化不利条件为有利条件。这样才能在战争中立于不败之地。

晋义熙五年（公元 409 年），晋国派大将刘裕率军北上讨伐南燕。南燕王慕容超召集群臣商讨对策。征虏将军公孙五楼认为：晋军强大，擅长速战，所以燕军应当占据大岘山，派兵扼守，拖延时间，打击敌人锐气，然后挑选精兵断其粮道，前后夹击晋军。将领慕容镇则不同意放晋军过大岘山，主张先派骑兵出大岘山主动攻击晋军。面对群臣众将的议论，慕容超不采纳扼守大岘山或主动出击的意见，主张在平地作战，他派人筑墙、练兵，坐待晋军。结果晋军顺顺利利地通过了大岘山。晋、燕两军战于临朐，燕军大败，后慕容超逃奔至广固（山东益都）。晋军又攻下了广固城，而慕容超也被刘裕斩首，南燕随之灭亡。

正确判断和掌握地形的险易利弊，是将帅行军打仗所必须具备的素质。只有准确地掌握了这些，才能充分合理地利用地形。慕容超在大敌当前之时，不听劝告，消极备战，让敌人轻易地通过了战略要地，结果兵败被杀，实在有些可惜。

商战谋略的阐释与应用

地理位置的优劣不仅关系着战争的成败，而且关系着企业的发展状况。尤其是对一些商贸企业来讲，地理位置是否优越甚至直接关系着其竞争的成败。因此，商贸企业的管理者往往把企业所定区位是否方便顾客购物作为一个重要的因素加以考虑。

雷克公司是一家专门生产汽车座椅外套的公司，它成立于20世纪40年代末，到了1958年，雷克公司在美国已有150家经销商在60个不同的城市经营他们的产品。在如此短的时间内能取得这样好的成绩，关键在于雷克公司选择了合理的区域作为他们的销售网点。他们在对零售网点进行选址之前，首先要评估各个地区的潜在利润量，在确定某一地区具备较大的市场潜力后，再决定应设立多少个零售点，设在哪些特定的地方，以及是在中心地段设立一个大型商场，还是在不同的地方设立几个小零售店，等等。总之，他们的每一次选址工作都要对特定地区影响销售的多种因素进行科学分析，认真研究后，再做出决定。

"地形者，兵之助也。"雷克公司正是紧紧抓住了这一点，以科学、谨慎的态度选择销售网点，才使他们的产品保持了最佳的销售业绩。

从政谋略的阐释与应用

得道多助，失道寡助，这里的"道"就是指要顺应民心。我们常说，"得民心者，得天下"，为政之道就是要得民心。对于统治者而言，得到了民心，就等于得到了天下；失去民心，终究会走向灭亡。

邛州有个叫阡能的人，落草为寇，无恶不作，仆射陈敬宣委派尚书高仁厚率兵前往征讨。

军队出发前一天，士兵捉到阡能派来的一名小密探。从小密探口中得知，很多山贼都是良民，因被坏人挟制，才落草为寇。得知这一消息，高仁厚劝小密探归顺从良，并把他放回山中，让其招降其他草寇。

第二天，高仁厚领兵来到双流，派人脱掉军服，混入敌营中，说明解救众人的情况。众人听了大喜，纷纷扔了兵器投降高仁厚。匪首之一的罗浑擎见势不妙，仓皇出逃，却被士兵捉住，送到高仁厚跟前。高仁厚命人取来罗浑擎的旗帜，倒扣着，扬着旗帜招呼众人投降朝廷的大军。众人见此情形，纷纷归顺。

不久，另一名匪首罗夫子手下的叛军也全部出营归降高仁厚。罗夫子逃到阡能处，阡能商量全军出动，与官军决战，可惜还没有商量出个所以然来，各营士兵已呐喊着奔出，活捉了阡能、罗夫子，并将其献给朝廷大军。其他地方的叛军营寨，分别派出诸将前往受降。高仁厚出兵共 6 天，就平定了 5 处叛乱。

从高仁厚的整个平叛过程不难看出，他之所以能够顺利地平叛，主要是他的行为符合民心，他得到了那些原本是平民身份的“草寇”们的大力支持。“夫地形者，兵之助也”，从这个角度来讲，民心就是为政的根本之道。

进不求名，退不避罪

故进不求名，退不避罪，唯人是保，而利合于主，国之宝也。

军事谋略的阐释与应用

孙子在这里提出了战争的动机问题，他指出战争的最终目的，应当是利国利民。所以无论战争胜负都要做到“进不求名，退不避罪”，这才是国家最优秀的将领。

曹魏太和元年（公元 227 年），魏将孟达占据上庸（今湖北竹山），悄悄联合吴、蜀两国，准备叛变曹氏。当时魏国大将司马懿正屯驻宛城（今河南南阳），他听说了这个消息，准备出兵讨伐，但是按照当时的法令，将帅要发兵征讨叛逆，必须先上报朝廷批准，而后方可行动，否则将以军法论处。可是宛城离朝廷路途遥远，而孟达的反叛迫在眉睫，且当时司马懿粮草有限，情况十万火急。为了争取制敌先机，司马懿在没有得到朝廷诏令的情况下，果断采取行动，率军日夜兼程，仅用 8 天时间就到达了上庸。当时孟达正在准备防御工事，魏军的到来，使他们措手不及。由于准备不足，孟达无力抵抗司马懿大军，他的部属也纷纷投降，上庸很快就被收复了。

司马懿得知了孟达的叛变企图，准备出兵讨伐，原本此举是必须经过朝廷批准的，可是因为路途遥远，他来不及上报朝廷。此时，情势又十分危急，所以司马懿并没有过多地犹豫，他“进不求名，退不避罪”，冒着被杀头的危险，火速率军赶往上庸，最终平叛了孟达。司马懿的所作所为，无疑是“唯民是保，而利合于主”的，这也是他先斩后奏的初衷。

商战谋略的阐释与应用

优秀的管理人才是企业最宝贵的财富。他们不仅具备很强的工作能力，而且还具备优良的品质。他们不为名利，对工作热情负责，始终把企业的发展放在第一位。

20 世纪 80 年代，美国的文化娱乐王国——迪士尼，曾一度陷入危机，几乎落到被人收购的地步。为扭转惨局，迪士尼公司董事会聘请了娱乐界的奇才迈克尔·艾斯纳出任公司的董事会主席。他一上任，就采取了一系列措施，很快扭转了迪士尼当时的败局，使得公司迅速摆脱了危机。自此，仅仅5年的时间，公司就迅速发展壮大起来，成长为一个举世闻名的大公司，公司的收入和利润也都超过了历年的最高纪录，这在美国企业界被传为佳话。但是艾斯纳并不满足于国内市场，他认为第三世界的娱乐业正方兴未艾，他的下一步计划就是在南美、亚洲等地修建游乐场，带领迪士尼成为一个真正的国际性娱乐公司。

显然，迪士尼的成长壮大与艾斯纳“进不求名，退不避罪”的改革措施有着直接的关系。迪士尼有了这样优秀的人才，那么它的迅速发展壮大也就不足为奇了。

从政谋略的阐释与应用

历史上，明君总有忠臣辅佐。从某种程度上来讲，一位忠臣对国家所起的作用，甚至比一位君主还要大。因为君主有时只是国家象征性的决策者和裁决者，而真正的执行者却是那些大臣们。他们为国尽忠，不求名利，鞠躬尽瘁，死而后已。

有一次，宋英宗因为受到惊吓而得了重病。因为宋英宗并非皇太后亲生，他们之间常有隔阂，因此大臣中有人劝言皇太后废立皇帝。

韩琦是当时宋英宗的一位重要大臣，因此对此事十分关注。因为宋英宗的皇后是皇太后的外甥女，韩琦就说这是天赐良缘，望皇太后多加爱惜。

可事后不久，太后派人给韩琦送了一封密信，信中内容对宋英宗而言有些不利，但韩琦还是把信交给了宋英宗，并劝他不要往心里去。而且还说：“皇上现在拥有的一切，全都是当年太后爱护的结果，所谓滴水之恩必当涌泉相报，希望皇上能更加殷勤地侍奉太后。”最后，他又嘱咐宋英宗，一定不要泄露信中的内容，否则他与太后之间的矛盾就会被人利用。

过了几天，韩琦独自去见宋英宗。以尧舜为例，劝解宋英宗要孝敬母后。宋英宗心有所悟，从此再也没说过对太后的不敬之词。

之后，韩琦又几次找机会劝说太后爱护皇上。并且说，宫中众人见太后如此慈爱皇上，自然也会对皇上加倍照顾了。太后听后默然。

朝中众大臣听说此事后，都说韩琦管得太多。韩琦却说：“皇上与太后两宫之间素来相互猜疑，明争暗斗，假如这时有宦官或宫女在中间拨弄是非，万一有什么不测之祸，臣子们将无法使它们止息。”众大臣这才知道韩琦见识深远，为众人所不及。

韩琦周旋在皇上与太后之间，为他们调解矛盾，其实对他本人来讲，并不能从中得到什么好处，而且弄不好还有被杀头的危险。但是他为什么还要这样做呢？因为如果皇上与太后之间的矛盾激化，演变成血流成河的宫廷政变，不仅不利于皇上和太后，而且也不利于国家和臣民。韩琦的所作所为，“进不求名，退不避罪，唯人是保，而利合于主”，他是真正的“国之宝”。

视卒如婴儿，故可与之赴深谿

视卒如婴儿，故可与之赴深谿；视卒如爱子，故可与之俱死。厚而不能使，爱而不能令，乱而不能治，譬若骄子，不可用也。

军事谋略的阐释与应用

古代有“爱民如子”的说法，孙子在这里提出的“视卒如爱子”的思想与这种说法如出一辙。他在这里强调要用适度的情感投资来治军，这种思想一直被历代兵家所使用。如果能做到“视卒如爱子”，赏罚分明、刚柔相济、恩威并举，就一定能使军队上下同心协力、同生共死，从而提高军队的战斗力。

战国时期，魏国大将吴起经常与士卒同甘共苦。他与士卒们同吃同住，行军打仗也经常不骑马、不乘车，还亲自背军粮为士卒分担劳苦。有一次，一位士卒腿上生了一个毒疮，吴起就亲自俯下身去为他吸吮脓汁。士卒的母亲听到这个消息却哭了。邻人问她：“吴将军如此爱戴士卒，你为何还要哭呢？”士卒的母亲却说：“过去将军也曾为孩子的父亲吸过疮脓，孩子的父亲因感恩而格外卖力杀敌，最终战死于沙场。而今将军又为他的儿子吸吮疮脓，不知何时，孩子也会像他的父亲那样战死沙场。”吴起带领的士卒个个都骁勇善战、拼死报国，在他镇守河西时，秦国一直不敢东向出兵，韩、赵更是不敢轻举妄动。

魏国大将吴起“视卒如爱子”，亲自为士卒吸吮腿上的疮脓，令士卒深受感动，拼死杀敌。这样的将帅带出的军队，谁敢轻易进攻？所以吴起镇守河西，连强大的秦国也不敢东向。

无独有偶，南宋将领岳飞也十分爱护士卒，他把将士们视为兄弟骨肉，老百姓犒劳部队的酒肉，他总是平分给大家。军队远征，他便派自己的妻子去慰问将士们的家属。将士有病，他亲自调药。将士战死，他负责安排养育他们的遗孤。岳飞“视卒如爱子”，但他并不溺爱将士。他治军十分严格，功过赏罚分明，因而深受部属的拥戴。他的军队对群众秋毫无犯，做到“冻死不拆屋，饿死不掳掠”，因此也受到了群众的普遍欢迎。

岳飞视卒如子、治军严明，自然深受部属拥戴，当然也会受到百姓的拥护。有了这样优秀的将帅，有了如此严明的军纪，有了群众的大力支持，这样的军队战斗力当然势不可当。如此一来，也难怪金军感叹“撼山易，撼岳家军难”了。

商战谋略的阐释与应用

任何一个企业家的成功都离不开员工的辛勤劳动与努力工作。所以，对于经营者来讲，以人性化的管理方式对员工进行一定的感情投资，可以坚定他们同舟共济的决心，激发他们努力工作的热情，从而使他们更好地为企业服务。

摩托罗拉曾是世界三大电信巨头之一，它的成功离不开它一流的管理方式。摩托罗拉的总裁保罗·高尔文非常重视对员工的感情投资。只要高尔文听到公司的哪位员工或其家人生病时，他就会打电话询问：“你真的找到最好的医生了？”在经济不景气的年代，工人们最怕生病，一旦生病被老板知道，饭碗就难保了。比尔·阿斯诺是一位采购员，他在经济不景气的时候突然患了牙疼病，以至于不得不放下紧要的工作。不久，这件事被高尔文知道了，高尔文看到他痛苦不堪的样子，非常心疼，对他说：“你马上看病，不要想工作的事，你的事我来想好了。”比尔·阿斯诺做了手术，但他从未看到账单，他知道是高尔文替他交了手术费用。后来他一直想要偿还这笔费用，可是高尔文却阻止他说：“你不要关心这件事了，忘了吧！朋友，好好工作。”从此以后，阿诺斯更加勤奋工作，终于做出了出色的成绩。

保罗·高尔文，作为摩托罗拉公司的总裁，能够如此“视卒如爱子”，员工们能不为此而努力工作吗？

从政谋略的阐释与应用

与军事相比，官场权谋更为复杂。再有能力的为官者，也不可能依靠个人的力量撑起天下，历代名君身旁必有良相辅佐。因此身在官场，为官者必须要爱戴自己的部属，把他们视为自己的至亲，激励他们、爱护他们，他们才能够拼死效力。

东汉末年，刘备被曹操几番追杀，失魂落魄，只能投奔刘表，在新野屯兵。他虽有远大的抱负，想逐鹿中原，可是身边却没有谋士良臣。徐庶向刘备举荐他的朋友诸葛亮，诸葛亮人称“卧龙”，一向隐居隆中，留心世事。刘备听到这个消息兴奋异常，赶紧让徐庶把诸葛亮请来。徐庶却说：“诸葛亮乃天下高士，将军若是有心，应该屈驾前去拜望才是。”刘备连连称是。最后他三顾茅庐，好不容易才见到诸葛亮，两人在茅屋中促膝长谈。诸葛亮议论精辟，向刘备提出“三分隆中”的对策。诸葛亮的一席话，使刘备好似拨云见日。两人亲密无间，常常夙夜长谈，刘备待诸葛亮胜如至亲。而诸葛亮为表知遇之恩，也为蜀国的大业“鞠躬尽瘁，死而后已”。

刘备本人的能力并非超乎寻常，但是为什么他能够三分天下、稳坐蜀地呢？原因很简单，那就是在他的身边有一批贤臣良将，像关羽、张飞、诸葛亮等，有了这些文臣武将的辅佐，他能不如虎添翼吗？

不知敌之不可击，胜之半也

知吾卒之可以击，而不知敌之不可击，胜之半也；知敌之可击，而不知吾卒之不可以击，胜之半也；知敌之可击，知吾卒之可以击，而不知地形之不可以战，胜之半也。

军事谋略的阐释与应用

孙子在这里仍然强调了“知彼知己，百战不殆”的战略思想，同时指出地形对战争胜负的影响。他认为只有在了解敌我双方各方面情况的基础上，准确地把握地形，才能全面赢得战争的胜利。

魏孝文帝正光四年（公元 523 年），北魏大将元深奉命率军讨伐北狄。元深认为北狄西部铁勒部酋长乜列河等并不一定想与北魏为敌，为了慎重起见，元深首先派遣部将于谨前去招抚，果然乜列河酋长率众 3 万余户归附，并将部落的人和马、牛、羊等牲畜陆续向南迁移。元深听到这个好消息，准备同于谨一起到折敷岭迎接乜列河部众。于谨加以阻止说：“匈奴军势力强大，他们得知乜列河部归附，必然要来袭击。如果他们占据了险要地势，我军就会陷入被动，所以不如以乜列河部为诱饵，再设伏兵出击匈奴叛军，必能大获全胜。”元深采纳了于谨的建议，暗地埋下伏兵。匈奴叛军果然出兵攻击乜列河部。北魏伏兵乘势出击，大败匈奴军。

元深在招降了铁勒部酋长乜列河后，准备亲自迎接其所部，但部将于谨分析当时形势，认为匈奴叛军必定袭击乜列河所部，于是建议元深设下伏兵，结果大败匈奴军。当初，元深只“知吾卒之可以击，而不知敌之不可击”，如果毫无准备地去迎接乜列河的话，恐怕要损失惨重了。

商战谋略的阐释与应用

“知彼知己，百战不殆。”企业要想在激烈的市场竞争中占有一席之地，也要做到知己知彼。既要了解自身情况，也要准确把握市场动态，充分了解消费心理，根据市场需求制定经营战略，这样才能有更大的取胜把握。

1985 年之前，日本汽车以低价格、低油耗的优势迅速打入美国市场，使得美国克莱斯勒公司受到了严重的冲击。除此以外，日本的其他一些产品也相继打入美国市场。面对这种情况，克莱斯勒公司总裁艾柯卡带领部属对市场做了广泛的调查与分析。最终他们了解到，外国经济实力日渐强盛的趋势使美国民众心中滋生了一种潜在的恐惧与危机感，随之而来的是情绪上的逆反，进而发展为对本国产品的喜爱。艾柯卡决定利用这种持续高涨的“爱国情绪”，为克莱斯勒夺回失去的汽车市场。为此，克莱斯勒公司不断推出爱国宣传活动，鼓励美国国民购买国产车，并且给予他们适当的优惠。结果，美国人对这种“爱国车”很是陶醉，购车者一时如潮。终于，克莱斯勒迅速恢复了过去丧失的市场占有率，而且再居全美第三汽车制造公司的地位。

克莱斯勒公司面对日本汽车的强大攻势，没有盲目降价与之抗衡，而是静观其变，认真做好市场调查，准确把握美国国民的心理，适时推出“爱国车”。最终，击败了对手，赢回了市场份额。

从政谋略的阐释与应用

在政治上，对于是否能战胜自己的对手，心中一定要有底。否则，没有战胜对手的把握而盲目出击，就会有失败的危险。

公元 1898 年，发生了中国历史上著名的“戊戌变法”，但同年 7 月却发生了震惊全国的“戊戌政变”，慈禧太后对光绪帝倡导的“戊戌变法”恼羞成怒，下令把他囚禁于中南海瀛台的涵元殿。几天以后，“戊戌六君子”血染菜市口，光绪皇帝所倡导的除旧布新的维新变法运动彻底失败了。

光绪皇帝的失败是必然的。他自 5 岁登基，一直由慈禧太后垂帘听政，即使到了成年，也未被放松监控。以慈禧太后为首的顽固势力根深蒂固，根本不可能同意光绪帝革除他们的弊政。顽固势力的强大和守旧，导致了光绪帝等人的悲剧，这是他们所始料未及的。

知地知天，胜乃不穷

故知兵者，动而不迷，举而不穷。故曰：知彼知己，胜乃不殆；知天知地，胜乃不穷。

军事谋略的阐释与应用

孙子指出善于用兵作战的人总会有变化无穷的战术，而这些都来自于知己知彼和对天时地利的灵活把握。

唐高祖武德元年（公元618年）八月，唐高祖李渊任命秦王李世民率数万唐军攻打薛仁杲。十一月，薛军十余万人出战，唐军坚守不出，双方相持两个多月，薛仁杲粮草用尽，人心离散。李世民见时机成熟，遂令梁实率部诱敌出击，薛军精锐来攻，梁实据险不出。等到薛军疲惫时，增派庞玉部在浅水原布阵牵制敌军，而自己则亲自率领唐军主力冲进敌阵，薛军大败。李世民乘胜追击，守城薛军纷纷出城投降，薛仁杲也被迫投降。

李渊建立唐王朝后，为了统一中国，剪除各地割据势力，发动了一系列战争。而秦王李世民就是这一系列战争的忠实指挥者，他在这场统一战争中显示了非凡的军事才能，是一位当之无愧的“知兵者”。在攻打薛仁杲的过程中，李世民没有死拼硬打，而是首先做到“知彼知己”“知天知地”，然后把握有利战机，主动出击，最后一举消灭了薛仁杲部，为唐王朝的统一扫除了障碍。

商战谋略的阐释与应用

无论在军事领域还是在经济领域，战略战术都是无穷无尽的。在商战中，如果能充分利用天时、地利，将会对企业发展产生极大的推动作用。

广州南方大厦曾是国内屈指可数的商业大厦之一，它在20世纪80年代曾创下过年销售总额2.7亿元的纪录，位居全国第一。当然，这其中成功的原因很多，但南方大厦善于发挥其独特的地理优势，不能不说是一个重要原因。1982年，南方大厦的销售经理从气象部门得知一条重要消息：广州第二年春天雨季长、雨量大，多阴雨天气。这位销售经理在进一步核实了这则气象消息后，决定预先购入一批雨伞。当时深圳正好有一家公司积压了25万把雨伞，他们正为此事而一筹莫展，南方大厦销售经理果断支付100万元巨款，将这批积压雨伞全部购进。第二年春天，广州果然阴雨不断，南方大厦购进的25万把雨伞不久就销售一空。

广州南方大厦销售经理“知天知地”，洞察市场先机，抢先购进雨伞，等到市场需求旺盛之际一举抛售，从而赢得了丰厚的利润。这一事例充分说明了天时、地利在商战中的重要性。

从政谋略的阐释与应用

无论在军事上，还是在政治上，都需要充分地了解对手，做到察性知人。

有一次楚王问田忌，齐、楚两国交战，楚国如何才能取得胜利。

田忌答道："如果齐国派申孺为将，楚国就出动5万人马，派上将军率领。如果齐国派田居为将，楚国就出动20万人马，派上将军率领。如果齐国派眄子为将，楚国就应该出动全国的兵马，由大王您亲自率领，我田忌跟随相国上将军担任左右司马，这样才能够使您幸免于难。"

没过多久，齐国和楚国爆发战争。齐国派申孺为将，率大军进攻楚国。楚国出动5万人马，由上将军率领。不久就斩申孺首级而归，齐军大败。齐王大怒，于是派眄子为将，率大军浩浩荡荡进攻楚国。楚国出动全国兵马，由楚王亲自率领，田忌跟随相国上将军担任左右司马，全力以赴，以弱势战胜齐国，楚王也平安无事。

上下都称赞田忌英明机智，并问其中缘由。

田忌答道："没别的，只是因为我对齐国的将军十分了解。申孺傲慢自大，妒贤嫉能，因此必然败亡。田居虽尊重贤者，但却轻视不贤者，因此与他交战可能会一胜一负。而眄子既尊重贤者，也爱护不贤者，所以他带领的军队必团结一致，众志成城，这也正是我们楚国必须全力以赴对付他的原因。"

田忌是一名出色的军事家，同时也是一名优秀的政治家。他不仅了解敌国的战事，而且也了解敌将的脾性，因此在他的辅佐下，楚国屡战屡胜。

第十一章 九地篇

※原文

孙子曰：用兵之法，有散地，有轻地，有争地，有交地，有衢地，有重地，有圮地，有围地，有死地。诸侯自战其地，为散地。入人之地而不深者，为轻地。我得则利，彼得亦利者，为争地。我可以往，彼可以来者，为交地。诸侯之地三属，先至而得天下之众者，为衢地。入人之地深，背城邑多者，为重地。行山林、险阻、沮泽，凡难行之道者，为圮地。所由入者隘，所从归者迂，彼寡可以击吾之众者，为围地。疾战则存，不疾战则亡者，为死地。是故散地则无战，轻地则无止，争地则无攻，交地则无绝，衢地则合交，重地则掠，圮地则行，围地则谋，死地则战。

所谓古之善用兵者，能使敌人前后不相及，众寡不相恃，贵贱不相救，上下不相收，卒离而不集，兵合而不齐。合于利而动，不合于利而止。敢问："敌众整而将来，待之若何？”曰：“先夺其所爱，则听矣。”兵之情主速，乘人之不及，由不虞之道，攻其所不戒也。

凡为客之道，深入则专，主人不克；掠于饶野，三军足食；谨养而勿劳，并气积力；运兵计谋，为不可测。投之无所往，死且不北，死焉不得，士人尽力。兵士甚陷则不惧，无所往则固，深入则拘，不得已则斗。是故其兵不修而戒，不求而得，不约而亲，不令而信。禁祥去疑，至死无所之。吾士无余财，非恶货也；无余命，非恶寿也。令发之日，士卒坐者涕沾襟，偃卧者涕交颐。投之无所往者，诸刿之勇也。

故善用兵者，譬如率然；率然者，常山之蛇也。击其首则尾至，击其尾则首至，击其中则首尾俱至。敢问：“兵可使如率然乎？”曰：“可。”夫吴人与越人相恶也，当其同舟而济，遇风，其相救也如左右手。是故方马埋轮，未足恃也；齐勇若一，政之道也；刚柔皆得，地之理也。故善用兵者，携手若使一人，不得已也。

将军之事，静以幽，正以治。能愚士卒之耳目，使之无知。易其事，革其谋，使人无识；易其居，迂其途，使人不得虑。帅与之期，如登高而去其梯。帅与之深入诸侯之地，而发其机，焚舟破釜，若驱群羊，驱而往，驱而来，莫知所之。聚三军之众，投之于险，此谓将军之事也。九地之变，屈伸之利，人情之理，不可不察。

凡为客之道，深则专，浅则散。去国越境而师者，绝地也；四达者，衢地也；入深者，重地也；入浅者，轻地也；背固前隘者，围地也；无所往者，死地也。是故散地，吾将一其志；轻地，吾将使之属；争地，吾将趋其后；交地，吾将谨其守；衢地，吾将固其结；重地，吾将继其食；圮地，吾将进其塗；围地，吾将塞其阙；死地，吾将示之以不活。故兵之情，围则御，不得已则斗，过则从。

是故不知诸侯之谋者，不能预交；不知山林、险阻、沮泽之形者，不能行军；不用乡导者，不能得地利。四五者，不知一，非霸王之兵也。夫霸王之兵，伐大国，则其众不得聚；威加于敌，则其交不得合。是故不争天下之交，不养天下之权，信己之私，威加于敌，故其城可拔，其国可隳。施无法之赏，悬无政之令；犯三军之众，若使一人。犯之以事，勿告以言，犯之以利，勿告以害。投之亡地然后存，陷之死地然后生。夫众陷于害，然后能为胜败。故为兵之事，在于顺详敌之意，并敌一向，千里杀将，此谓巧能成事者也。

是故政举之日，夷关折符，无通其使，厉于廊庙之上，以诛其事。敌人开阖，必亟入之。先其所爱，微与之期。践墨随敌，以决战事。是故始如处女，敌人开户，后如脱兔，敌不及拒。

※译文

孙子说：用兵的原则，军事地理上有散地、轻地、争地、交地、衢地、重地、圮地、围地和死地。诸侯在本国境内作战的地区，叫作“散地”；进入敌国不远而能够轻易返回的地区，叫作“轻地”；我方得到有利，而敌人得到也有利的地区，叫作“争地”；我军可以前往，敌军也可以前往的地区，叫作“交地”；同几个诸侯国相毗邻，谁先得到它就可以获得其他诸侯国援助的地区，叫作“衢地”；深入敌国腹地，背靠敌人众多城邑的地区，叫作“重地”；山林险阻、水网沼泽等难以通行的地区，叫作“圮地”；进军的道路狭窄，退兵的道路遥远，敌人可以用少量兵力攻击我方众多兵力的地区，叫作“围地”；迅速奋战就能生存，否则就会全军覆灭的地区，叫作“死地”。因此，处于散地就不要作战，处于轻地就不该停留，遇上争地就不要强攻，遇上交地就不能使行军队伍中断，进入衢地就应该主动与诸侯结交，深入重地就要抢夺粮草，碰到圮地必须迅速通过，陷入围地就要设法脱险，处于死地就要背水一战。

古代所谓善于指挥作战的人，能够使敌人前后部队不能相互接应，主力和小部队无法相互依靠，长官与士兵之间不能相互救援，上下之间无法互相扶持，士卒离散难以集中，集合起来也不能统一行动。至于我军，则是有利就打，不利就不打。试问：“敌人兵员众多而且又阵势严整地向我方发起进攻，我方该用什么办法对付他们呢？”回答是：“先夺取敌人最重要的地方和最重要的物资，这样敌人就会听从我们的摆布。”用兵之理，贵在神速，要乘敌人措手不及的时机，经由敌人意料不到的道路，攻击敌人没有戒备的地方。

大凡进入敌国境内作战的规律是：深入敌国的腹地，我军的军心就会很稳，敌人就不易战胜我们。要在敌国丰饶的田野上掠取粮草，全军上下的给养就有了足够的保障。要注意休整部队，不要使士兵过于疲劳，保持士气，积蓄力量，部署军队，巧设计谋，使敌人无法判断我军的意图。将部队置于无路可退的绝境，将士们就会宁死不退。士卒既能宁死不退，那么，他们还会有什么事不敢做呢？士卒深陷危险的境地，无路可退，就不会再害怕，心自然就会稳固；深入敌境，军队的心就会集中，遇到迫不得已的情况，军队就会殊死搏斗。因此，这样的军队无须整饬就能自觉注意戒备；无须对他们强求就能完成任务；无须对他们约束就能亲密团结；无须对他们申令就会遵守纪律。禁止迷信与谣言，消除士卒的疑虑，就会使他们至死也不会逃避。我军的士卒没有多余的钱财，这并不是因为他们厌恶钱财；我军的士卒置生死于度外，这也不是因为他们不愿长寿。在作战命令颁布之日，坐着的士卒泪沾衣襟，躺着的士卒泪流满面，只因为把士卒投置到无路可走的绝境，他们才都会像专诸、曹刿一样勇敢。

所以，善于指挥作战的人，如同“率然”蛇一样。“率然”，是恒山地方的一种蛇，打它的头部，尾巴就来救助；打它的尾巴，头就来救助；打它的腰身，它的头尾就都来救助。试问：“可以让军队像‘率然’一样吗？”回答是：“可以。吴国人和越国人是互相仇视的，但当他们同船渡河而遇上大风时，他们相互救援，配合默契得就如同人的左右手一样。”所以，用把马并缚在一起、深埋车轮这种显示死战决心的办法来作战，那是靠不住的；要使部队能够齐心协力奋勇作战如同一人，这才是治理军队的方法；要使强弱条件不同的士卒都能够发挥作用，关键在于恰当地利用有利的地形。所以，善于用兵的人，能使全军上下携手团结，如同一人，这是因为客观形势迫使不得不这样啊！

在指挥军队这件事情上，要做到沉着冷静而高深莫测，管理部队公正严明而有条不紊；要能蒙蔽士卒的视听，使他们对军事行动的目的毫无所知；要不断变更作战部署，改变用过的计谋，使人无法识破真相；不时变换驻地的地点，故意迂回前进，使人无从推测我方的意图。将帅向士兵发布作战任务，要像使他们登上高处而去掉梯子一样，使军队有进无退。将帅率领士卒深入诸侯境内，要像弩机发出的箭一样一往无前。对烧掉渡船，砸破饭锅，要像驱赶羊群一样，赶过去，又赶过来，使他们不知道要到哪里去。聚合全军官兵，投入险恶的环境，这就是指挥军队作战的本领。九种地形的应变处置，攻防进退的利害得失，全军上下的心理状态，这些都是不能不认真研究和周密考察的。

大凡在敌国境内作战的规律是：越是深入腹地，军心就越是稳定巩固；进入敌国境内越浅，军心就越容易懈怠涣散。离开本国，进入敌境作战的地区，叫作绝地；四通八达的地区，叫作衢地；深入敌境的地区，叫作重地；浅入敌境的地区，叫作轻地；背有险阻面对隘路的地区，叫作围地；无路可退的地区，叫作死地。因此，处于散地，要统一军队的意志；处于轻地，要使营阵紧密相连；进入争地，要迅速出兵抄到敌人的后面；进入交地，就要谨慎防守；在衢地上，就要注意巩固与诸侯列国的结盟；在重地上，就要保障军粮的供应；遇上圮地，就必须使部队迅速通过；陷入围地，我们就要堵塞缺口；到了死地，就要表示与敌人殊死奋战的决心。所以，士卒的心理状态是：陷入包围就会奋力抵抗，身处绝境就会拼死战斗，情况异常就会听从指挥。

因而，不了解诸侯列国的战略意图的，就不要预先与他结交；不熟悉山林、险阻、沼泽等地形情况的，就不能行军；不使用向导，就无法得到有利的地形。这四五种情况，如有一样不了解，都不能成为称王争霸的军队。那称王争霸的军队，进攻大国，能使敌国的军民来不及动员集中；兵威加在敌人头上，能够使敌方的盟国不敢与他策应。因此，无须争着同天下诸侯结交，也用不着在各诸侯国里培植自己的势力。只要施展自己的战略意图，把兵威加在敌人头上，就可以攻占敌人的城邑，摧毁敌人的国都。在战争中要施行超越惯例的奖赏，颁布不拘常规的号令，指挥全军就如同指挥一个人一样。向部下布置作战任务，但不向他们说明其中的意图。动用士卒，只说明有利的条件，而不指出危险的因素。将士卒投置于危地，就能转危为安，使士卒陷身于死地，就能起死回生。军队深陷绝境，这样以后才能赢得胜利。所以，带兵打仗这种事，在于谨慎地观察敌人的战略意图，并佯装顺从他们，然后集中兵力攻击敌人，千里奔袭，擒杀敌将。这就是所谓巧妙用兵，实现克敌制胜的人。

因此，在决定举兵出征的时候，就要封锁关口废除通行证件，不与敌国使者往来；要在庙堂里反复秘密谋划，做出战略决策。一旦敌方出现间隙，就要迅速地乘机而入。首先，夺取敌人的战略要地，不需要与敌约期决战。要灵活机动、随机应变，决定自己的作战行动。因此，在战斗开始之前要像处女那样显得沉静柔弱，诱使敌人放松戒备；在战斗展开之后，则要像脱逃的野兔一样行动迅速，使敌人措手不及，无法抵抗。

※评论与点评

本章论述了军队在九种不同的地域作战时的用兵原则，强调要善于利用在不同作战地域官兵的不同心理状态，采取相应的作战策略。

孙子在本篇提出了“兵之情主速，乘人之不及。由不虞之道，攻其所不戒也”“并敌一向，千里杀将”等作战原则，一直为古今中外的军事家所推崇。孙子在本篇指出了深入敌国作战的诸多好处，首先深入敌国后，士兵能听从命令，不易逃跑，有利于将帅的指挥，即“为客之道，深则专，浅则敌”；其次，深入敌国作战，军队可以在敌国就地解决给养问题，有利于削弱敌国，而增强自身实力，即“掠于饶野，三军足食”；最后，士兵在敌国，深入危险境地，就会无所畏惧，奋勇作战，正所谓“士甚陷则不惧”“不得已则斗”。因此将军要善于“聚三军之众，投之于险”，做到“投之亡地然后存，陷之死地然后生”。

衢地则合交

是故散地则无战，轻地则无止，争地则无攻，交地则无绝，衢地则合交，重地则掠，圮地则行，围地则谋，死地则战。

军事谋略的阐释与应用

在兵法思想中，孙子非常注重天时、地利对战争的影响。在本篇中，孙子根据不同的地形对战争所产生的不同影响，把作战地形分为九类，并提出了在这九类地形中作战所应遵循的基本原则。

公元前 362 年，魏国与韩国、赵国作战，秦国趁机出兵伐魏，占领了魏国庞城。当时魏国都城安邑处于秦、韩、赵三国的包围之中。三国人马此时兵势正盛，而魏军则军心涣散，形势对魏国十分不利。在这种情况下，魏惠王果断地决定迁都大梁，以退为进，从而避开了三国交战的兵锋，保存了魏国的实力。

魏国都城安邑处于秦、赵、韩三国的包围之中，这是典型的散地，随时都有可能被攻破。在国都周围与敌国作战，这是一件很危险的事情，因此魏惠王果断迁都，避免了险情的发生。

春秋时，吴王向孙武探求用兵之道，吴王说："我军刚刚进入敌国境内，士卒因惧怕敌军而企图返回，将欲向前而卒欲向后，军中上下不能齐心协力。此时敌人却坚守营垒，准备追击我们，该怎么办？"孙武回答说："队伍进入敌人浅近地区，如果士卒不能齐心协力深入作战，我们应当运用计谋迷惑敌人，佯装后退，然后选出精锐，轻装前进，趁机掠夺敌人的资财，以消除他们的恐惧心理。之后，再分出一部分兵力设伏，敌人如果来追赶，就果断出击；如果敌人不来，就可以安然撤退。"

这是孙武本人与吴王的一番对话，在这段对话中吴王所提到的这种情况就是"轻地"，孙子告诉吴王处于轻地不宜久留，要想办法迅速离开。这也正是他在兵法中所讲的"轻地则无止"的原则。

蜀汉建兴十二年（公元 234 年），诸葛亮率蜀汉军攻魏国，进抵渭水南面。魏雍州刺史郭淮对魏军统帅司马懿说："诸葛亮肯定会争夺北原（今陕西宝鸡东），我们应该抢先占领这个地方。"对此，很多人感到不解，郭淮解释说："如果诸葛亮跨过渭水，登上北原，将会阻断长安通往陇西的通道，致使百姓和羌人动荡不安，这对国家很不利。如果我军先占领这个地方，就会保持与陇西联系的畅通，这有利于稳定局势。"司马懿认为郭淮言之有理，就采纳了这个主张，派郭淮率领人马抢先控制了北原。当时郭淮还未来得及筑好营垒，蜀汉大军已经开到了北原。郭淮利用有利地形，率部迎敌，汉军败退。

在争夺北原的过程中双方都看到了北原对陇西通道的重要性，于是双方展开了对北原的争夺。司马懿采取了郭淮的建议，抢先占领了北原这块"争地"，把握了战争的主动权，获得了战争的胜利。

春秋时，吴王阖闾准备进攻楚国。伍子胥、孙武献计说，楚国向来仗势欺辱周围的唐、蔡等国，如果想要攻打楚国，就应该说服唐、蔡两国联合出兵，才能有胜算的把握。吴王采纳了他们的建议，与唐、蔡联合发兵攻打楚国，结果楚王每战必败，最后被迫逃离郢都。在这则例子中，孙子为吴王所提的建议其实就是"衢地合交"的计谋。

商朝末年，周武王率军伐纣，大军渡过孟津，直逼商都朝歌。商纣王闻讯，急忙征集大批奴隶和国都卫队一同开赴牧野迎击。当时周武王的兵力远不及纣王大军，但是周武王为了推翻商纣王的残暴统治，决心背水一战。他背依济水列阵，同时，在阵前声讨商纣王的罪行以激励将士。周军士卒奋勇当先，商军毫无斗志，奴隶倒戈，顿时土崩瓦解。

周武王率军讨伐商纣王，大举进攻朝歌，双方在牧野展开激战，但是这时武王才发现自己的兵力远不及商纣大军，陈兵牧野无疑是进入了“死地”，然而他并没有退却，而是背依济水，拼死一战，最后终于扭转了战局。

商战谋略的阐释与应用

在商战中，商场形势千变万化，针对不同的形势要及时采取不同的应对策略，只有这样才能在激烈的市场竞争中立于不败之地。

麦当劳的创始人是麦氏兄弟——麦克和狄克。可是后来将麦当劳快餐发展壮大，从而推及全球的却是另外的一个人——克罗克。克罗克在经商的路途中经历了一系列的挫折后，一个偶然的机会，他发现了麦氏兄弟经营的小餐馆生意竟然异常红火。他于是劝说麦氏兄弟再多开几家分店，可是麦氏兄弟却没有这样的打算。克罗克看到机会来了，主动要求帮助麦氏兄弟在全国开设分店，条件是从中抽取 5% 的利润，麦氏兄弟很快就答应了他的要求。克罗克从 1955 年在芝加哥郊区开设第一家麦氏餐馆后，生意越做越大，到 1968 年以后，每年有 200 家以上的分店陆续开张。可是麦氏兄弟却无心认真经营这项事业，为了麦当劳事业的发展，克罗克只好以 270 万美元从麦氏兄弟手中购买了麦当劳的全部经营权。从此，麦当劳获得了独立自由的发展空间。

如今，麦当劳的分店已经遍及全球。这一切都离不开克罗克的远见卓识以及其“断臂求生”的经营策略。

从政谋略的阐释与应用

国际政治上有这样一句话：只有永久的利益，没有永恒的友谊。既然如此，在不同的情况下，为了利益，就需要设法创造友谊。身处“衢地”时，要注意“合交”。

武则天执政后，打击李氏宗室，重用武姓之人，将国号易为周，并宠信张易之、张宗昌两兄弟，弄得纲纪混乱，人心思变。大总管张柬之和重臣桓彦范等五人暗中设计除掉二张，并邀请姚崇一同参与密谋此事。后来他们果然杀了张易之、张宗昌兄弟，将武后软禁于上阳宫，迎接唐中宗复位。唐中宗复位后，将张柬之等五人封为王爵，姚崇封为梁县侯。

当武后被迁往上阳宫时，姚崇带着许多官员到场向武后请安，问候起居。张柬之等五人都显得十分高兴，只有姚崇一人独自泪流满面。众人不解，姚崇只是说自己侍奉太后已久，现在要送别旧主，有些伤心，这也是身为人臣应有的感情和节操。

其实姚崇当然不是随便哭的，他看到武三思未除，断定将来必有后患。果然，善于迎合人的武三思，深得唐中宗信任，并且与韦后互相勾结，后来执政，杀了张柬之、桓彦范等五人。姚崇因为在送别武后往上阳宫时曾泪流满面，证明他没有意图参与政变，所以没有受到牵连。

姚崇是一位地地道道的大智大勇者。他不仅具有超前的政治眼光，而且还拥有灵活巧妙的政治手腕。在看到武三思未被除掉时，他为自己留下了后手——以满脸的泪珠讨好了武三思，从而使自己在后来的政变中躲过了一场祸患。

合于利而动，不合于利而止

所谓古之善用兵者，能使敌人前后不相及，众寡不相恃，贵贱不相救，上下不相收，卒离而不集，兵合而不齐。合于利而动，不合于利而止。

军事谋略的阐释与应用

孙子在这里提出了“合于利而动，不合于利而止”的战争指导原则。这种原则主要是使敌人前后不能相救，上下不能相及，从而阻断敌人内部的有机联系，达到降低敌人战斗力的目的。总之，军事行动要以对我方有利为前提。

战国时，魏国出兵攻打韩国，韩国请求齐国出兵援助。齐宣王召集大臣商议此事。当时魏国谋士邹忌不主张出兵援助，田忌则主张出兵相救。孙膑认为，齐国不必急于出兵相救，因为在韩、魏两国军队还没有遭到重创以前，齐国出兵是代替韩国承受魏军的攻击，而且还要听从韩国的指挥。况且在这次战争中，魏国已决心与韩国决一死战，所以韩国才向齐国求援。齐国可以先同韩国结交，然后待魏、韩两国军队人困马乏、筋疲力尽时，再出兵相救，则可以从中得到很大的好处。齐王听从了孙膑的建议，最后于马陵大败魏军。

孙膑继承了先祖的衣钵，是“合于利而动，不合于利而止”的忠实执行者。在齐国是否出兵援韩这件事上，他几乎做到了滴水不漏，从而占尽了便宜。如果依照邹忌或者田忌的主张，是收不到这种效果的。

商战谋略的阐释与应用

“合于利而动”，从经济学的角度来讲，它反映了企业经营的本质是追求利润。也就是说企业的一切行为都是因利而动，这不仅是企业的本质，而且也是衡量企业行为的根本标准。

1973年，扎伊尔发生了内乱，日本三菱公司的市场分析人员认为，与扎伊尔相临的世界重要的铜矿产地——赞比亚有可能会受到动乱的影响。于是，他们密切注意该地区的军事动向。不久，叛军向赞比亚边境运动。三菱公司认为叛军若切断交通，势必会影响赞比亚的铜锭输出，从而波及世界的铜锭价格。在认真分析局势之后，三菱公司果断决策，趁叛军尚未切断交通，低价大量购进市场上的铜。后来叛军果然切断了交通，世界市场的铜价随之大涨。日本是原料进口大国，铜价上涨之后，日本国内对铜的需求量有增无减，三菱公司趁机高价抛售以前收购的铜，结果发了一笔横财。

说起来，日本三菱公司并不是专门做铜生意的，可是公司的分析人员从扎伊尔的政治动乱中发现了商机，反正企业经营的目的就是为了赢利，所以三菱公司没有错过这一赚钱的好机会，他们毫不犹豫地大量购进市场上的铜，然后趁机抛出，最后获益匪浅。

从政谋略的阐释与应用

俗话说“良禽择木而栖”，忠臣定想辅佐一位贤明的君主。可事实上，一位良臣并不一定能找到一位志同道合的君主。如果是这样的话，忠臣宁可隐居一生，也不要助纣为虐，与昏君为伍。

商朝的末代之君帝辛，也就是商纣王，曾经征夷四方，战功显赫。可是等到国家安定下来后却不理朝政，变得残暴而又荒淫。

面临国家的深重灾难，微子曾同太师箕子、少师比干商量自己出走之事。箕子忧心忡忡地认为：现在假若帝辛能够好好地治国，眼见到国家太平，就算死了也无憾。如果自己死了都不能换得国家的清明，还不如早日离开的好。在纣王醉生梦死、国运风雨飘摇之际，箕子仍希望纣王改过自新，重整国威。可是这一切都是他的空想，后来他因无奈而装疯，竟被纣王当作奴隶一样囚禁了起来。

武王伐纣之后，被囚禁为奴的箕子也得到了解放。箕子怀着亡国之痛，不愿事周为臣，遂率人来到朝鲜半岛，终其一生。

箕子是一位富有悲剧色彩的传奇式人物，他正直、忠心而又富有气节。他初期兢兢业业辅佐同父异母的弟弟商纣王，可是等到商纣王变得荒淫残暴后，他就有了出走的想法，后来又因无奈而装疯。武王伐纣灭商后，他没有像微子一样事周，而是充作前往朝鲜半岛的友好使者。从箕子传奇的一生中不难看出，他具有“合于利而动，不合于利而止”的气节。

兵之情主速，乘人之不及

兵之情主速，乘人之不及，由不虞之道，攻其所不戒也。

军事谋略的阐释与应用

孙子在这里所提到的内容仍然是“兵贵神速”和“攻其无备，出其不意”思想的延伸。他指出用兵贵在神速，要乘敌人措手不及的时候出击，走敌人意料不到的道路，攻击敌人没有戒备的地方，这样才能使敌人防不胜防，从而克敌制胜，达到速战速决的目的。

公元 1644 年 4 月，李自成大军围攻山海关，山海关守将吴三桂降清，与清军一道夹击李自成大军。双方在石河发生激战，当时东北风大起，顿时飞沙走石，天昏地暗，清军乘机由角山秘密迂回到李自成军侧后，突然发起进攻。李自成大军猝不及防，阵势大乱，伤亡惨重，最后被迫撤回北京。

山海关一战，李自成败得如此迅速，除了一些客观的原因之外，主要是因为敌人出兵迅速而突然，令李自成防不胜防，只好败退北京。

魏景元四年（公元 263 年），魏帝下诏命征西将军邓艾、雍州刺史诸葛绪以及镇西将军钟会兵分三路大举伐蜀。当时蜀将姜维据守剑阁，将魏军阻于剑门关外。此时，邓艾乘钟会与蜀军相持于剑阁之时，自率精锐部队绕道阴平，越过长达 700 多里荒无人烟的小道，凿山开路，秘密南下，很快进入蜀国腹地江油，蜀汉守将马邈投降，邓艾长驱直入直逼蜀都，姜维大军无法回援，蜀都事先没有做好防御准备，后主刘禅见魏军兵临城下，只好宣布投降，蜀国灭亡。

蜀国的灭亡有其根本原因，但其直接原因却是防守不力，让邓艾趁机钻了空子。不过，对邓艾来讲，他取胜的原因其实就是“由不虞之道”而进入了蜀国腹地，才致使蜀国灭亡的。

公元 1636 年 8 月，清军大举南犯。明廷料想清军可能会西进山西，然后以山西为据点再向北京进发，于是调集兵力加强对紫荆关至固关一线的防守。不料，清军却由延庆南下，直入居庸关，占领昌平，经沙河、清河直逼北京。明廷急调山西、山东等地明军驰援。不料清军又避开北京，攻占了文安、永清，至雄县后又回攻香河、顺义、怀柔等城。清军后又伺机攻下密云、平谷地区，从而为彻底攻克北京铺平了道路。

清军在短短不到一个月的时间，一连攻下北京周围十几座城池，令北京陷入重重包围之中。原因何在？其实很简单，明廷疏于对北京周边地区的防守，而清军正是抓住了这一点，“攻其所不戒”，与明军打起了游击战，所以才连战连胜，攻无不克。

商战谋略的阐释与应用

对企业来讲，时间就是金钱，效率就是生命。企业必须对市场具有敏锐的洞察力，能够迅速抓住有利战机，把握竞争主动权，果断出击，从而保障企业在竞争中的优势。

可口可乐公司是世界上最大的饮料公司之一，它的发展经历了一个曲折过程。古兹维塔在可口可乐的发展史上功不可没。有一次，可口可乐得到情报：百事可乐将在1993年初推出新产品——透明无色的百事可乐。古兹维塔立刻展开行动，虽然他认为无色可乐只是短命潮流，但他还是决定开发这种新产品，以此让员工知道可口可乐的行动能有多快。为此，他找来了这方面的行家——锡曼。古兹维塔对无色可乐的指示很简单：快速完成。锡曼的动作也的确很快，从研制配方到产品上市只用了60天。虽然古兹维塔对产品的前途没有信心，但是他对锡曼的表现还是非常满意的。不久，百事公司又推出了无色可乐、水晶百事。可是，古兹维塔并不想发展这种无色可乐，他只是想证明一下可口可乐公司的速度罢了。因此，他趁对手为无色可乐、水晶百事大做广告之时，迅速让可口可乐公司的无色可乐下市，然后转向了新产品的开发，这一切都是百事公司始料未及的。

可口可乐公司迅速推出无色可乐，又迅速让其下市。在整个过程中始终以速度把握了竞争的主动权，使对手——百事可乐措手不及。

从政谋略的阐释与应用

速度是取胜的先决条件。如果能把握好时间因素，趁对手没有准备的时候，迅速出击，就能有效战胜对方。

天启七年（公元1627年），朱由检登上了皇帝的宝座，史称崇祯帝。他的前任是他的兄长明熹宗朱由校。朱由校不理朝政，终日在宫中骑马射箭，或把弄他钟爱的土木工艺，却将朝政大权全都交给大奸臣魏忠贤。

崇祯皇帝上台时只有17岁，却深知魏忠贤之流作恶多端，于是他想要除掉这个大奸臣。可是，魏忠贤的爪牙遍布朝廷，年轻的崇祯皇帝不敢太冒失。入宫之初，他对魏忠贤和颜悦色，以稳定其心，然后伺机而动。一天，他突然下令魏忠贤掌管的宫内小宦官一律出宫赴兵部领赏。可一出宫就不许他们再入宫了，立即予以解散。接着又强令魏忠贤的爪牙退休，或降他们的职。待到魏忠贤失去左右羽翼时，崇祯帝趁机宣读大臣们弹劾他的“十大罪疏”，然后下令将他发配到凤阳县看守皇陵。魏忠贤自知罪孽深重，中途上吊自杀了。

崇祯帝做事果断迅速，令魏忠贤防不胜防，最后一代奸臣被迫自杀。崇祯帝除奸的整个过程让人拍手称快，他正是运用了“兵之情主速，乘人之不及”的策略。

深入则专

凡为客之道，深入则专，主人不克；掠于饶野，三军足食。

军事谋略的阐释与应用

孙子主张深入敌国腹地作战，他认为这样不仅能使士卒心智专一、听从指挥，而且还不至于被敌人击败；在敌国富饶的地区作战，可以使军队获得充足的给养，从而为取得战争的胜利提供必要的保障。

东晋穆帝时期，李势割据四川，建立成汉国，严重威胁了东晋的统治。东晋穆帝永和二年（公元 346 年）十一月，晋穆帝决定派桓温率晋军讨伐李势，李势得知这一消息后，迅速集结兵力迎战。次年三月，晋军进至距离成都不远的彭模，部将建议桓温兵分两路以分散李势的兵力，但袁乔极力反对分兵。袁乔认为：晋军孤军深入敌境，不熟悉作战地形，胜算把握不大。如果兵分两路，势必使晋军兵力大大削弱，一旦被李势各个击破，不但统一大业难成，而且部属也将难以生还。所以应当集中优势兵力，一举灭掉成汉国。桓温采纳了袁乔的建议，让老弱士卒留守彭模，亲自率精锐骑兵进攻成都。途中遭到成汉军李权部的拦截，桓温率军奋力杀敌，击败了李权部，然后直逼成都。成都守军顽强抗击，晋军遭受重创，将士士气受挫。袁乔拔剑表示与成汉军誓死一战，晋军大受鼓舞，拼死攻城，成都城陷落。

李势割据一方，东晋帝派兵讨伐，桓温率军深入敌人腹地作战，一路所向披靡，可是进攻成都城时却遭受了重创，致使士气受挫，袁乔拔剑明示士卒誓死一战，晋军明白当时只有拼死一战才能求得生路，于是拼死杀敌，终于攻克了成都城。深入敌境作战，很多事情都会身不由己，如果受挫后退，可能会遭到敌人致命的打击，所以士卒在这种生与死的选择之中，定会拼死杀敌，从而使战势发生转机。

商战谋略的阐释与应用

荀子曾说过："君子性非异也，善假于物也！"意思是说，人并没有什么特别之处，只是善于假借外物罢了。在商战中也是如此。在拓展国外市场时，如果能有效利用当地的资源，为顾客提供优质的产品和最周到的服务，也能收到意想不到的效果。

二战时，美军携带了大量的可口可乐奔赴欧洲战场。他们成了可口可乐在海外的"义务推销员"。二战结束后，随着美军的撤离，可口可乐面临失去大批"海外推销员"的危机。于是，可口可乐公司另出新招，充分利用当地的人力、物力和财力，大力开拓海外市场。公司只负责提供可口可乐"秘密配方"的浓缩液，并统一制定经营方针，而且还对当地人员进行了专门的技术培训和服务培训。当地人则负责设备、材料、运输和销售。运用这种策略，可口可乐公司迅速打开了国外市场。

从政谋略的阐释与应用

在政治斗争中，深入对手的内部，才能让自己的部属专心致志。

公元616年，李渊被诏封为太原留守，突厥数万兵马多次攻击太原城池，与此同时，盗寇刘武周突然进据李渊专管的汾阳宫，掠取宫中妇女，献给突厥。突厥即封刘武周为定杨可汗。在突厥的支持庇护下，其他叛军也纷纷起兵闹事，李渊防不胜防。在内忧外患之际，李渊竟派遣谋士刘文静为使，向突厥屈节称臣，并送以"子女财帛"，众人对此行为均不理解。

唯利是图的始毕可汗果然与李渊修好。在从太原进入长安的艰难时期，李渊只留下李元吉率少数人马驻扎太原，却从未遭过突厥的侵犯，而依附突厥的盗贼刘武周因见始毕可汗与李渊修好，也不敢妄动。

在李渊进军关中途中，始毕可汗还送给李渊不少马匹和士兵，李渊也借机购来许多马匹，这使得李渊后来得以建立了一支强有力的骑兵，也为他完成帝王霸业奠定了坚实的基础。

李渊在内忧外患的情况下，对突厥屈节称臣，其实只是他的缓兵之计。在当时的情况下，他只有这样做，才能使后方稳固，才能更专心地为进占长安做好充分准备。

运兵计谋，为不可测

谨养而勿劳，并气积力；运兵计谋，为不可测。

军事谋略的阐释与应用

士兵的士气和体力是军队战斗力的根本保证，所以孙子主张用兵作战一定要懂得保养士兵的体力，从而使军队保持旺盛的战斗力。此外，用兵要神出鬼没，不要让敌人判断出我军的行动意图，或者推断出我军的行动方向。

公元224年，秦王派王翦率兵60万进攻楚国，达到平与后秦军屯兵不前。楚国听说了王翦率大军前来攻打，急忙调集全国的兵力抵御。王翦却坚守阵营不与敌国交战，楚人多次挑战，秦军始终坚守不出。王翦每天让士兵修整，给予上等膳食，还采取各种计谋迷惑敌军。楚军见秦军拒不出战，而且找不到合适的战机，于是向东撤退。此时王翦迅速命大军追击楚军，楚军并无防备，阵势大乱。秦军追至新南，杀死楚军将军项燕，楚军溃败。王翦乘胜平定城邑，楚王逃脱。第二年王翦俘获了楚王。

王翦奉命攻打楚国，楚国倾尽全国兵力抵御，此时如果强攻，成败难以计算。因此王翦便让士卒养精蓄锐，以待有利战机。楚国大军屡次求战不能，士气锐减，不久东撤。此时，王翦见时机成熟，以迅雷不及掩耳之势，迅速出击，一举击溃了楚国大军。王翦用兵深不可测，他当初面临楚国大军的抵御时，如果出击，并非没有一点取胜的把握，但是那样势必会付出较大的代价，所以他决定“谨养勿劳，并气积力”，以最小的代价获得了最大的胜利。

商战谋略的阐释与应用

商战中，竞争的成败在很大程度上取决于产品的特殊技术或特殊配方，这些商业秘密一旦泄露，就会使自己丧失竞争的优势，造成不可弥补的损失。

法国的米其林轮胎公司具有上百年的历史，它拥有雄厚的资金和先进的技术，实力非常雄厚，它的产品销售量位居世界前列，它曾被称为“欧洲最神秘的企业”。预见新技术、新需求，时刻把握市场先机，是米其林公司保持竞争力的关键。著名的子午线轮胎就是该公司的首创。米其林公司拥有非常雄厚的科研力量，有科研人员万余人。为了保持产品的领先地位，米其林公司还不惜耗费巨资，建立了大型试验中心。不仅如此，米其林公司还异常注重保守技术秘密。1964年，法国总统戴高乐在视察法国中部的城市时，特意要参观一下米其林轮胎厂，他本意是想提高米其林的知名度，可是却被公司总经理以保守技术秘密为由婉言谢绝了。这个消息不胫而走，米其林公司因此而成为欧洲最神秘的企业。为保守技术秘密，米其林公司不仅谢绝国内外各种人员的考察、参观，而且注重企业内部的保密工作。工厂内部，每个工序之间不允许相互串岗，违者严惩。此举使米其林公司创业上百年来，始终保持了竞争优势。

米其林公司重视应用先进技术开发新产品，而且非常重视保守技术秘密，甚至连总统参观也不例外。如此严格的保密制度，确保了米其林公司上百年来的市场领先地位。

从政谋略的阐释与应用

政治高深莫测，不同于儿戏，它既需要高深的智谋，又需要非凡的勇气。

东晋时期，皇帝司马绍十分信任有胆有识、博学多才的温峤，并让他参与朝廷机密大事。

当时掌握朝中军事大权的将军叫王敦，正企图谋反。他见温峤有才，便请求皇上把他调去给自己当左司马。温峤意识到王敦的谋反倾向，并对其进行劝说，但王敦根本不听。温峤见王敦反心已决，不再劝阻，反而帮助他出谋划策，这使王敦渐渐对他产生了好感，常把一些重要的事务交给他去办。

王敦的心腹干将钱凤足智多谋，而且疑心很重，温峤怕生出是非，常常想办法拉拢他。在取得了王敦主仆二人的信任后，温峤借机回到了都城，将王敦的大逆不道告知了皇上。司马绍便命温峤带兵去剿灭王敦。公元 334 年，温峤率军打败了王敦叛军，王、钱二人均死于乱军之中。

温峤对王敦先是好言相劝，王敦实在不听，他就顺其自然，而且还帮助他出谋划策，反过来协助王敦造反，然后伺机脱身，最后终于消灭了王敦叛军。整个过程无不体现出王敦的大智大勇，手段真是深不可测。

兵士甚陷则不惧，无所往则固

兵士甚陷则不惧，无所往则固，深入则拘，不得已则斗。是故其兵不修而戒，不求而得，不约而亲，不令而信。禁祥去疑，至死无所之。

军事谋略的阐释与应用

孙子在这里提出的其实是利用险恶的处境来治兵和用兵的思想。他主张用兵作战要将士卒置于危险的境地，这样士卒们就会主动团结自律，自我约束。因为这样的环境涉及他们的生死利益，而生死存亡的命运全掌握在他们自己的手中。

公元 74 年，班超奉命出使西域到达了鄯善国，起初鄯善国王热情招待了他们，可是没过几天态度突然冷淡起来。原来匈奴也派使者去了那里，因此鄯善国王改变了态度。班超对属下说："如果鄯善王把我们抓起来送给匈奴，到时恐怕连骨头都没了。"属下处于危险境地，都表示愿意听从班超指挥。班超对大家说："不入虎穴，焉得虎子。"他在众人的积极配合下趁黑夜偷袭了匈奴营帐，斩杀了匈奴使者。鄯善国王见此情境表示愿意归附汉朝。

班超出使西域，到达鄯善国。当时匈奴使者的出现出乎他们的预料，而消灭匈奴使者似乎也不在出使西域的计划之内，所以按常理来说，班超很难说服部属袭击匈奴使者。但是班超明白"深入则拘，不得已则斗"的道理，在当时的情况下，他的号令代表了部属共同的心声。他一声令下，部属果然积极响应，他们奋起斩杀了匈奴使者，解除了危机。

商战谋略的阐释与应用

人力资源是企业的核心资源，所以企业的管理要以人为本。为了有效地对员工进行管理，就要求为员工设定一定的约束机制和激励机制，从而使他们在关注切身利益的情况下自动自发地去工作。

雷·克罗克是麦当劳事业的开拓者，是他把麦当劳的快餐店开到了地球上的每一个角落。面对如此众多的快餐店，他是如何管理的呢？他不喜欢坐在办公室发号施令，而是喜欢"走动式管理"，也就是到所有的公司、部门走走、看看、听听、问问。曾有一段时间，麦当劳公司严重亏损。克罗克在他的"走动式管理"中发现了一个重要原因，那就是公司各职能部门的经理有严重的官僚主义，习惯躺在舒适的椅背上指手画脚，而把许多宝贵的时间都耗费在了抽烟和闲聊上。克罗克决定取消这些管理者优越的生存环境——下令将所有经理的椅子靠背锯掉，有关人员立即照办。那些闲散惯了的经理们失去了"赖以生存"的椅子背，只好走出办公室，深入基层，加入到"走动式管理"中去，他们发现管理中竟然存在着许多问题，于是及时解决了这些问题，而麦当劳公司也渐渐扭亏为盈。

如果麦当劳的那些经理们一直逍遥下去，那么麦当劳将不知会亏损到何时。正是克罗克锯掉了经理们的椅子背，他们才不得不加入到"走动式管理"的行列中，从而发现并解决了管理中存在的问题，使麦当劳扭亏为盈。

从政谋略的阐释与应用

为了使自己的部属齐心协力实现自己的政治目的，就必须将他们置身于无路可走的绝境。另外，还要打消他们的疑虑和后顾之忧，使他们一往无前。

萧衍原是南齐明帝的一员大将，建武四年（公元497年），北魏军南伐雍州，萧衍受命领兵赴援，进至襄阳。齐明帝萧鸾病死，其子萧宝卷继位。萧宝卷昏庸无能，大权落入号称“六贵”的六位朝臣手中，此六人不以国事为重，整日明争暗斗，朝中政治极度黑暗腐败。

萧衍认为国家的大乱将要开始，当时他的哥哥萧懿被调为郢州刺史。萧衍便劝哥哥萧懿趁机起兵，共图大业。哥哥却不听劝告，萧衍只好独自将弟弟萧伟、萧儋迎至襄阳，秘密制造武器，招兵买马。永元二年（公元500年），裴叔业、崖慧景集聚多人发动兵变，萧懿带兵平定了叛乱，为朝廷立了大功，不但未被封赏，反而受到猜忌被杀。

萧懿被杀，既证明了萧衍预见的准确，也为萧衍起兵提供了机会。萧衍及时抓住这个机会，在与亲信们密谋后，便召集部众，誓师起兵。萧衍号召亲信部众齐心协力，讨伐昏君，并答应他们以后将会享尽荣华富贵。众人异口同声，表示愿意听从萧衍起兵讨伐萧宝卷。在杀掉萧宝卷一年以后，萧衍登基称帝，建立梁朝。

萧衍当初劝哥哥萧懿起兵反齐，哥哥不以为然，最后却落得个身首异处的下场，这给了后人以血的教训。所以当萧衍后来号召部属反齐，讨伐萧宝卷时，一呼百应。

齐勇若一，政之道也

是故方马埋轮，未足恃也；齐勇若一，政之道也；刚柔皆得，地之理也。故善用兵者，携手若使一人，不得已也。

军事谋略的阐释与应用

孙子在这里谈到的仍然是军队的组织协调问题，他强调不要试图用一些外在的力量迫使部队稳定，而应当依靠有效的管理和教育给士卒以内在的动力，以此规范和约束他们，从而使全军上下统一思想，步调一致。

南宋名将岳飞非常爱护部卒，他亲自为有病的士卒调制汤药；部队要远征，他派妻子去慰问其家属；将士战死，他安排养育其遗孤；凡有朝廷赏赐，他都平均分给将士。有一次，一位部将对士兵分赏不均，岳飞便下令将之处斩。由于岳飞对士卒亲爱有度，赏罚分明，因此凡是军中有令，士卒皆拼死执行。有一次，岳飞驻扎合肥，他派一名骑兵过江去送公文。不巧遇上暴风雨，艄公劝说骑兵改日过江，骑兵却说：

"溺死江中不足惜，耽误岳公的命令可了不得！"渡船人非常感动，在骇浪惊涛中将骑兵送到了河对岸。

南宋名将岳飞爱兵如子，治军严明，他治理的军队才真正达到了"携手若使一人"的境界。他手下的将士"齐勇若一"，所以岳飞抗金20载，总能以少胜多，以弱胜强，为宋室立下汗马功劳。

商战谋略的阐释与应用

对于企业的经营者来讲，要想让员工团结一致、齐心协力工作，就必须为他们树立一个共同的奋斗目标，然后再根据共同目标制定出各自的具体目标。这样在双重目标的引导下，才能使他们达到"携手若使一人"的效果。

惠普公司的总裁费奥莉娜就非常注重实行目标管理。目标管理首先由公司各级员工根据本部门和其他部门的工作要求制定出各自具体的努力目标，然后在此基础上实现公司的总体目标。目标管理主要是指：首先制定企业内部责任的书面计划，然后使员工在共同认可的计划和目标下协调工作，相互配合，从而达到一体化。在世界经济一体化的今天，只有合作才能在激烈的市场竞争中立足，这不仅包括公司间的合作，更包括公司员工之间的配合。一体化的团队力量，远远胜过某个人的力量。费奥莉娜显然更明白这个道理，她将这一理念运用到公司的管理中，提倡员工间的相互协调和配合，这显然给惠普带来了更加蓬勃的生机与活力。

从政谋略的阐释与应用

对于统治者来讲，国家要想富强，必须要有科学合理、刚柔相济的统治政策。春秋末期，郑国的国相子产善于使用高压和怀柔两种政策治理国家。郑国当时是个小国，要想在大国的觊觎下生存，没有强大的国力是不行的。于是子产一方面提倡振兴农业，另一方面要确保军费开支，于是决定征收新税，此举招来了国民和一些大臣们的反对。但是无论压力再大，为了国家的根本利益，子产绝不让步。

在教育政策上，他则持开放的态度。当时全国各地普遍设有乡校，由于乡校所培养的人员比较复杂，有人担心会被那些对政治不满的人所利用，对统治阶级造成威胁，因此提出关闭乡校。可是子产认为"防民之口甚于防川"，于是决定采取疏导方式，任其自由发展。

后来，郑国在子产这些政策的推动下，逐渐强盛起来，周边的国家也不敢轻视郑国了。

在这里，郑国子产所采取的统治政策，就体现出“齐勇若一，刚柔皆得”的道理。他在征收新税方面，为了国家的利益，绝不让步，体现出“刚”的一面；而在教育政策上，他放开对人们的言论限制，任其自由发展，则体现了其“柔”的一面。

将军之事，静以幽，正以治

将军之事，静以幽，正以治。能愚士卒之耳目，使之无知。易其事，革其谋，使人无识；易其居，迂其途，使人不得虑。

军事谋略的阐释与应用

孙子在这里提出的其实是一种“愚兵”思想。军人的天职是服从，因此他们应当知道的是“做什么”，而不是“为什么”。既然如此，将帅的军事计划就没有必要让士卒们知道。只有这样，将帅才能根据战争的实际需要随机地改变军事目标和作战计划，而且能够使这些计划得以顺利执行。

晋太元八年（公元383年），前秦王苻坚不顾群臣劝阻，发兵90万入侵东晋，初战大捷，便认为他的军队可以投鞭断流，消灭东晋不在话下。东晋君臣惊慌失措，只有宰相谢安泰然自若，派侄子谢石、谢玄率领8万晋军抵御前秦。谢玄问他破敌之策，谢安只是回答说：“到时自有安排。”然后便驾车外出游玩，直到晚上才回来。谢安回到府中对众将指示应战策略，众将准备齐心协力迎战。最后，淝水一战，晋军以弱胜强。当捷报送到谢安处，他正在与客人下围棋。当客人向他问起战况时，他只是淡淡地回答：“孩子们已经打败了敌人。”

谢安面临大敌，处变不惊，泰然自若，有“静以幽、正以治”的大将风范。他心中明白，面对十倍于己的前秦90万大军，他也没有胜算的把握，但是这些事情不能让将士们知道，否则会扰乱军心，不利于计划的执行。他一边安抚军心，一边仔细分析战势，为打败前秦军创造机会。果然在他的号令下，晋军以少胜多，大败前秦军。淝水之战的胜利与谢安的这种“愚兵”谋略是分不开的。

商战谋略的阐释与应用

企业为员工指明公司的奋斗目标固然重要，但是并非公司的每一步计划都应该让员工知道。面对瞬息万变的市场，以及随时可能出现的风险，员工应该知道的只是做什么，而不是为什么。只有这样才能保证他们专心致志地工作。

1981 年，初东明就任郑州化学试剂厂厂长。他上任之时，工厂产品滞销，困难重重，濒临破产。初东明没有被困难吓倒，他四方打探有利信息，希望工厂能绝地逢生。几经周折，他了解到一条珍贵的信息：国家商业部所属有关部门进口了一批价值 9000 万元的油漆，但这批油漆都是按照欧洲地中海区域的特点配制的，在中国不适用，必须重新配制，否则全部报废。商业部连连向国内十多家化工厂求援，可是谁也不敢接这种差事，商业部为此一筹莫展。初东明经过认真分析认为：油漆市场前景看好，他们作为化学试剂厂完全有条件揽下这笔业务。可是他的这种想法遭到了厂里其他几位领导的反对，他们都认为这其中的风险太大了。初东明认准了这其中蕴藏着的巨大商机，于是他力排众议，果断地接下了这笔业务。厂里的职工不知道新厂长葫芦里到底卖的是什么药，他们也不知道这其中的风险有多大，但是只要有一线生机他们都会努力去做。经过全厂职工一个多月的苦战，油漆终于按照中国人的需要调制完毕，油漆一上市，马上销售一空，当月创产值 40 万元，工厂随之扭亏为盈。

有时，让员工知道做什么，而不告诉他为什么要这样做，是十分必要的。每一种商业行为都存在着一定的风险，如果把全部的计划和盘托出，势必会造成员工心理的恐慌，从而直接影响工作的开展。初东明厂长在工厂危难之际，果断把握商机，但他并未告诉职工其中的风险，而只是给他们以希望和鼓励，职工们在他的带领下终于走出了困境。

从政谋略的阐释与应用

大凡执政为官者，大都胸有城府，高深莫测，善于韬光养晦，这是政治本身的特性使然，也是稳固统治，明哲保身，从而有效达到统治目的的需要。

朱元璋死后，将帝位传给了孙子朱允炆，年轻的朱允炆并没有机会执掌朝政，大权旁落在他身为藩王的皇叔手中。这 20 多个藩王中，最使朱允炆感到棘手的是燕王朱棣。

燕王朱棣是朱元璋的第四子，他生性坚毅沉稳，足智多谋，英勇善战，又能以诚待人，在创建大明王朝的过程中屡立战功，颇为朝廷所推崇，连朱元璋也对他另眼相看。

由于前面的三位兄长均已死去，如今燕王朱棣已成为诸王之长，若能除掉朱棣，其他诸王自然会俯首听命。

于是，一道削藩诏书下到了北平燕王府，朱棣接到诏书后只是轻蔑地一笑。他 11 岁被封为燕王，21 岁时获得藩王爵位，曾多次出击元蒙残部，战功显赫，而朱元璋又把边陲重镇北平交与他把守。他本来以为朱元璋百年之后会将帝位传让于他，可没想到却传给了毫无魄力、只知舞文弄墨的朱允炆。他根本不屑于向这个侄子称臣。但是朱棣明白，他现在还不能公开同朱允炆翻脸，便借口有病不出，留在王府内，不停地秘密训练士卒。不料此事被人告发，朝廷派来使臣查问，却见到朱棣蓬头垢面，衣衫褴褛，而且还不住地胡言乱语，其状让人深信不疑。朱棣就这样装疯卖傻，骗过了朝廷使臣。

公元 1399 年 7 月，朱棣突然发动兵变，逮捕朝廷使臣，然后举兵南下。经过三年征战，他推翻了朱允炆，自己登基称帝，史称明成祖。

朱棣本人性格坚毅沉稳，足智多谋，是韬光养晦的集大成者。无论从哪方面来讲，他都是当之无愧的皇位继承者，可是不知道朱元璋出于何种考虑，竟将帝位传给了朱允炆，朱棣无论如何心理也不会平衡。但是他知道，朝廷决定削藩的当时，他还不足以与皇上分庭抗礼，于是在使臣面前装疯卖傻，暗中却积蓄实力，等到时机成熟，才举兵南下。这也许是朱允炆始料不及的。

登高而去其梯

帅与之期，如登高而去其梯。帅与之深入诸侯之地，而发其机，焚舟破釜，若驱群羊，驱而往，驱而来，莫知所之。

军事谋略的阐释与应用

孙子在这里提出的“登高而去其梯”的思想同样是为士卒营造一种险恶的环境，将士卒置之于死地，使之不得不按照既定的军事计划行动。如此才能用兵自如，使士卒听从指挥，奋力杀敌。

公元 417 年，晋将王镇恶带领水军从黄河进入渭水，直逼长安。一天清晨，晋军全体将士奉命吃饱喝足，船队靠近长安的东渭桥，在河面狭窄、水流湍急之处，王镇恶突然下令：全体将士携带武器，披甲上岸，行动迟缓者斩。当时将士们以为发生了紧急军情，于是急忙上岸，连兵船都来不及拴住。当他们来到岸上列队成行时，兵船早已被河水冲得无影无踪了。

此时，王镇恶大声号令全体将士：你们远离家乡万里之外，兵船、衣食全被急流冲走，而长安就在眼前，只要奋力杀敌就会衣食无忧，否则连尸骨都难以带回家中！将士们听到这一番话，都争先恐后冲向东渭桥。秦军来不及抵挡这突如其来的阵势，不战而溃，王镇恶率军顺利攻入长安。

王镇恶驱兵万里，深入敌境攻打长安，取胜的难度可想而知。但是发兵万里克敌，劳民伤财，一旦战争失利，对国家和人民造成的损失将会不可估量，王镇恶深知这一点，因此决定断绝士兵们的后路，采取“登高而去其梯”这一计策，令将士们置之死地而后生，最终一举攻下了长安。

商战谋略的阐释与应用

在商战中，设下圈套，诱使对手上当，从而达到自己的商业目的，正是孙子所言的“登高而去其梯”。企业的经营者一定要弄清对手的真实意图，避免上当。

有一年，德国人梅里特兄弟移居美国的一个小城镇，他们无意中发现那里蕴藏着丰富的铁矿。于是他们悄悄地买下了那块地皮，成立了一个铁矿公司。洛克菲勒得知了这一消息，很想得到这块地皮，无奈，梅里特兄弟已抢先一步。洛克菲勒只好等待时机，机会终于来了。1873 年，美国发生经济危机，梅里特的公司陷入困境。洛克菲勒托当地的牧师劳埃德拜访了梅里特，并以劳埃德的名义借给他们兄弟俩 42 万美元，利息三厘，立了字据。过了半年，牧师又上门告诉他们，要求马上归还贷款。这时，梅里特兄弟才知道那笔钱是属于洛克菲勒的，可是他们早把那些钱投在了矿产上，根本无力还债。于是两人被告上法庭，原告律师直接拿出那张字据作证，字据上写得非常清楚，这是一笔可以随时收回的贷款。梅里特兄弟当时并没有考虑这么多，所以落入了陷阱。为偿还债务，兄弟俩不得不以 52 万美元的代价将矿产全部卖给洛克菲勒。

洛克菲勒为了得到梅里特兄弟的铁矿，精心设计了圈套。先是帮兄弟俩“登高”，然后等时机成熟再“去其梯”，等到梅里特兄弟发现上当时，已然没有退路。就凭这一计，洛克菲勒轻而易举地得到了他想要的铁矿。

从政谋略的阐释与应用

政治是不讲仁义和道德的，就像军人不讲怜悯与同情一样。历史上的军阀政客为了达到自己的目的，会故意将对手推向“高处”，然后断其后路，以造成一种不可逆转之势，从而随心所欲地驾驭自己的对手。

隋朝末年，隋炀帝穷兵黩武，荒淫残暴，各地义军纷纷起兵造反。李世民预感到隋朝的统治已经岌岌可危，正是成就大业、一统天下的大好时机。但是他个人的力量有限，于是策动其父——当时的唐国公李渊起兵反隋，却遭到了李渊的强烈反对。李世民无奈，只好逼迫李渊造反。

他利用隋炀帝对李渊心存疑虑的契机，先是让心腹裴寂派行宫中的嫔妃去侍奉李渊，按当时律例，这是大逆不道之罪，这使李渊背上了沉重的思想包袱。之后，李世民又借李渊召裴寂饮酒之机，让裴寂佯装喝醉，说出了李渊父子谋反之事。李渊听后大惊失色，李世民趁机劝解李渊："事已至此，不起兵，皇上也不会放过你，到时就难以自保，不如借机夺取天下。"李渊无路可退，决定起兵反隋。

虽然隋炀帝穷兵黩武，荒淫残暴，但李渊的骨子里还是有一股忠君的思想，因此不愿起兵反隋，落下罪名。可是李世民英明神武，具有敏锐而卓越的政治眼光，他不想成为亡隋的牺牲品，因此有意反隋。为了借助父亲的势力，他只好将其父逼上思想压力的顶峰，断其后路，迫其造反。这正是运用了孙子所言的"登高而去其梯"的计谋。

夫霸王之兵，伐大国，则其众不得聚

夫霸王之兵，伐大国，则其众不得聚；威加于敌，则其交不得合。

军事谋略的阐释与应用

孙子在这里所说的"夫霸王之兵，伐大国"，其实也就是说用兵作战要给敌军造成一种"势"。如果以霸王之兵进攻敌国，就能造成迅雷不及掩耳之势，做到先发制人，从而有效地把握战争的主动权。这样一旦出兵，便可使敌国措手不及，兵不得聚、人心散乱、军无斗志，也使盟国不敢策应驰援。

周赧王五十年（公元前 265 年），齐王田建继位，由于田建年少，朝政多由王后决定。可是王后一味苟安，事事恭顺秦国。公元前 260 年，秦国攻打齐国的盟国——赵国，在长平坑杀赵兵四十万。齐国虽与赵国有合纵抗秦盟约，但由于惧怕强秦而不愿出兵援赵。齐国谋臣周子谏言齐王说："赵国是齐国的屏障，'唇亡则齿寒'，如果现在赵国灭亡了，那么以后齐国就危险了。"可是齐王田建不听劝告，而且撤除了合纵之盟，不修战备，只知道一味恭顺秦国。秦国见各国国力削弱，联盟破裂，于是，接连发动战争，破燕、灭韩、亡魏。这些国家都一个个地被消灭，而齐王就是坐视不管。等到周边的国家都被消灭后，秦国大军开始压境，齐王田建这才意识到危机，于是慌忙召集群臣商议，群臣有的言降，有的主张抵抗，议论纷纷，莫衷一是。齐王田建一面与秦交涉，一面调动兵马防守西部边疆，但为时已晚，秦国大军直捣齐国首都临淄，所向披靡，齐王投降，齐国灭亡。

齐国在齐威王时期，曾经称霸一时，那时秦国还被它视为远离中原的戎族。但在秦孝公任用商鞅变法之后，秦国的状况有了很大的改观，势力也日益增强。这时候的秦国已不可同日而语，逐渐暴露了吞并天下的野心。在兼并周边几个国家之后，秦国的军事实力也大大增强，在当时可谓是各国畏惧的“霸王之兵”，它以迅雷不及掩耳之势，灭掉了齐国的盟国——赵国，当然齐国不敢驰援。在灭掉赵国后，秦国的实力更加强大，那么进攻齐国时，所向披靡，也就不在话下了。

商战谋略的阐释与应用

有实力的大公司，常常依靠自己拥有的雄厚实力先发制人，迅速把握竞争主动权，通过兼并、收购的方式吞并对手，从而增强自己的实力。

花旗集团是世界上最大的金融集团，该集团经营银行、保险、证券等业务，它在全球 100 多个国家和地区拥有分支机构和代表处，管理资产达 7910 亿美元。2001 年 9 月，花旗集团宣布它将收购“协富第一资本公司”（简称 AFS），通过这次收购，花旗集团的经营资产逼近万亿美元。AFS 是全美最大的上市财务公司，它的业务涉及消费信贷、保险及租赁领域，管理资产达 1000 亿美元。花旗集团收购 AFS，不仅可以进一步增强花旗的实力，扩大其业务范围，而且对 AFS 本身的发展也十分有利。

其实 AFS 被花旗收购也有其无奈的一面。首先，花旗集团实力强大、业务广泛，掌握着竞争的主动权。而对于 AFS 来讲，它的经营范围较小，信贷资产质量不高，其经营成本也不断上升。所以，面对花旗的“霸王之兵”，AFS 没有招架之力，只好束手就擒了。

从政谋略的阐释与应用

商场如战场，用兵作战要给敌军造成一种“势”，才可先发制人；在官场上也是这样，要想在政治舞台上站稳脚跟就必须善抓时机，巧借形势。

明朝末年，老百姓生活在水深火热之中，纷纷揭竿而起。公元 1640 年 7 月，张献忠率领农民起义军攻入四川。由于明朝主力大军全部进入四川围剿，因此河南一带的防务变得十分薄弱。农民起义军领袖李自成趁此机会迅速壮大自己的力量，并且连续取得攻克宜阳、偃师、新安等城池的胜利。

宜阳、偃师和新安属豫西重镇洛阳的外围。明朝福王朱常洵就住在洛阳。朱常洵的母亲是明神宗朱翊钧的爱姬，朱翊钧爱屋及乌，对朱常洵也格外宠爱，把大量金银财物赏赐给朱常洵。朱常洵金银无数，却异常吝啬，不但洛阳城的百姓怨恨他，就是他府中的兵丁也时有不满。官府的军队大多被抽调入四川去平定张献忠，洛阳城中已无多少将士，因此，洛阳城在这个特殊的时刻，变成了一座“兵弱而城富”的重镇。

李自成当然不会轻易放过这一攻取洛阳城的大好机会。公元1641年正月，李自成率起义军兵临洛阳城下，拉开了攻城的序幕。

生死关头，福王朱常洵竟只顾自己，调集亲兵保护府库，对于城头上的战事不闻不问。守城将领一再要求朱常洵发放银两，犒赏守城士卒，朱常洵狠狠心才拨出了3000两白银，可是，区区3000两白银还被总兵王绍禹等人吞没了。朱常洵忍痛又拨出1000两，士兵们因分配不均而争斗不止，最后竟发展成兵变。士兵们将兵备道王允昌捆绑起来，将城楼烧毁，又打开北门，迎接起义军入城。总兵王绍禹见大势已去，仓皇跳城逃命，福王也企图缒城逃跑，但没跑多远，就被起义军抓获。起义军打开福王粮仓赈济城内老百姓，举城一片欢腾。

李自成只用极小的代价就轻易地夺取了洛阳城。李自成抓住机会，积极行动，轻而易举地拿下了洛阳，为推翻明朝做了很好的准备。

投之亡地然后存，陷之死地然后生

投之亡地然后存，陷之死地然后生。夫众陷于害，然后能为胜败。

军事谋略的阐释与应用

“置之死地而后生”是孙子的一句名言，也是我们常说的一句话。孙子的这种思想同样是要给士卒营造一种险恶的环境，从而使之发挥出最大的潜力。“亡地”“死地”“陷于害”这些险恶的环境，会给士卒们一种内在的压力，从而激发出他们更深层次的潜能，使他们发挥超乎寻常的勇气，从而化险为夷、反败为胜。

秦二世二年（公元前208年）九月，秦将章邯率军攻打楚国，大败项梁起义军于定陶后，乘胜渡过黄河攻打赵国，章邯派部将王离率军20万围攻巨鹿。楚怀王派宋义、项羽率军北上救赵。宋义军逗留安阳不进，项羽杀掉宋义，率军救赵。当时，齐、赵、燕三国皆驻军巨鹿北，但都不敢与章邯军作战。同年12月，项羽亲率主力直逼巨鹿，攻打秦将王离，然后派当阳君和蒲将军率军渡过漳水，断绝秦军粮道。为了提高士气，项羽在军队渡过漳水以后，自毁战船、砸坏炊具、烧毁营房，每人限带三天干粮，以示必死之心。楚军官兵知道，只有在三天之内战胜敌人，才会有生路，于是士气大振，奋力杀敌，与秦军作战九战九捷，彻底打败了秦军。

项羽不愧为西楚霸王，他用兵作战总带有一种霸气。在秦将章邯率军大举攻赵时，齐燕两国都不敢出兵援赵，连楚将宋义也不例外。此时项羽果断斩杀宋义，率全体楚军破釜沉舟，决心与秦军决一死战。楚军被项羽断绝了后路，“陷之死地然后生”，果然拼死杀敌，最后大败秦军。

商战谋略的阐释与应用

商场风云变幻莫测，因此任何一个企业的发展壮大都不可能一帆风顺。当企业面临危机时，不要坐以待毙，而要善于利用危机给员工造成一种“紧迫感”，激发员工的斗志，使他们发挥出最大的潜能，这样往往能够使企业绝路逢生，从而摆脱危机。

20 世纪的石油危机，日本受到的冲击最为严重。日本的各大公司也深受其害，日立公司也不例外，景况萧条。为尽快摆脱困境，日立公司决定让旗下 24 个厂的 60 多万职工回家待命，工资按 97% 发放，这种做法虽然没有为公司节约多少钱，但却使员工产生了危机感。不久，公司又削减了部分管理人员的薪资，以加强他们的紧迫感。接着，公司又把新工人上班时间延后 20 天，这使得他们在未进厂之前就已经有了强烈的危机意识。日立公司这一连串的措施，大大刺激了员工的积极性，使他们的工作效率加倍提高，公司也很快渡过了难关。

面对危机，日立公司巧妙地为公司职工营造了一种“紧迫感”，员工被“陷之死地”后，倍加珍惜工作机会，更加努力工作，公司也因此而绝处逢生。

从政谋略的阐释与应用

中国古代的统治者都善于驾驭自己的臣属。他们认为如果让臣下对自己言听计从，拼死效力，对他们的分封赏赐就不能一步到位，否则他们就像被豢养的宠物一样，吃饱了就不听话了。这在一定程度上揭示了孙子“投之亡地然后存，陷之死地然后生”的道理。

秦朝灭亡后，项羽和刘邦开始了长达 4 年的楚汉战争。

公元前 203 年，项羽猛攻刘邦的驻地荥阳，刘邦连忙向郦食其请教，郦食其以商周武王分封子弟称王为例，劝刘邦分封诸王。可是张良却不主张分封，他认为刘邦当时所处的条件与周武王所处条件不同。当时天下未定，谁主天下还难以说清，而且当时天下的有识之士跟从刘邦南征北战，日夜期望能有一个安身之地，如果对他们进行分封，他们有了栖身之地，就不会跟随刘邦一块打天下了。刘邦认为张良言之有理，于是没有对那些臣属进行分封。最终那些贤臣良将拼死效命刘邦，而刘邦最终也打败了项羽，夺得了天下。

试想，如果刘邦当时听从了郦食其的计策，对自己的追随者进行分封，那么这些追随者有了安身立命之地，就会失去了拼杀的动力，也就谈不上拼死追随刘邦打天下了。正是这种“投之亡地，陷之死地”的政治策略，才使得那些贤臣良将充满了拼打天下的激情。

并敌一向，千里杀将

故为兵之事，在于顺详敌之意，并敌一向，千里杀将，此谓巧能成事者也。

军事谋略的阐释与应用

孙子在这里论述了“集中优势兵力打击敌人”这种思想的具体化。他强调要在弄清敌人意图的基础上，集中优势兵力攻击敌人的某个主要方向。这样就能更加准确高效地打击敌人，从而克敌制胜。

郑成功原是明末残余势力郑芝龙之子，清军入关后，郑芝龙不听郑成功的劝阻，接受了清兵的招降。后郑成功起兵反清，在南澳（今属广东）地区招募人马，顺治五年（公元 1648 年），郑成功攻下同安，进逼泉州。清朝总督陈锦率军收复了同安，郑成功被迫撤退。清顺治九年（公元 1652 年），郑成功又包围了长泰，清军提督陈锦兵分四路前来救援。当时，清军虽然在数量上占有明显优势，但是战斗力不强。郑成功认真分析了这一形势，决定重点打击清军主力。郑成功以少数兵力阻击南、西、北三个方向的清军，而集中主要兵力在江东桥迎战由同安西进的清军主力。他先以一部分兵力断敌退路，而将主力兵分三路待命江东桥附近。当清军发起进攻时，郑成功令步兵三面夹击清军，骑兵从中间突袭插入、分割敌人。清军阵势大乱，郑成功奋起直追，陈锦慌乱中被杀，清军全军覆没。

郑成功面对阵势强大的敌人，既没有惊慌也没有盲目迎战，而是认真分析敌我双方的形势，兵分三路，牵制敌军，然后集中主要兵力夹击清军主力，最后斩杀了敌军将领、大获全胜。郑成功在此战役中，正是运用了“并敌一向”的兵法谋略，才获得了“千里杀将”的效果。

商战谋略的阐释与应用

卢劲松是原海南化工厂的厂长。1989 年，美国一家生产乙二醇的化工厂发生了一起重大事故，损失惨重。卢劲松从报纸上看到这一消息，顿时为之一动。乙二醇是化纤生产的必要原料之一，化纤的原料切片就是乙二醇经过加工后形成的，世界上生产乙二醇的国家为数不多，而美国乙二醇的生产量就占据了世界产量的三分之二以上。卢劲松进一步核实了情况，得知发生事故的厂家短期内不可能恢复生产，而该厂正好是美国生产乙二醇的主要厂家，如此一来，乙二醇马上就会成为市场上的紧俏物资，乙二醇涨价，原料切片的价格也会随之猛涨。卢劲松看准这一大好时机，果断投入巨资，大量购进原料切片。不久，化纤原料切片价格果然暴涨，海南化工厂因此从中获取了巨额利润。

卢劲松不愧为一位颇具眼光的企业家，他从一则消息的背后看出了商机，毫不犹豫，迅速集中大量资金，果断购进切片，从而为工厂赚取了大量财富。这就是孙子所说的“巧能成事”。

从政谋略的阐释与应用

武则天当政时期，徐敬业在扬州起兵，众臣皆请求“兴兵讨逆”，内史裴炎却持反对意见，武则天从中察觉到了什么，但她没有马上驳回裴炎的奏议，只是将出兵之事暂时搁置。

退朝后，御史崔求见武则天，他断定裴炎身为内史，却替逆贼代言，其真实目的是帮助徐敬业起兵。武则天对此更加深信不疑，当即决定拘捕裴炎。后经过严刑审讯，裴炎果然道出谋反隐情。但是，武则天并未马上处死裴炎。她认为朝中一定还有其他图谋政变的同党。

这天，武则天大聚群臣，轻描淡写地说出了裴炎谋反之事，其中果然有一些朝臣替裴炎说话。武则天顺藤摸瓜，把所有的逆党一网打尽。

武则天处变不惊，耐心“顺详敌之意”，然后顺藤摸瓜，将叛逆一网打尽，其做事手段令人佩服。

践墨随敌，以决战事

践墨随敌，以决战事。是故始如处女，敌人开户，后如脱兔，敌不及拒。

军事谋略的阐释与应用

三国魏文帝黄初三年（公元 222 年），曹仁率数万兵马攻打东吴的濡须。可是在此之前，曹军却扬言攻打羡溪，致使东吴朱桓派大军出援羡溪。当魏军进至距离濡须70里左右的地方，朱桓才发现上当了，可是当时出援羡溪的部队尚未返回，朱桓身边仅有少量人马，将士们十分惊恐。面对这种突发的情况，朱桓迅速改变原作战计划，令部队偃旗息鼓，迷惑敌人。曹仁见有机可乘，遂以曹泰攻城，以水军攻击朱桓后方，自己率万余人马为后援。朱桓见时机成熟，一边派人进攻魏水军，一边亲率精锐抗击曹泰攻城军。曹泰战败，朱桓又集中主力攻击魏水军，魏将被斩，士卒伤亡惨重。

东吴朱桓中了魏军的“调虎离山”之计，使濡须的形势陷入危险境地。但是朱桓没有率兵轻举妄动，而是令部队偃旗息鼓，首先稳住了敌人，然后伺机备战出击。最后反而令敌人措手不及，吃了败仗。朱桓在危急关头“始如处女”，而等到时机成熟后却又“动如脱兔”，那么他的反败为胜也就不足为奇了。

商战谋略的阐释与应用

“本田”汽车可谓是世界汽车工业的后起之秀，本田汽车公司生产的轿车在美国、中国以及其他国家的轿车市场都极为抢手。至今，它在全世界的销售量已超过了300万辆。然而，在20世纪60年代，当国际上已拥有一大批实力雄厚、技术先进的汽车厂家称霸世界市场时，“本田”汽车才刚刚起步。如何在强手如林的国际汽车市场上占有一席之地，成为关系“本田”发展的战略性问题。经过一番综合考虑，本田决定以独创的设计和独到的质量赢得市场。20世纪60年代以后，轿车日益成为日本的大众化交通工具，然而随着汽车数量的增多，汽车噪声和汽车尾气引起了强烈的舆论反响。有鉴于此，“本田”从着手生产汽车的第一天起，就把开发低公害汽车作为自己的主攻方向，并投入了大量的资金和人力。1972年，“本田”终于成功地研制出了低公害汽车引擎，首次符合了美国马斯金反公害法案的要求。第二年，这种汽车引擎被用于轿车生产。这一技术的应用使得“本田”汽车畅销不衰。不久，世界著名汽车厂家如丰田、福特、克莱斯勒等公司，纷纷要求本田公司转让这种低公害引擎的生产技术，“本田”从此在世界汽车领域牢固树立起了技术权威。

“本田”从跟在别人后面蹒跚学步，到在世界汽车领域树立起技术权威，这一过程并不是偶然的。它与本田汽车公司以市场需求为导向，果断决策、锐意进取是分不开的。

从政谋略的阐释与应用

宋仁宗时，朝廷腐败，官员贪婪不堪，同时群盗并起，百姓叫苦连天。

大臣富弼上书宋仁宗治盗。宋仁宗皇帝却哀叹朝廷财力不支，无力治盗。

富弼对宋仁宗说道："有些凶恶险诈之徒，并不是天生如此。刚开始时也是寒窗苦读，胸中颇有抱负。他们期待参加科举考试，行仕途之路，大展宏图。可惜，事实并不如愿，于是胸中顿生愤世嫉俗之感，便文不成则武，潜心研习兵法，学习武艺，由此找寻出路。此后就结党成群，煽动民众，扯起大旗，占山为王，危害国家、百姓。"

宋仁宗皇帝认为富弼分析得有理，于是趁机问其有何平寇灭盗之法。

富弼摇头说："对待这种逆天而行之人，不可强行让其泯灭，只能灵活地采取招安的政策。他们之所以落草为寇，就是为了得到官位和权势。既然这样，由政府出面，对他们适当地给予任用，就能平息他们的叛乱。"

宋仁宗依照富弼的办法通令全国。不久，朝廷就连连收到招降书信，而往日的盗寇几乎消失殆尽。

富弼面对猖獗的匪盗，并没有强行打击他们，而是认真分析了他们的情况和心理，对其进行合理地引导和利用。他不仅平息了祸乱，而且还为朝廷笼络了一批力量，实在是一举两得。

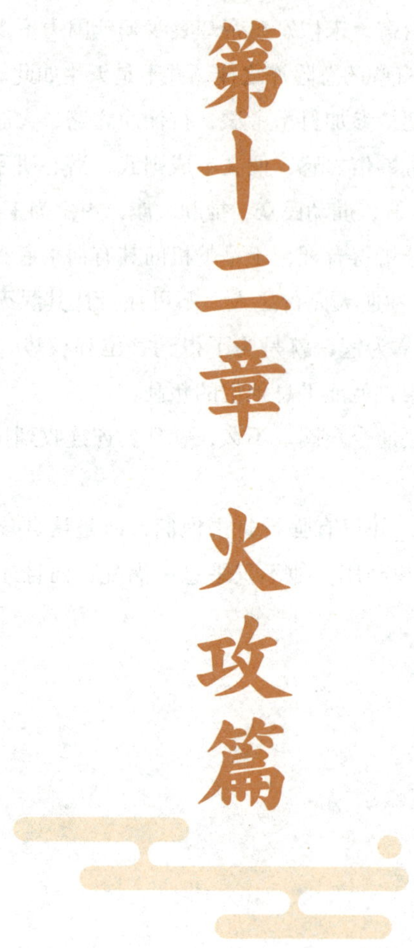

第十二章 火攻篇

※原文

孙子曰：凡火攻有五：一曰火人，二曰火积，三曰火辎，四曰火库，五曰火队。

行火必有因，烟火必素具。发火有时，起火有日。时者，天之燥也；日者，月在箕、壁、翼、轸也，凡此四宿者，风起之日也。

凡火攻，必因五火之变而应之。火发于内，则早应之于外。火发兵静者，待而勿攻，极其火力，可从而从之，不可从而止。火可发于外，无待于内，以时发之。火发上风，无攻下风。昼风久，夜风止。凡军必知有五火之变，以数守之。

故以火佐攻者明，以水佐攻者强。水可以绝，不可以夺。

夫战胜攻取，而不修其功者凶，命曰费留。故曰：明主虑之，良将修之。非利不动，非得不用，非危不战。主不可以怒而兴师，将不可以愠而致战。合于利而动，不合于利而止。怒可以复喜，愠可以复悦，亡国不可以复存，死者不可以复生。故明君慎之，良将警之，此安国全军之道也。

※译文

孙子说，火攻的形式总共有五种：一是焚烧敌军人马，二是焚烧敌军粮草，三是焚烧敌军辎重，四是焚烧敌军仓库，五是焚烧敌军运输设施。

实施火攻必须具备必要的条件，火攻器材必须平时就已经准备好。放火要看准天时，火攻要选好日子。所谓天时，是指气候干燥；所谓适当的日子，是指月亮行经“箕”“壁”“翼”“轸”四个星宿位置的那几天，凡是月亮经过这四个星宿的时候，就是容易起风的日子。

凡用火攻，必须根据五种火攻形式所引起的敌军不同变化而灵活机动地采取策略。如果在敌人内部放火，就要提前派兵从外面策应。火已烧起而敌军依然保持镇静的，就应等待，不可立即发起进攻，等到火势旺盛到了极点后，再根据情况做出决定，可以进攻就进攻，不可进攻就停止。火也可以从外面点燃，这时就不必等待有人从敌人内部策应，只要适时放火就行。从上风放火时，不可从下风进攻。白天风刮久了，夜晚风就容易止息。凡是领兵打仗必须掌握这五种火攻方法，灵活运用，等待放火的时机条件具备时再进行火攻。

所以，用火来辅助军队进攻，效果最为显著，用水来辅助军队进攻，攻势必能加强。水可以把敌军分割隔绝，火可以焚毁敌人的军需物资。

凡打了胜仗，而不能及时发扬功绩的，就一定会有祸患，这种情况叫作“耗费国力留下后患”。所以说：明智的国君要慎重地考虑这个问题，贤良的将帅要认真地对待这个问题。没有好处，就不要行动，没有取胜的把握，就不要用兵，不到危急关头不要开战。国君不可因一时的愤怒而发动战争，将帅不可因一时的愤懑而轻易出阵求战。符合国家利益才用兵，不符合国家利益就停止用兵。因为一时愤怒还可以重新变为欢喜，一时愤懑也可以重新转为高兴；国家灭亡了就不能复存，人死了也不可以再生。所以，对待战争，明智的国君应该慎重，贤良的将帅应该警惕，这是安定国家、保全士卒的根本道理。

※评论与点评

本篇论述在战争中实施以火助攻的办法、条件和原则等问题。

孙武认为，火攻有火人、火积、火辎、火库、火队五种，即焚烧敌军的营寨、积聚、辎重、府库和运输设施等，着眼在摧毁敌人的人力、物力和运输线。这五种火攻方法必须变化运用，同时，这种策略我军可以掌握，敌军也可以掌握，故应该注意防备。另外，他还指出火攻必须具备的条件，除了引火的器材必须平时备有，即具备“行火必有因，烟火必素具”等实施火攻的物质条件之外，纵火时还要选择天时，要具有“发火有时，起火有日”的气象条件，即要选在天气干燥和刮风的日子放火。

孙子虽然重视火，但只是把火攻作为辅助进攻的一种形式，强调实施火攻必须与士兵的进攻互相配合，他指出“以火佐攻者明，以水佐攻者强”，火攻、水攻虽然威力强大，但如不适时投入兵力，同样不能取胜，也就是说主辅之间必须密切配合，才能发挥作用，达到夺取胜利的目的。

凡火攻，必因五火之变而应之

行火必有因，烟火必素具。发火有时，起火有日。时者，天之燥也；日者，月在箕、壁、翼、轸也，凡此四宿者，风起之日也。

凡火攻，必因五火之变而应之。

军事谋略的阐释与应用

孙子在这里指出了运用火攻必须具备的条件和运用火攻战术的最佳时机。首先，平常要准备好发火的兵器，然后还要选择有利的天气、有利的风向等因素。这些都是运用火攻战术的必备条件。

唐朝大将哥舒翰率军向东追赶崔乾佑军，崔乾佑率军迅速向东撤退，当退至一条险要的峡谷时，崔乾佑命军队迅速占据高处，然后以滚木垒石打击追赶而来的唐军。唐军始料不及，伤亡惨重。哥舒翰见状遂命令士卒用毡毯包裹头部，用柴草遮掩住车马向前猛冲，眼看就要冲出峡谷，此时却刮起强劲的东风。崔乾佑见唐军逆风而来，并采用易燃物遮护人马车辆，决定采用火攻战术歼灭敌军。他命士卒用易燃物制成火种，然后顺势投向谷底。风助火势，一时间浓烟滚滚，烈火熊熊，直逼唐军。唐军防不胜防，惨叫不绝，不战自乱，死伤无数。

崔乾佑所部乃为溃退之师，本来败局已定，但后来占据险要，以高地滚木石的方式，打击敌军，唐军却用柴草等物包裹车马。恰好此时刮起了强劲的东风，这正是利用火攻战术的大好时机。崔乾佑当即命士卒向敌军投掷火种，结果唐军被大火焚烧得苦不堪言，不战自乱。如果不是天赐良机，巧用火攻的方式，恐怕崔乾佑要全军覆没了。

商战谋略的阐释与应用

企业要想不断向前发展，就必须学会创新求变。另外，在进入新的市场领域之前，还要仔细考虑企业内部和外部等多方面的因素，只有在内外部条件都成熟时，才能顺利进入市场。

TCL集团从1981年靠5000元贷款起家，到20多年后的今天竟然发展成年销售收入达250多个亿的电子企业集团。原因何在？最主要的原因就是其不断地创新求变。进入20世纪90年代，我国彩电的需求量迅速上升，TCL看准了这一机会，于1992年进入彩电行业，它以其不断改进的技术为推动力，仅用4年的时间就进入中国彩电行业前三强。2001年，TCL的彩电实现盈利3亿多元。近年，国内彩电市场渐趋饱和，竞争也越来越激烈，而移动通信市场发展迅速。TCL集团又紧紧抓住这一商机，在稳定彩电市场的基础上，1991年又进入了手机市场。TCL手机以美丽的外观、成熟的技术迅速赢得了消费者的青睐。2002年，它的产销量达到了全国第一。

综观 TCL 的成长历程，它走在了同行的前列，而且取得了很好的经济效益。究其原因，这主要是因为 TCL 不仅善于把握商机，而且善于创新求变，以其先进的技术稳步占领并扩大了市场。

从政谋略的阐释与应用

人是一种复杂的感情动物，因此有时会表现得反复无常，对于具有生杀予夺大权的中国古代统治者们来讲，更是如此。他们常常凭借自己高高在上的地位，向臣子发威，以显示自己神威。“发火”是他们一贯采用的手段，然而正是这种“无名火”“烧”死了许多无辜的良臣。最后呢？他们只落得扼腕叹息的可悲结局。

李隆基刚登上帝位不久，在骊山下检阅军队，当时从各地调集来的军队达20万人之多，军旗招展，绵延不绝。但由于调集仓促，事先并没有训练，军容很不整齐。李隆基大为恼火，扬言要杀掉兵部尚书郭元振，而此时的郭元振刚刚帮助李隆基平息了一场宫廷政变，使他得以坐稳帝位，实在是劳苦功高。于是一些大臣跪劝李隆基：功臣不可杀！

李隆基便命令将郭元振流放新州，却又声言要杀掌管礼仪的唐绍。金吾卫将军李邈听到旨意，立刻便砍了唐绍的脑袋。谁料李隆基更为恼火，因此而罢了李邈的官，并宣布永不续用。

其实，李隆基虽然为军容不整而大为恼火，但他并不是有意要杀人，只不过是借刚登基之际，发发威风罢了。可惜李邈没理解他的意思，杀了唐绍。

作为一代国君，切不可胡乱“发火”，将良将贤臣置于死地，对自己的统治有百害无一益。

五火之变，以数守之

火发于内，则早应之于外。火发兵静者，待而勿攻，极其火力，可从而从之，不可从而止。火可发于外，无待于内，以时发之。火发上风，无攻下风。昼风久，夜风止。凡军必知有五火之变，以数守之。

军事谋略的阐释与应用

孙子在这里指出了运用火攻时应注意的各种事项，他指出在实施火攻的过程中，应视当时的具体情况而采取应对措施，从而确保取得事半功倍的效果。

东汉灵帝中平六年（公元 184 年）汉灵帝派皇甫嵩、朱俊率军征讨黄巾军波才。波才进攻皇甫嵩，皇甫嵩退保长社，凭城固守。波才又率众进围长社，但久攻不下，只好罢战。当时正值盛夏，黄巾军便结草为营，就地乘凉。皇甫嵩站在城头望着敌军用干草结成的军营，计上心头。他命士卒们每人持一把草炬，待到黄昏大风起时，持着火把登上城墙，然后把火把投向敌营。干草遇到烈火迅速燃烧，风助火势，霎时火焰冲天，敌军阵营大乱。皇甫嵩又命精锐士卒开门出城逼近敌营，纵火大呼，城墙上的士卒也举起火把相策应，敌军惊惶失措，皇甫嵩乘机率众高喊着冲向敌阵，黄巾军顿时溃不成军。

皇甫嵩以少数兵力守城，虽能抵挡得了一时，但却不是长久之计，所以他一直在寻找有利战机。炎热晴朗的天气，敌军结草为营，汉军居高临下，这些因素无疑为实施火攻提供了完备的条件。于是皇甫嵩命士卒趁风起之时向敌营投掷火把，然后趁敌营大乱之际，再率城内精兵出击，一举冲溃敌营，大败黄巾军。这场火攻的小战役，从头至尾都渗透着孙子的智慧。

商战谋略的阐释与应用

在商战中，需要冷静地分析市场行情，以寻找有利时机，趁势出击，这样才能有效地占领市场。

嘉陵集团被誉为“中国摩托工业排头兵”，可是 1996 年嘉陵集团却经受了一场严峻的考验。当年，摩托车的销量增幅比上一年大大减缓，而 1997 年，形势不但没有好转，而且比上一年有过之而无不及。面对激烈的市场竞争，嘉陵开始实行新对策，决定积蓄实力。他们不仅加强了新产品开发和新市场开拓，而且还加强了内部管理。嘉陵集团总裁号召全体职工再咬牙做好坚持一两年的准备，在这一两年中，只要扎扎实实，狠抓质量，打好基础，再过几年，嘉陵一定会重振雄风，再创辉煌。嘉陵在摩托车行业不景气的几年内，冷静分析了国内外形势，养精蓄锐，待势出击。在此期间，他们投资 5 亿元兴建了全国最大、最先进的摩托车发动机车间。至此，嘉陵已经形成了年产 200 万辆摩托车的生产能力，而每年 5000 万元的新产品开发投入，更为嘉陵增添了充足的后劲。果然，到了 2000 年，城乡居民对摩托车的需求量开始大幅度上升，嘉陵以其超强的生产能力和先进的生产技术，在激烈的市场竞争中一举夺魁。

嘉陵成功的原因并不复杂。他们面对行业内不景气的状况，没有退却，而是集中力量、养精蓄锐，等到时机成熟，再全线出击，最终有效地占领了市场。

从政谋略的阐释与应用

韩非子曾说：龙作为一种动物，驯服的时候可以骑着玩，但是它喉下有一片逆鳞，如果触动了它，必然会受到伤害。在专制制度下的国君同样也有这么一片逆鳞，谁触犯了它，同样没什么好下场。

白起是战国时期秦国的著名将领。他一生征战近四十年，南挫强楚，东取韩赵，为秦王朝的统一大业立下汗马功劳，被封为武安君。

公元前259年，秦国又大举攻赵，因当时白起有病在身，只好由王陵出战，结果连战连败。当白起病势稍有好转，秦昭襄王就指令他去取代王陵。可是白起向秦昭襄王分析了时局，认为不宜出战。但秦昭襄王不听劝告，遂令他人出征，结果惨败而归。

白起说："国君不肯听我的，如今怎么样啦？"

就是这句话极大地触怒了秦昭襄王，他将白起削职赶出咸阳，当白起行至咸阳西十里的杜邮时，秦昭襄王的使臣追了上来，赐剑逼其自杀。为秦国立下了赫赫战功的一代名将，就这样被迫自杀身亡。

白起南征北战，驰骋疆场四十年，毫发未损，最后却死在了自己的主子——秦昭襄王的手下，原因何在？是因为他触犯了国君的那片逆鳞，这片逆鳞就是秦昭襄王的面子和威信。兵法云：火发上风，无攻下风。秦昭襄王本来就恼羞成怒，火气正旺，你白起此时逞什么能啊？身为兵家，白起竟然不明白这个道理，那么他的悲惨下场也就不足为怪了。

不修其攻者凶

夫战胜攻取，而不修其攻者凶，命曰费留。故曰：明主虑之，良将修之。

军事谋略的阐释与应用

孙子在这里主要强调，战争取得胜利后要注意巩固胜利果实，否则就会导致失败。

明崇祯十七年（公元1644年），明末起义军李自成率领大军进入北京，军士秋毫无犯，纪律严明，受到百姓们的热烈欢迎，北京的秩序也很快恢复了正常。时间不长，李自成就接管了全国一半以上的地方政权。这样的大好形势冲昏了起义军将帅的头脑：牛金星忙于应酬，刘宗敏忙于催饷，而李自成则霸占了吴三桂的爱妾陈圆圆，这一切都激起了天怒人怨。本已准备归降的吴三桂，立即引清入关，起兵反叛。李自成在明军与清军的联合夹击下，节节败退，被迫撤出北京，在清军的不断追击下最终兵败武昌，李自成本人也自缢于湖北九宫山。

名噪一时、深受百姓拥护的闯王，最后却落得个自缢九宫山的悲惨下场，原因何在？在诸多的原因中最为关键的一条还是李自成没有及时巩固胜利果实，给了对手以可乘之机。若一代闯王能早点儿明白"战胜攻取，而不修其攻者凶"的道理就好了。

商战谋略的阐释与应用

经营者，一定要目光长远，对企业实行可持续性发展战略。企业在成功进入某一领域后，要迅速巩固成果，保证后续资源的供应。

1975年，有一家叫米茨的公司率先进入了小型电脑领域，生产了世界上第一台型号为阿尔塔的小型电脑，并获得了成功。但是米茨公司的实力并不雄厚，他们也没有及时利用贷款或其他方式将这一产业做大。结果，米茨公司在初战告捷后，由于后续资源不足，不得不在1978年宣告破产，它的寿命仅仅维持了4年。

其实，米茨公司的失败本来是可以避免的。他们在成功进入小型电脑领域后，本来可以利用银行贷款或者与大公司结盟的方式，吸收资金、网罗人才，进一步开发小型电脑。可惜他们并没有这样做，而是错过了大好的发展机会，等到其他一些大公司占领了这一领域后，他们就只有面临破产的命运了。

从政谋略的阐释与应用

大凡登上帝位或有所成就的统治者，都离不开臣属忠心耿耿的辅佐。因此统治者，一定不要忽视臣属的付出，忘记给他们回报。

唐代的统治者非常重视这一点。在大唐皇宫内三清殿的旁边，有一座飞檐斗拱、气势凌云的高阁。阁内画着许多人像，有的威武雄壮、有的气宇轩昂、有的粗犷豪放、有的温文尔雅，个个都色彩鲜明、栩栩如生，这就是历史上有名的凌烟阁。阁内画像上的人，都是唐朝的开国元勋，有功高的宰辅、侯王，还有忠心为国的大臣。像魏征、房玄龄、程咬金、秦叔宝等著名的文臣武将，在凌烟阁上都留下了自己的形象。

这些英雄形象，都是根据唐太宗李世民的旨意绘制的，目的在于表彰在唐王朝创立的过程中功勋卓著的臣属们，意在使他们流芳百世、永垂不朽。

唐朝属于中国历史上封建社会的鼎盛时期，它的辉煌不仅仅在于拥有像李世民这样的英明君主，更在于拥有像魏征、秦叔宝这样忠心耿耿的辅臣和将领们。“明主虑之，良将修之”，英明的唐太宗在基业兴旺的同时，没有忘记将这些英雄形象铭刻于世。

主不可以怒而兴师，将不可以愠而致战

非利不动，非得不用，非危不战。主不可以怒而兴师，将不可以愠而致战。

军事谋略的阐释与应用

孙子在这里指出的主要是出兵发动战争的原则，主张在一般情况下不要轻易发动战争。孙子的这种“慎战”思想与其“不战而屈人之兵”的思想是不谋而合的。兵家常说：战争的最高境界是不战。如果好大喜功、穷兵黩武，不仅劳民伤财，而且会祸国殃民，最终还有可能导致自身的覆亡。

隋朝末年，隋炀帝穷兵黩武，三征高丽，皆大败而归。战争劳民伤财，致使生灵涂炭，民不聊生，不久便爆发了声势浩大的农民起义。李密、翟让、窦建德、李渊父子等趁机纷纷起兵，中原大乱。在四方义军的追杀下，隋炀帝被迫逃往江都，后被部将杀死。

隋炀帝穷兵黩武，“非危而战”。他多次远征高丽，均无功而返。此举不仅劳民伤财，而且引发了隋末农民起义的浪潮，最终也为他身死江都埋下了隐患。

历史上因“主怒而兴师”招致惨败的例子不在少数。秦昭襄王四十九年（公元前258年），秦昭襄王再次派白起率军攻打赵都邯郸。白起认为，当时国内空虚，不宜再出师邯郸，虽然长平之战秦军获胜，但却伤亡很大，于是推辞出兵。秦昭襄王另选他人率军攻赵，却久战无功。秦昭襄王再次敦促白起出征，白起称病不从。秦昭襄王大怒，命其带病出征。白起表明：宁愿服罪而死，也不愿作败军之将。秦昭襄王不听劝告，执意发兵攻赵，结果大败。

白起身为秦国将帅，久经沙场，对战争的利弊得失最有发言权。他明白第二次出兵伐赵会有什么样的后果，于是极力劝谏秦昭襄王不要轻易出兵，可是秦昭襄王偏偏不听劝阻，结果出师未捷，而且损失惨重。秦昭襄王的失败是因为他违背了“主不可以怒而兴师，将不可以愠而致战”的作战原则。

商战谋略的阐释与应用

企业的经营者是企业的组织者和管理者，也是企业决策的核心力量，如果企业的领导感情用事，将会导致决策的失误，从而给企业造成重大损失。

20世纪60年代，艾柯卡进入福特汽车公司，开始为他们推销汽车。1970年，艾柯卡推销福特公司的“野马牌”汽车获得了巨大成功，遂被升职为福特汽车公司的总经理。他上任后，不顾董事长亨利·福特的反对，改革经营措施，推出一种低油耗的小型汽车，这款汽车一上市，立即受到消费者的欢迎。可是老福特对艾柯卡的这一举措并不看好，反而满怀妒忌地寻找各种理由解雇了艾柯卡。福特为了虚荣赶走了为自己赚进35亿美元的总经理，使得他失去了一位难得的人才。艾柯卡离开福特公司后，被克莱斯勒公司网罗其中，克莱斯勒公司对艾柯卡加倍重用。不久，濒临倒闭的克莱斯勒一跃而成为福特公司强有力的竞争对手，从而使福特公司失去了很大一部分市场份额。

能重用贤才，这是企业发展的重要保障。可是老福特没有突破个人的思想局限，一怒之下赶走了艾柯卡，不仅使得福特公司损失一员大将，而且还使对手克莱斯勒增强了竞争力。这真是长了他人的志气，灭了自己的威风。

从政谋略的阐释与应用

“主不可以怒而兴师，将不可以愠而致战”，统治者不能因为自己一时的好恶而迁怒于臣属，迁怒于天下，以至铸成大错。

东汉末年，群雄逐鹿中原，田丰是河北军阀袁绍的谋臣。眼看着曹操的势力日益扩张，袁绍不能容忍，决定攻打曹操占据的许昌。田丰劝谏袁绍道：“曹操善于用兵，诡计多端，加之许昌防卫甚严，所以不宜出战。”

袁绍自恃兵精粮多，根本不听劝谏，却说田丰扰乱军心，将他囚禁起来。果然，官渡一战，曹操以少胜多，大败袁绍。袁绍的部下十分惋惜田丰没有随军出征，袁绍也颇为愧悔。而力主与曹操决战的逢纪唯恐被袁绍谴责，更担心今后田丰的地位会超过自己，便无中生有地挑拨离间道：“田丰听说将军失败，鼓掌大笑，因不幸被他言中而高兴不已。”

袁绍心胸狭窄、嫉贤妒能，听信了逢纪的谗言，恼羞成怒，竟然杀了田丰。

袁绍作为田丰的顶头上司，以为田丰冒犯了他的尊严，而恼羞成怒，竟然不问虚实，就盲目斩杀了田丰，这无疑使他的处境雪上加霜，同时加速了他的败亡。

第十三章 用间篇

※原文

孙子曰：凡兴师十万，出征千里，百姓之费，公家之奉，日费千金；内外骚动，怠于道路，不得操事者，七十万家。相守数年，以争一日之胜，而爱爵禄百金，不知敌之情者，不仁之至也，非人之将也，非主之佐也，非胜之主也。故明君贤将，所以动而胜人，成功出于众者，先知也。先知者，不可取于鬼神，不可象于事，不可验于度，必取于人，知敌之情者也。

故用间有五：有因间，有内间，有反间，有死间，有生间。五间俱起，莫知其道，是谓神纪，人君之宝也。因间者，因其乡人而用之。内间者，因其官人而用之。反间者，因其敌间而用之。死间者，为诳事于外，令吾间知之，而传于敌间也。生间者，反报也。

故三军之事，莫亲于间，赏莫厚于间，事莫密于间。非圣智不能用间，非仁义不能使间，非微妙不能得间之实。微哉！微哉！无所不用间也。间事未发，而先闻者，间与所告者皆死。

凡军之所欲击，城之所欲攻，人之所欲杀，必先知其守将、左右、谒者、门者、舍人之姓名，令吾间必索知之。必索敌人之间来间我者，因而利之，导而舍之，故反间可得而用也。因是而知之，故乡间、内间可得而使也。因是而知之，故死间为诳事，可使告敌。因是而知之，故生间可使如期。五间之事，主必知之，知之必在于反间，故反间不可不厚也。

昔殷之兴也，伊挚在夏；周之兴也，吕牙在殷。故惟明君贤将，能以上智为间者，必成大功，此兵之要，三军之所恃而动也。

※译文

孙子说：大凡兴兵十万，征战千里，百姓的耗费，国家军费的开支，每天都要花费千金之巨，全国上下内外都会动乱不安，民夫疲惫地在路上奔波，不能从事正常耕作生产的，达七十万家之多。如此相持数年，就是为了争取一朝得胜。如果吝惜爵禄和金钱，不肯重用间谍，以至于因为不能掌握敌情而导致失败的人，那就不仁慈到极点了，这种人不配做军队的统帅，称不上是国君的辅佐，也不是胜利的主宰。所以，英明的君主和贤良的将帅，他们之所以一出兵就能战胜敌人，取得超越普通人的功绩，就在于能够预先掌握敌情。要事先了解敌情，不可用求神问鬼的方式，不可拿相似的事情作类比推测得出，一定要取之于人，从那些熟悉敌情的人口中获取。

所以，使用间谍的方式有五种：即乡间、内间、反间、死间、生间。五种间谍活动同时使用起来，敌人就无从捉摸我军用间的规律，这就是所说的使用间谍的神秘莫测的方法，这也正是国君克敌制胜的法宝。所谓乡间，是指利用敌人的同乡做间谍。所谓内间，就是利用敌方的官吏做我方的间谍。所谓反间，就是利用敌方间谍为我所用。所谓死间，是指故意在外面制造、散布假情报，通过我方间谍将假情报传给敌间，诱使敌人上当受骗，一旦真情败露，我间谍则难免一死。所谓生间，就是侦察后能活着回来报告敌情的人。

所以，作为主将，在军队中，没有比间谍更为亲近的人，给予奖赏，也没有比间谍更为优厚的，能够交代最机密的事情也莫过于间谍。不是才智超群的人不能使用间谍，不是仁慈慷慨的人不能使用间谍，不是谋虑精细的人不能分辨间谍提供情报的真假。微妙啊，微妙，没有什么时候不能使用间谍！间谍的工作还未开展，就有人来告知这件事，那么间谍和告密的人都要被处死。

凡是我军要准备攻打的敌方军队，要准备攻占的敌方城池，要准备刺杀的敌方人员，都必须预先了解其主管将领、左右亲信、负责传达的官员、守门官吏和门客幕僚的姓名，指令我方间谍将这些情况一一侦察清楚。一定要搜查出敌方派来侦察我方军情的间谍，然后用重金收买、引诱、开导他，这样反间计就可以使用了。根据反间提供的敌情，乡间、内间也就可以利用起来了。通过反间了解了敌情，可以使死间传播假情报给敌人。通过反间了解了敌情，能使生间按预定时间返回报告。五种间谍的使用，主将都必须了解掌握。了解情况的关键在于使用反间，所以对反间不可不给予优厚的报酬。

从前，殷商的兴起，在于重用了在夏朝为臣的伊尹；周朝的兴起，是由于周武王重用了了解商朝情况的姜子牙。所以，明智的国君、贤能的将帅，能够任用有很高智慧与才能的人充当间谍，就必定能建立大功。这是用兵中的关键，因为三军都要依靠间谍提供的情报来决定军事行动。

※评论与点评

第十三章《用间篇》，论述使用间谍侦察敌情在作战中的重要意义，并论述间谍的种类和使用间谍的方法。

孙武十分重视间谍的作用，认为它是作战取胜的关键，军队往往依靠间谍提供的情报采取行动。他认为那些重“爵禄百金”而不重使用间谍的人，是“不仁之至也，非人之将也，非主之佐也，非胜之主也”。

怎样才能“知彼”？如何做到“先知”？他提出“先知者，不可取于鬼神，不可象于事，不可验于度，必取于人，知敌之情者也”。

孙武把间谍分为五种：乡间、内间、反间、死间、生间。所谓乡间，就是利用敌国乡里的普通人为间谍。所谓内间，就是利用敌国的官吏为间谍。所谓反间，就是利用敌方的间谍来为我所用。所谓死间，就是散布假情报给敌方的我方间谍。所谓生间，就是派往敌方侦察敌情以后能生还回来报告的间谍。这五种间谍，前三种是利用敌方人员，后两种是由我方派遣潜入敌人内部的。若同时使用这五种间谍，情报的来源就十分广泛，打起仗来便能使敌人茫然不知所措，确实神妙莫测。其中从反间得来的情报最重要，因此要特别重视反间，对待反间的待遇应该特别优厚。

先知者，不可取于鬼神，不可象于事

凡兴师十万，出征千里，百姓之费，公家之奉，日费千金；内外骚动，怠于道路，不得操事者，七十万家。相守数年，以争一日之胜，而爱爵禄百金，不知敌之情者，不仁之至也，非人之将也，非主之佐也，非胜之主也。故明君贤将，所以动而胜人，成功出于众者，先知也。先知者，不可取于鬼神，不可象于事，不可验于度，必取于人，知敌之情者也。

军事谋略的阐释与应用

孙子在这里主要指出在战争中运用间谍的重要性。孙子认为发动战争要耗费很大的人力、物力和财力，要付出巨大的代价。要想发动一场战争相对比较容易，但是要取得一场战争的胜利就需要做到“知彼知己”，知己比较容易做到，但要很好地“知彼”就必须运用间谍。如果因为吝惜金钱而不舍得运用间谍，无法准确掌握敌情，从而导致战争的失败，那就会因小失大，危害到国家的根本利益。另外，孙子还指出用兵作战，不要迷信鬼神天象，一定要取之于人，也就是要重视间谍的作用。

汉高帝三年（公元前 204 年），楚霸王项羽率兵 10 万，围攻荥阳，汉王刘邦急召张良、陈平等谋士商议对策，陈平对汉王刘邦说：“项羽的得力干将，不外乎范增、钟离昧等几个人，如果能拿出数万斤黄金来离间他们，使他们彼此疑心，从而造成其内部自相残杀，然后汉军趁机起兵进攻，必能消灭楚国。”汉王认为陈平讲得有道理，于是拿出黄金 4 万斤给陈平，随便他去运用处理，不过问黄金进出的情形。陈平用大量的黄金，在楚军内部积极施行反间计，项羽果然中计，从而猜疑、不信任钟离昧等人。

项羽号称西楚霸王，其部属骁勇善战，又有范增、钟离昧等人为其出谋划策，更使得项羽如虎添翼，势不可当。要想使用武力击败项羽，刘邦不占有优势，因此为夺得天下，消灭项羽，刘邦采用了陈平的反间计，并不惜重金离间项羽统治集团内部关系。结果项羽猜疑范增、钟离昧等人而不再加以重用，最终导致了他这个西楚霸王的覆灭。

商战谋略的阐释与应用

企业经营，需要耗费大量的人力、物力和财力，它是一种风险与利益并存的行为。因此，只有制定科学合理的管理制度，才能有效地规避风险，获取利润。精明的管理者，不仅重视企业内部的科学管理，而且还十分注重通过市场资讯了解市场行情、了解竞争对手。

日本山内豆腐公司，生产历史悠久，产品风味独特，一直在其国内享有盛名。但曾有几年由于忽视市场信息的作用，导致产品单调，市场狭小。为了迅速扭转这种局面，公司决定开拓国外市场。为了获取市场信息，山内公司反复派遣人员到世界各地进行广泛的市场调查，终于发现豆腐这种低热量、高蛋白的食品在美国很受欢迎。因此，山内公司便把开拓国外市场的首选目标定在美国。与此同时，他们还从有关信息资料中得知，美国为保护本国利益，正限制一些食品进口。他们果断实行了“在目标市场就地设厂”的战略决策。1983 年，山内豆腐公司与美国当地一家公司合营，开始在美国市场上生产日本豆腐。他们以“日野市”商标将产品大量投入市场，获得了不小的成功。同时，山内公司根据市场信息，适时调整营销战略，采取了利用批发网络和直接向超级市场供货的推销战术，有效地占领了美国市场。

山内公司原来产品单调、市场狭小，主要是因为市场信息不灵通。后来，山内公司得以成功占领美国市场，主要是因为其对市场信息的充分了解。由此说来，充分了解市场信息对企业的发展非常重要。

从政谋略的阐释与应用

“先知”不是占卜，不是迷信，而是一种洞察先机的大智慧。从政的人具备了这种大智慧方能成就大业。

和珅是乾隆时代的权臣，也是历史上著名的弄臣。他曾长期担任皇帝的近身侍从，对乾隆的心理变化、言行举止深有研究，甚至能从乾隆的一蹙一笑中猜出他的所思所想。

当时，科举考试由乾隆亲自出题。出题时，他先让内阁大臣送来一部《四书》。乾隆乙酉年（公元 1765 年）考试时，乾隆出完了考题，命太监将《四书》送还内阁。和珅向这位太监打听皇帝出题时的情形，太监说，皇帝捧着《论语》从头翻到尾，最后才微笑着欣然命笔。

和珅深思良久，知道一定是从“乞醯焉”这三个字上出题。因为“乞醯”二字，嵌有“乙酉”两个字，与这一年的年号暗合，而且“乞醯”二字寓意深刻，能充分考察考生的见地。于是，他把这个消息秘密地告诉了他的门生，结果这些人全都高中。

和珅所猜的这两个字，是在《论语》一书第五章《公冶长篇》的一句话中出现的，原文是：“子曰：‘孰谓微生高直？或乞醯焉，乞诸其邻而与之。’”（孔子说：“谁说微生高这个人直爽？有人向他讨点醋，他不说自己没有，却到邻人那里转讨一点给人。”）

和珅虽圆滑刁钻，但其学识渊博，当时几乎无人能比。他能从《论语》一书众多的内容中，一下子猜出了这两字，实在令人叹为观止，从这个意义上说他是一位“先知”一点都不为过。这不仅来自于他对《论语》的娴熟，更在于他那炉火纯青的揣摩功夫。

用间有五

故用间有五：有因间，有内间，有反间，有死间，有生间。五间俱起，莫知其道，是谓神纪，人君之宝也。

军事谋略的阐释与应用

孙子在这里指出了使用间谍的五种方法。孙子指出在不同的情况下要交替使用这五种方法，这样不仅能扩大情报来源，而且还使敌人无法捉摸我方的用间规律，从而更加有效地运用我们的间谍，准确无误地了解敌情，为最终战胜敌人做好充分的准备。

公元前 229 年，秦国命王翦率军攻打赵国，赵国速派李牧和司马尚率军抵御。秦军出师不利，秦王决定用重金收买赵王宠臣郭开，然后让郭开向赵王进献谗言，说李牧、司马尚企图谋反。赵王果然信以为真，于是派赵葱和齐将颜聚取代李牧。李牧熟知战况，知道任用赵葱等人为将，赵国会必败无疑，因此没有遵从赵王的命令。赵王便找借口暗中杀害了李牧，废掉了司马尚的官职。除掉了李牧不久，王翦趁机迅速出击赵国，大败赵军，杀了赵葱，赵王也被活捉，赵国随之灭亡。

秦国攻打赵国，遇到了良将李牧的顽强抵抗，秦王决定用间除掉李牧等人。没想到赵王真的轻信了宠臣郭开的谗言，杀掉了李牧，使得秦国的计谋得逞。秦国乘胜出击，灭掉了赵国。可怜赵王没有识破敌人的诡计，最后落得个国破人亡的下场。

东汉献帝时期，马超会合韩遂同在关中起兵反叛。曹操亲自率军西征，与马超在潼关相持。韩遂与马超有很深的交情，他们齐心协力抗曹，使曹操的平叛行动受到了很大的阻力。两军在潼关相持不久，马超便丢掉了潼关，退守渭口。随后曹军又渡过渭河，并且派徐晃率军屯驻西河，从而使马超腹背受敌。马超见战势不利，便向曹操请求割地求和，曹操假意答应，却在暗地里准备积极进攻。韩遂不知曹操底细，便请求与曹操见面。曹操与韩遂见面后，只是闲谈旧情，而闭口不谈军事。韩遂回到营中，马超问他曹操都说了些什么，韩遂说曹操什么都没有对他说。但马超哪里会相信，于是怀疑韩遂有了二心。过了几天，曹操又派人给韩遂送去一封信，信中在很多地方都有改动的痕迹。韩遂看过信后，把信拿给马超看，马超果然怀疑韩遂在信上做了手脚，对他更加怀疑，由此二人有了更深的隔阂。由于二人不能协同作战，不久就被曹军打得大败。

在曹操平叛韩遂、马超的战争中，曹操初战受阻，便决定用计瓦解马、韩联盟。

他利用自己与韩遂旧有的交情，使马、韩之间相互猜疑，从而致使其联盟瓦解，然后逐个歼灭。

商战谋略的阐释与应用

当今社会是信息化社会，企业之间的竞争不仅表现为实力的竞争、人才的竞争，而且还表现为信息的竞争，因此及时了解市场行情，及时了解竞争对手的发展动向，便成了企业克敌制胜的关键。企业了解信息的方式有多种，用间便是其中最重要的手段之一。

商战中，商家为了获得竞争对手的产品制造信息，往往向对手厂家派驻间谍。可是随着汽车制造行业竞争激烈程度的加剧，派自己的“间谍”打入其他厂家刺探技术情报已越来越困难，于是在欧、美、日各大汽车公司里，一种“汽车侦探”便应运而生了。阿兰·阿夏尔是法国雷诺汽车公司的工程师，专门负责拆卸其他汽车厂刚刚出厂的新型号汽车，用于“解剖”，以了解其制造诀窍，供公司技术部参考、借鉴。他们通过这种方式不仅从中学到了技术，而且还获得了许多其他有价值的信息，这为他们在竞争中占据优势提供了有利条件。

以上是通过对购买的新汽车进行“解剖”去发现对手的秘密。然而，谁能想到，从垃圾中也可以获取重要的情报。法国一位名叫蒙塔利社的作家，曾三次化作拾荒者，混在流浪的团队中。他在巴黎东欧银行商业区的垃圾箱中曾捡到苏联驻巴黎银行的几份机密文件，还在国家航空公司的垃圾箱中拾到有关德国原子能站的绝密文件。

上面的两个例子都反映了间谍战术在经济及社会生活等领域的巧妙运用。尤其是对于企业来讲，学会在商战中巧妙运用各种间谍手段，将会使企业获得更多的重要信息，从而使企业的发展如虎添翼。

从政谋略的阐释与应用

用间是人们常用的计谋之一，无论在军、政、外交哪一方面，能够成功地用间，都会取得事半功倍的效果。

宋太祖赵匡胤陈桥兵变夺取政权以后，又以杯酒释兵权的策略强化了中央集权。势力稳固以后，又开始了消灭封建割据势力的战争。他先是灭掉南汉，接着把目标转向南唐。

南唐后主李煜虽然善于作诗赋词，但却不懂朝政。听说宋灭了南汉，他慌忙向宋朝表示臣服。赵匡胤却不理这一套，而是决心灭掉南唐。由于南唐有一位勇猛无敌、对李煜忠心耿耿的武将林仁肇，因此宋太祖一时也不敢轻举妄动。

林仁肇成为大宋扫平南唐的心腹大患，赵匡胤对此一直耿耿于怀。后来，李煜派他的弟弟李从善前来朝贡，宋太祖想出了一条离间南唐君臣、除去林仁肇的计策。他将李从善留任大宋地方节度使，李从善将此事报告给李煜，李煜答应下来。

后来，宋太祖又派使者到林仁肇那里办事，趁机窃取了一张林仁肇的画像。宋太祖把画像挂在侧室。这一天，李从善来见太祖，侍臣把他领到侧室，他一眼就看到林仁肇的画像，有些奇怪，于是问侍臣是怎么回事？侍臣假装支吾半天才说，宋太祖爱惜林仁肇的才干，已下诏让他来京，对他封官晋爵，他答应献城投降，所以先送来画像作为承诺。

李从善听后，立刻派人回江南秘密报告给李煜。李煜质问林仁肇，林仁肇惊呼冤枉。李煜不信，设宴毒死了他。

宋太祖知道后患已除，立即出兵南下，灭掉了南唐。

宋太祖之所以能以秋风扫落叶之势灭掉南唐，原因在于他成功运用了反间计，使得南唐失去保护的屏障。如此一计，不知抵得几万兵！

三军之事，莫亲于间

故三军之事，莫亲于间，赏莫厚于间，事莫密于间。非圣智不能用间，非仁义不能使间，非微妙不能得间之实。

军事谋略的阐释与应用

孙子在此论述了间谍的极端重要性和极其重要的地位，间谍是军队中最需要谨慎挑选的人才，而任用间谍也是一项极其复杂的工作。由于间谍身份的特殊性，对待间谍必须要不同于常人，要不惜重金，给予最高的待遇和奖赏，这样才能达到“士为知己者死”的用间境界。

公元 572 年（周宣帝建德七年），北周大将韦孝宽用反间计诱使北齐帝杀掉了斛律光。韦孝宽善于安抚部属，深得士卒的支持，使士卒都能够拼死为他效力。他曾多次暗地派遣使者打入北齐统治集团内部，不仅如此，他还不惜重金收买北齐人，从他们那里探取情报。由于韦孝宽用间得当，所以北齐的政治、军事情况，北周都能够了如指掌。韦孝宽手下有一名心腹名叫许盆，他本来是北周的一名干将，韦孝宽令其据守北周的一座城池，没想到许盆竟然举城投降，这令韦孝宽勃然大怒，他马上派出一名间谍去北齐，与韦孝宽原来收买的北齐间谍一起斩杀了许盆，并且提着他的人头回到了北周。

韦孝宽可谓一个用间高手，他不仅充分利用身边的亲信作为间谍，而且还不惜重金收买北齐人作为间谍。难怪他自己的亲信背叛他投降北齐的时候，他很快地就利用自己的间谍取得了背叛者的项上人头。他用间可谓达到了出神入化的境界，北齐人谈其色变。

商战谋略的阐释与应用

苏联及时了解竞争对手的发展动向和产品信息，对一个企业的发展来讲至关重要，而利用间谍是有效了解对手信息的重要手段之一。因此，重用间谍，便成了企业克敌制胜的一个重要法宝。

美苏冷战期间，苏联突然声称要找一家美国飞机制造公司，订购一架宽机身的客机。如果条件合适，他们还打算大量订购该型号客机。如果条件不合适，他们将同英国或德国进行这笔价值3亿美元的生意。在这么诱人的利益面前，美国的波音、麦道等飞机制造公司，竞相背着政府与苏联人接触。经过一番筛选，波音公司得到了这笔生意。苏联方面对此也表示满意，但他们有一个要求：就是让20名苏联飞机专家参观波音公司的飞机制造过程。苏联专家在参观期间，详细地考察了每一个细节，并拍了照片，还带走了飞机图纸。波音公司以为这笔大生意肯定跑不了了，他们耐心地等待苏联人来签合同，可是一年过去了，苏联人还是没有音讯。波音公司正在百思不得其解之际，苏联突然对外宣布，他们已经研制出巨型喷气式运输机，而且和波音公司的飞机一模一样。波音公司的负责人十分纳闷：苏联人参观了飞机生产线，可是合金材料作为制造飞机的核心机密，苏联人是怎么知道的呢？思来想去，不得其解。原来，当时苏联专家来波音公司参观时，脚上穿了一种特制的鞋，这种鞋的鞋底可以吸附从飞机部件上切削下来的金属屑，苏联人将其带回国后，经过分析便破解了制造合金的秘密。

从政谋略的阐释与应用

用间，不仅被历代兵家所推崇，而且深受政治家们的厚爱。用间是最值得深思熟虑的事情，虽然用间所花费的成本是巨大的，但其所带来的回报也是惊人的。用间，甚至可以让对手自己消灭自己却心甘情愿。

1357年冬，朱元璋的爱将俞廷玉被陈友谅手下的勇将赵普胜杀害。朱元璋决定借陈友谅之手除掉赵普胜。

于是他派出一名说客，潜入安兴城，结交赵普胜的门客赵盟。说客极尽所能，与赵盟拉近关系。一天，说客故意将朱元璋写给赵盟的信交给赵普胜，赵普胜阅罢心中大疑，遂疏远了赵盟。赵盟坐卧不安，与说客一起逃至应天归顺了朱元璋。朱元璋格外优待赵盟，赐给他重金，让他回陈友谅军中散布谣言，中伤赵普胜，说其有谋反之心。

陈友谅听到传闻，半信半疑，遂派使臣去赵普胜营中探听虚实。赵普胜是一介武夫，对使臣傲慢无礼，自恃战功，对陈友谅颇有微词。使臣回报，陈友谅怒火中烧，亲率重兵来到安兴城。赵普胜尚蒙在鼓里，慌忙前去迎接，却被陈友谅的亲兵一举拿下，赵普胜还未来得及辩解，就已经身首异处。

朱元璋巧妙地用计离间陈友谅和赵普胜的关系，然后借陈友谅之手，杀死了毫无防备的赵普胜。赵普胜在不知所以然的情况下就变成了屈死鬼，而陈友谅还为自己及时“剪除”了叛逆而暗自庆幸呢！两人，一个失去了性命，一个失去了大将，均损失惨重。而朱元璋却在一旁坐收了渔翁之利。

反间可得而用也

必索敌人之间来间我者，因而利之，导而舍之，故反间可得而用也。因是而知之，故乡间、内间可得而使也。因是而知之，故死间为诳事，可使告敌。因是而知之，故生间可使如期。五间之事，主必知之，知之必在于反间，故反间不可不厚也。

军事谋略的阐释与应用

孙子这里主要强调了“反间”在五间中的重要地位，他指出反间的运用可以使其他四间的运用更加灵活有效。所以孙子特别强调在战争中要善于运用反间，当然这五种用间方法综合运用，才能最大限度地探知敌情。

南宋时期，金兀术与刘豫一起包围庐州。刘豫原是南宋将领，后来投降了金国。

南宋抗金将领岳飞，得知金兀术妒忌刘豫，决定借此用反间计除掉刘豫。

当时，军中恰好捉住了金兀术的一个密探，岳飞决定借这位密探实施反间计。他命人把那位密探带上大堂，没有对其用刑，而是假装认错了人，责备那密探说：“你不就是我军派到刘豫那里去的王斌吗？当时让你约定刘豫用计诱捉金兀术，你怎么迟迟不见回来？我后来又派人到刘豫那里去探问情况，刘豫已经答应以与金兀术共同进犯长江为诱饵，在清河将其活捉。你竟然一去没有消息，到现在却被人抓了回来，是何居心？还不快快从实招来！”

那密探听了岳飞这一番话，如坠云里雾中，但他为了求生，慌忙假称是王斌，并表示要戴罪立功，希望大将军宽恕。

岳飞于是就写了一封信，信中说同刘豫共谋活捉金兀术之事，并且用蜡把信封好，交给了那个密探。还嘱咐他路上小心，要速去速回，不得延误。

那密探回去后立即把信交给了金兀术，他看后不禁大吃一惊，火速报告金主，废掉了刘豫。

岳飞不费自己的一兵一卒，就除掉了金兀术的得力帮手刘豫，手段实在高妙。这不仅节省了作战的成本，而且也为打败金兀术扫清了障碍。

商战谋略的阐释与应用

“反间”是用间的最高境界。在商战中，灵活地运用反间不仅可以节省用间成本，而且可以极为有效地改变竞争对手的行为，从而更为顺利地达到用间的目的。

20世纪80年代，一批日本“客商”到法国一家久负盛名的照相器材厂参观。他们在实验室主任的带领下，参观工厂的各个地方，最后来到了实验室。实验室里存有这家照相器材厂的核心机密——新显影剂的配方。“客商”们在进入实验室之后，不断地向实验室主任提出各种各样的问题，实验室主任也不厌其烦地为其解答。这时有一位“客商”在一瓶显影溶液前停了下来，并伸长脖子、弯下腰贴近了盛有显影溶液的器皿，在转瞬即逝的一刹那，他的领带浸入了溶液之中。实验室主任敏锐地觉察到了这一点，他想：这位日本“客商”回去后，只要把领带上的溶液化验一下，就能准确无误地分析出显影液的配方，从而制造出完全相同的显影剂。但是他并没有声张，而是不动声色地继续为“客商”们讲解，“客商”们也照常耐心地听他讲解。实验室主任趁“客商”细心观察之际，对身边的女服务员悄悄地嘱咐了几句，“客商”们并没有察觉到什么。参观结束了，当那位沾湿领带的日本“客商”即将迈出实验室时，女服务员彬彬有礼地挡在他面前，呈上一条新领带说：“先生，您的领带弄脏了，请换上这一条！”日本“客商”做贼心虚，只好尴尬地摘下了沾有显影溶液的领带。

日本“客商”利用领带弯腰沾染法国照相器材厂显影溶液，可谓机关算尽。可是这家照相器材厂的实验室主任更是技高一筹，他不动声色地让女服务员巧妙地取下了这条领带。这既没有让日本“客商”失掉面子，也没有泄露实验室的机密，真是一举两得。这正是巧妙地利用了《孙子兵法》中的“反间”计谋。

从政谋略的阐释与应用

反间是五间之中最能节省用间成本的一间，也是用间效率最高的一间，因此反间是用间的最高境界。在政治斗争中，不失时机地利用反间计，可以为击败对手有效地扫除障碍。

公元前 204 年，项羽派使者来到汉营，刘邦让陈平招待使者。陈平为使者摆上筵席，并请为上座，然后问："近来亚父可好？有没有带来他的亲笔信？"使者说他是项王派来议和的，并没有带范增的什么亲笔信。陈平听完使者的话，假装误解，连说抱歉，然后就转身出去了。过了不久，他让人把原来摆上的筵席撤下，然后又命人端回一些很差的饭菜。使者十分生气，回去后把情况一五一十地告诉了项羽。项羽怀疑范增私通刘邦，于是极力责问范增。范增被迫告老还乡，却不幸病死在回乡途中。

项羽兵强马壮，又有一范增在其身边为其出谋划策，这给刘邦灭掉楚国增大了难度。但是刘邦的谋士陈平却抓住了项羽刚愎自用、生性多疑的特点，运用楚国使者巧施反间计，结果除掉了项羽身边的重要谋士——范增，从而为刘邦灭掉项羽，最终一统天下扫除了障碍。